Educación, comunidad y literatura:

condiciones para la emergencia de una
literatura indígena contemporánea
(caso bröran-térraba en Costa Rica)

JORGE ALBERTO TAPIA-ORTIZ

ISBN: 1-930744-87-0
© Serie Nuevo Siglo, 2019
Instituto Internacional de
Literatura Iberoamericana
Universidad de Pittsburgh
1312 Cathedral of Learning
Pittsburgh, PA 15260
(412) 624-5246 • (412) 624-0829 fax
iili@pitt.edu • www.iilionline.org

Colaboraron con la preparación de este libro:

Composición y diseño gráfico: Erika Arredondo
Correctores: Gustavo Quintero y Ricardo Vázquez Díaz
Tapa: Volmar Rivera, *Máscara Bröran-Térraba*; Fotografía de Jarol
Segura Rivera

Índice

Capítulo 1

Capítulo 2

Capítulo 3

Capítulo 4

Agradecimientos

Esta investigación más allá de ser personal es comunitaria, no podría decir que todas las ideas son mías o que yo fui el creador, principalmente porque surge a partir del deseo de hacer un trabajo que tuviera la capacidad de lograr un cambio social. Mis agradecimientos quizás se queden cortos, pues hay tanta gente que participó de una y muchas maneras en toda mi formación y el logro de esta disertación. Agradezco infinitamente, y dedico principalmente, este trabajo a mi compañera y gran amiga Adriana Sánchez-Solís por su apoyo incondicional durante todos mis estudios. Por sus consejos y su amor incondicional, el haberme abierto las puertas en Costa Rica y su incansable contribución al surgimiento de las literaturas indígenas contemporáneas de Costa Rica. Agradezco a su familia infinitamente, sin ellos las investigaciones que hicimos en el sur de Costa Rica no hubieran sido posibles. A mi familia, gracias por siempre estar animándome a seguir adelante y creer en mí.

Las ideas fueron tomando forma gracias a libros y a las clases con Juan Duchesne-Winter, John Beverley y Jerome Branche. Las lecturas y discusiones contribuyeron para madurar bosquejos de lo que quería hacer, especialmente los textos recomendados por Emilio del Valle Escalante, quien aportó el conocimiento que hacía falta para concretar mi proyecto. Fuera de las clases, agradezco la amistad de los profesores, el gran apoyo de Juan Duchesne-Winter y del amigo Miguel Rocha Vivas, con quienes siempre descubrimos nuevas ideas y mundos, en largas conversaciones.

A las hermanas y hermanos bröran-térraba en Costa Rica, quienes me han permitido participar en la lucha y contribuir a ella con los talleres literarios. Pero más que nada, una felicitación eterna por darle continuación a la promoción de su filosofía y saberes por medio de la escritura.

Agradezco a los *Nationality Rooms Scholarship* por haberme otorgado la beca George F. and Mary Ann McGunagle Memorial Award, creada por Patrick McGunagle, lo que me permitió llevar a cabo los talleres literarios en Costa Rica que tuvieron como resultado la publicación de la antología *Hasta que muera el sol. Antología de escritoras y escritores indígenas Bröran-Térraba*. Dicha antología también fue posible gracias a la Editorial Paroxismo y a Francisco Laguna Correa, quien donó su trabajo y tiempo para sacar adelante este proyecto.

A Erika Arredondo por su apoyo moral y profesional, y sus sabios consejos durante mi formación.

A Cris, por regresarme al camino y ser ejemplo de perseverancia.

Introducción

Un libro no tiene ni objeto ni sujeto,
está hecho de materias diversamente
formadas, de fechas y velocidades muy diferentes.
Cuando se atribuye un libro a un sujeto,
se está descuidando ese trabajo
de las materias, y la exterioridad
de sus relaciones.
Deleuze y Guattari, *Mil mesetas*

El objetivo de la presente investigación es estudiar el proceso de hacer una obra literaria colectiva (una antología) asumido por una comunidad indígena que no había tenido acceso a la escritura alfabética como medio de autoafirmación. Se trata de una investigación participativa en la cual quien escribe estas líneas se integró al esfuerzo de la comunidad y fue uno más de los actores del mismo, pues antes que ser un observador desconectado que aplica desde arriba un conocimiento abstracto, fue un aprendiz y estudioso comprometido con los saberes populares en la cotidianidad en la cual estos se desarrollan.

La escritura alfabética ha sido un arma de opresión en contra de las naciones indígenas del Abya Yala.[1] Desde que arribó Cristóbal Colón a estas tierras lo primero que hizo fue leer un pergamino declarando que estas tierras pertenecían a los reyes de España. Obviamente era un monólogo que continuó a través del tiempo, asentándose después como parte del debate entre civilización y barbarie, siendo la escritura una de las bases para la división.

---

[1] Abya Yala o Abiayala (este último recientemente aceptado) proviene de la lengua guna (nación del mismo nombre) en Panamá, quiere decir "Tierra en plena madurez", es un sinónimo para el nombre "América". Uso el término Abya Yala como una posición política que reivindica los conocimientos y saberes ancestrales de las naciones originarias.

La literatura hoy en día es utilizada por ciudadanos del Abya Yala como un arma de poder social que se expresa en forma de poesía, narrativa, cuento, ensayo o historias. Este libro se enfoca en la promoción y surgimiento de escritores indígenas contemporáneos, específicamente en la comunidad bröran-térraba, localizada en la provincia de Buenos Aires, al sur de Costa Rica. Está escrito a manera de crónica, y dialoga con textos teóricos que fortalecen el pensamiento indígena. Se comunica además con la experiencia de los talleres literarios que se realizaron utilizando las obras de escritores y escritoras indígenas ya establecidos en el Abya Yala. Se usó primordialmente la antología editada por Emilio del Valle Escalante (Maya K'iche', Iximulew) *Uk'u'x kaj, uk'u'x ulew: Antología de poesía maya guatemalteca contemporánea* (2010) al igual que otros textos como un *corpus* teórico y de diálogo con el cual los participantes de los talleres se sintieron identificados y así pudieron desarrollar una narrativa personal. Cabe resaltar que el uso de estas narrativas usadas para dictar los talleres fue para romper las barreras establecidas desde la época colonial, en la cual la mayoría de los indígenas han internalizado la idea de que ellas y ellos no tienen la capacidad de escribir tan bien como los no indígenas. En este trabajo analizo una manera de reformar el sistema educativo desde la raíz: proveyendo herramientas para una nueva forma de educación que promueva activamente la escritura de las y los indígenas apoyados en la experiencia de otras y otros escritores ya avanzados en el medio. La crónica se usa como herramienta para continuar con la noción de la destrucción de las barreras impuestas por lo académico, reformándolas y acoplándolas a una forma que puede dialogar y promover una escritura orgánica, así como una forma de desapegarse del método académico tradicional para teorizar utilizando un lenguaje más cercano a la literatura oral, constituyendo una práctica más sencilla que no deja de ser crítica y teórica.

El libro también analiza el desarrollo que se dió en los participantes de los talleres hasta lograr la publicación de la antología *Hasta que muera el sol. Antología de escritoras y escritores indígenas Bröran-Térraba* (2015). A través de ese análisis se busca llegar al desarrollo de una metodología que pueda ser usada para continuar e impartir talleres literarios en comunidades (dentro y fuera de Costa Rica) donde aún no se haya desarrollado un sistema de recolección de historias orales de una forma escrita llevada a cabo por ellas y ellos mismos. La idea es que en Costa Rica la comunidad bröran-térraba se dé a la tarea de impartir los talleres en un futuro sin mediación alguna de alguien externo dentro del país. Y resalto que existen miembros de otras comunidades indígenas que ya están escribiendo inspirados en la publicación de la antología Térraba.

Como afirman algunos de los participantes de los talleres, el preservar su historia por medio de la escritura les permite utilizarla como un arma en contra de aquellas que se usan por los sistemas hegemónicos para la destrucción de sus tradiciones y culturas, es decir, la escritura se formula desde su postura y deseo de fortalecer sus raíces ancestrales.

1. Objetivo de investigación

En este libro, se investigaron las condiciones de posibilidad y desarrollo de una literatura indígena a partir de una investigación en dos etapas. Primero, se indagó la experiencia histórica de la emergencia de las literaturas indígenas en Abya Yala para analizar los factores sociales, culturales y políticos de este proceso; segundo, se buscó comprobar los resultados de este análisis histórico mediante una gestión de investigación práctica comprometida con una comunidad amerindia específica, es decir, mediante un estudio de caso en el cual el investigador es actor comprometido con el proceso que investiga (Calderón y López Cardona, "Orlando Fals Borda y la Investigación Acción Participativa"), esto significó involucrarme con indígenas de la etnia bröran-térraba en Costa Rica en un proyecto de desarrollo de su literatura.

2. Principios metodológicos e investigación del contexto y los antecedentes. Es el indígena en su práctica quien decide qué es un indígena

A partir del auge de los movimientos indígenas en el último cuarto del siglo XX y principios del actual reseñados por una amplia bibliografía, las literaturas indígenas experimentan una nueva fase de desarrollo definida por el hecho de que son autores autoidentificados como indígenas los que publican obras en lenguas nativas o en español (y portugués en el caso de Brasil), expresamente insertadas en el contexto de una cosmovisión amerindia (con todos los mestizajes, apropiaciones y sincretismos que la experiencia colonial implica).

Debido al fuerte surgimiento de los movimientos indígenas, diferentes estudiosos se han dado a la tarea de trazar la evolución de éstos, por ejemplo, en el libro *Movimientos indígenas en América Latina: resistencia y nuevos modelos de integración* (2011), Araceli Burguete Cal y Mayor indica que "[los] Estudiosos en México coinciden en ubicar a las décadas de los setenta y ochenta como el período del surgimiento indígena. Este irrumpe cuando grupos que a sí mismos se definían indígenas, comenzaron a construir su propia agenda, marcando distancia de las organizaciones campesinas [...]" (12). Dicha etapa de movilizaciones no indica que previo a ella no existan otras movilizaciones, sino que resalta por contener las más numerosas. Otros críticos identifican los años ochenta y noventa en América Latina, tal es el caso de José Bengoa en su libro *La emergencia indígena en América Latina* (2000). Bengoa muestra la importancia de la "re-indigenización", que significa la reconstrucción de la identidad indígena en algo positivo, como parte importante de dichos movimientos. Debido a las diferentes posiciones ante la identificación de las fechas, se decide tomar en cuenta el último cuarto del siglo XX como marco temporal aproximado para este estudio, poniendo énfasis en cómo funcionan las articulaciones e ideologías de los movimientos sociales amerindios.

Los movimientos abordados por los autores mencionados anteriormente se articulan desde la perspectiva de reconocer la identidad indígena como algo propio, que sirve como cimiento y motor de sus movilizaciones. Es decir, al *autodefinirse* como indígenas estos grupos, se alejan de las bases de representación establecidas por los grupos dominantes desde la época de la conquista, la colonia y la república. Estas representaciones abarcan desde el indianismo hasta el indigenismo, pasando por el campesinado, que habían establecido la identidad de los indígenas en una forma paternalista que más allá de beneficiar, propiciaba las formas de represión y exclusión. Es importante resaltar que la toma de conciencia sobre la identidad es uno de los aspectos primordiales a analizar, dentro de un contexto que busca la integración del sujeto indígena a la nación, pero implicando la subordinación (y aun la desaparición de este) en beneficio de otros sectores sociales criollos. Como bien apunta Luis Villoro en su libro *Los grandes momentos del indigenismo en México* (1950): "El indigenismo puede expresar el punto de vista, tanto de una pequeña burguesía en lucha contra la gran burguesía, que busca la alianza y apoyo en el campesinado, como el de la clase proletaria que quiere igualmente la misma alianza" (204-205). Dicho de otra manera, lo indígena según lo articulado por el indigenista criollo-mestizo, funcionaba como una concepción impuesta y no algo que se promoviera desde abajo, desde el pensamiento del individuo indígena como tal, o como dice Villoro, por medio del amor: "Ahí está lo indígena latente, espera para surgir el conjuro de la voz ajena. Sólo volverá a la luz por el impulso del otro, por su libre entrega: lo indio vuelve a hacerse consciente por obra del amor" (221). Pero este amor no vale mucho en esos términos románticos, sino como forma de valorarse a uno mismo dentro de una identidad, especialmente cuando lo indígena ha sido visto con desprecio. Más allá "del amor" se encuentra la lucha por sobrevivir y salir de la opresión, en forma conjunta con sujetos que viven el mismo desprecio.

Las movilizaciones indígenas se dan a la tarea de reivindicarse como tales, es decir, justamente como indígenas, no como campesinas ni con otras identidades, pues no corresponde a críticos externos al proceso decir, de acuerdo a sus ideologías, si un movimiento es o no indígena. Corresponde a los participantes reconocerse como tales y dentro de esa autodefinición y reconocimiento se encuentran "los mestizajes" que abarcan la mezcla de diferentes prácticas, tradiciones o filosofías apropiadas y adaptadas. Lo menos que necesitan los movimientos indígenas es un modelo puro del indio o de su cosmovisión, pues ellos han sabido apropiarse de las experiencias de la colonización y el mestizaje sin atender a ideales esencialistas ni a una dicotomía entre lo supuestamente occidental y lo no-occidental. Por lo tanto, no podemos hablar de algo indígena desde afuera sin que el sujeto amerindio primero se defina como tal, pues hacerlo es caer en el peligro de un esencialismo, idealizando una imagen de lo que queremos que sea indígena o no. Lo que sí podemos hacer es ver las diferentes etapas en las que buscan ser valorados como personas apoyados en una consciencia indígena. El sujeto indígena, como hemos mencionado, típicamente ha sido visto como individuo sumido irremediablemente en el atraso, la pobreza, la falta de educación o a lo sumo como buen artesano, dejando por fuera la intelectualidad o las filosofías milenarias del Abya Yala. Pero en respuesta a esa distorsión, los movimientos sociales dentro de sus luchas han forjado un ideario integral que puede enmarcarse no solo en la recuperación de las tierras, respeto constitucional a sus derechos, educación y autonomía, sino también en un proyecto intelectual que rescata su pasado y tiende a trasmitirse mayormente por medio de la oralidad, y cada vez más aprovecha la escritura y los medios electrónicos. Los aspectos implicados en las movilizaciones indígenas que llaman más la atención han sido las protestas, marchas, confrontaciones y movimientos armados, principalmente por el hecho de que son manifestaciones físicas o corpóreas con impacto inmediato. El énfasis exclusivo en estos aspectos contiene el peligro de dejar de lado prácticas de resistencia a nivel intelectual, artístico y científico. La planeación y desarrollo de ideas desde las bases comunales ha quedado muchas veces fuera, siendo invisible por no ser inmediatamente destacado y palpable para la sociedad de críticos o investigadores. Burguete Cal y Mayor resalta que "[c]uando baja la protesta, es el momento de la latencia, del reflujo y también de la sedimentación, para ir hacia abajo, hacia las regiones y comunidades" (12). En el reflujo las nuevas formas de defensa se buscan nuevos métodos de acción y es ahí donde la escritura, en sus formas variables, forma parte importante al implementarse con ayuda de la oralidad, historias de resistencia, cosmologías e imaginarios que cimientan el ser indígena sin depender de gente de afuera que lo defina como tal. Estas formas variables literarias anteceden la protesta social y también la consolidan como memoria, y a la misma vez la protesta social refuerza la identidad.

La meta es identificar, dentro de algunos movimientos indígenas, cómo es que se lleva a cabo el re-inventar indígena. Para esto, tenía que ver más allá de la protesta social física y enfocar la planeación intelectual como causa o respuesta a la formación de una identidad amerindia. Este análisis tiene como propósito evaluar la experiencia de diferentes regiones latinoamericanas y el surgimiento de sus literaturas para contextualizar los recientes movimientos indígenas en Costa Rica y la experiencia de llegar a la emergencia literaria contemporánea en la cual diferentes actores tienen la capacidad de expresarse para el establecimiento de un movimiento literario amerindio costarricense. Este movimiento busca iniciar primero con los bröran-térraba y después comenzar a hacer contacto con otras comunidades. La intención es primero generar interés y demostrar la manera en que es posible comenzar a escribir y publicar.

3. LAS LITERATURAS INDÍGENAS REQUIEREN UN CONCEPTO AMPLIADO DE LO QUE ES LITERATURA. NO ES SUFICIENTE EL CONCEPTO RESTRINGIDO DE LA LITERATURA MODERNA CONVENCIONAL

Hay que considerar como literaturas amerindias, además de todas las expresiones caracterizadas como tales por las convenciones literarias basadas en la escritura alfabética, también las que siguen las formas tradicionales de la oralidad y las artes gráficas y performativas, así como formas audiovisuales de tecnología reciente. Estas formas coexisten en estrecha relación con las formas literarias convencionales.

Las literaturas amerindias son variadas, abarcan una gran gama temática y expresiva, y pueden ser trazadas desde aquellas que elaboran una cosmología amerindia hasta aquellas que se desprenden hacia temas personales y sucesos cotidianos. Claro, recordando que lo que aquí se considera amerindio se debe al hecho de que el autor así se reconoce e inscribe su actividad como expresión indígena. Hay estudios que han resaltado la importancia de la oralidad, entre los que destacan Walter Ong, *Oralidad y escritura: tecnologías de la palabra* (Edición en español, 1987), Gordon Brotherston, *La América indígena en su literatura: los libros del cuarto mundo* (1997), y Luz María Lepe Lira, *Lluvia y viento, puentes de sonido: literatura indígena y crítica literaria* (2010). Estos estudios nos permiten comprender cómo es que los autores amerindios contemporáneos hacen uso de la oralidad y sus grandes tradiciones en algunas obras, principalmente aquellos empeñados en promover su cultura en pos de un reconocimiento que valore lo ancestral.

En los últimos años, las narrativas y poesía indígenas en Abya Yala han recibido bastante atención, ha habido un entendimiento y una apreciación más amplia de la necesidad de hacer investigación en estas áreas, llegando a la conclusión de que estos estudios literarios son de gran importancia. Ahora más que nunca, nosotros como investigadores tenemos la capacidad de romper con los prejuicios que han mantenido a las narrativas indígenas fuera del canon de la literatura latinoamericana. Se ha dicho que la literatura indígena no posee las mismas características que las literaturas canónicas, las cuales fueron formadas y son compatibles dentro de una tradición alfabética y estética eurocéntrica. Estas diferencias son precisamente las que hacen que las literaturas indígenas sean novedosas, especiales e importantes, y es necesaria su promoción para que estas comiencen a formar parte del canon literario.

Las literaturas indígenas han existido en Latinoamérica desde antes de la conquista en diferentes formas, tanto desde las tradiciones orales hasta formas variadas de escritura, que incluyen la pictografía, la ideografía, hasta sistemas incluyentes de aspectos alfabéticos (códices aztecas y glifos mayas, por ejemplo). En la actualidad, muchos intelectuales prestan especial atención al reciente surgimiento de escritores contemporáneos, pero no se han atendido mucho las instituciones sociales, educativas, lingüísticas, y los ambientes intelectuales y políticos que sirven de espina dorsal para esta manifestación cultural. Es por esto que lo que se propone con este proyecto es estudiar la literatura indígena desde una perspectiva interna y no externa, como comúnmente se ha realizado. Primeramente aprendiendo de los miembros de diferentes comunidades para poder entender cómo es que la actividad literaria surge desde su propia perspectiva, como saber, por ejemplo, qué condiciones se necesitan para que la gente indígena de una comunidad determinada se interese en escribir, en publicar y distribuir sus creaciones. ¿Qué papel juega tener acceso a clases y talleres de literatura en las escuelas y la comunidad? ¿Cómo se tiene acceso a un público lector que lea lo que los indígenas escriben y los estimulen? ¿Hay que contar con lectores dentro de la comunidad? ¿O basta con tener alcance a lectores a nivel nacional e internacional? ¿Cómo se publican y distribuyen las creaciones literarias? ¿Cuáles son las formas y medios más adecuados? ¿Géneros literarios convencionales, como el cuento, la poesía, la novela? ¿Leyendas, relatos mitológicos, memorias, testimonios, relatos históricos? ¿O el teatro y el performance? ¿El video o el cine? ¿Las redes de internet? ¿Prefieren usar las lenguas nativas, el español o una combinación de ambas?

Los sistemas educacionales en diferentes partes de Latinoamérica, como en los casos de México y Perú, han iniciado ya procesos de reformas educativas para crear una pedagogía que sea más inclusiva de los pensamientos amerindios. Durante el actual renacimiento de los movimientos sociales indígenas en Latinoamérica, el surgimiento de una cultura de escritura y publicación dentro de las comunidades indígenas ha sido ligado a cambios positivos en cuanto al acceso a una mejor calidad de educación y a ser reconocidos individual y colectivamente por medio de sus publicaciones y premios literarios. La cultura literaria indígena también ha demostrado ser importante en cuanto al desarrollo de un medio de comunicación de origen autóctono relativo al cine, video y medios de comunicación en general; por ejemplo, en Venezuela tenemos la Fundación Wayaakua Nuestro Reflejo, que, como indica en su página web:

> tiene por objeto principal la promoción del audiovisual en todos sus géneros, para el fortalecimiento de las comunidades y pueblos indígenas a través de la Muestra de Cine Indígena de Venezuela, de Realizaciones Audiovisuales, Talleres de Formación y Festivales. Para lo cual se propone: desarrollar, investigar, educar, fomentar, y proteger en las mejores condiciones, la difusión,

el apoyo, articulación, promoción y fortalecimiento de todo lo relacionado con la producción audiovisual de los pueblos indígenas, así como a las manifestaciones artísticas de diferentes índoles, actividades culturales, benéficas y sociales, que impulsen el desarrollo cultural humano y la sustentabilidad de los mismos, en el ámbito nacional e internacional.

Las producciones cinematográficas abarcan una gran variedad de directores indígenas de diferentes partes del Abya Yala, y por medio de los festivales y premios sigue promoviendo el desarrollo de materiales desde una perspectiva indígena.

Uno de los grandes estudios realizados sobre la oralidad y las literaturas indígenas en México fue el de Carlos Montemayor en su *Arte y trama en el cuento indígena* (1998); en esta obra, el autor indica que existe una fuerte relación entre la reivindicación cultural que los grupos indígenas promueven entre ellos y la movilización social, especialmente en aquellos grupos en donde la lengua aún juega un papel identitario importante: "La relación entre los enclaves sociales de resistencia cultural y el uso ritual de la lengua aun en comunidades donde el bilingüismo se acrecienta es uno de los casos preclaros en que el idioma representa la vida misma de los pueblos" (7). En estos casos el cimiento cultural se da por medio del lenguaje, pero ¿qué pasa con aquellos grupos que han perdido el idioma ancestral? Argumentaremos aquí que el mismo arte de la comunicación sigue teniendo efectos que mantienen la historia y simplemente cambia la forma de comunicarse aunque no sea en la forma ancestral, entonces, hay que aceptar la lengua como un arte, o como establece Montemayor: "la tradición oral, entendida como arte de composición, transmite y refleja no solamente los cambios que las culturas indígenas han experimentado durante la Colonia y el México independiente, sino la persistencia del mundo religioso y artístico prehispánico" (8). La lengua puede cambiar, no las historias, y si cambian es por el narrador, y es por medio de lo performativo o la re-actuación de ese pasado que las comunidades tratan de mantener viva la identidad. Tal es el caso de la comunidad bröran-térraba en Costa Rica, quienes casi han perdido su idioma ancestral y han comenzado a restablecer contacto con la comunidad hermana näso-teribe, localizada en Panamá, con quienes antes de la conquista mantenían una relación estrecha. Cada año ambas comunidades realizan un viaje en el que recrean los intercambios históricos, por ejemplo, los näso hacen el viaje por el río Térraba como acostumbraban hacerlo ancestralmente, dando vida a los intercambios históricos. Las actividades duran aproximadamente una semana, en donde se discute cómo es que se mantendrá la cultura a flote en contra de las amenazas que enfrentan hoy en día, utilizando como herramienta el conocimiento de los mayores, que se comunica oralmente durante largas reuniones. Los viajes de estas comunidades representan la actuación histórica complementada con el intercambio oral, manifestando lo que se indica anteriormente: la lengua –aunque no sea la ancestral– es un arte que mantiene viva la cultura y tiene la capacidad de ampliarse al ser transcrita como relatos, historias o simplemente mantenerlas en la forma oral.

4. Evitando esencialismos

A fin de evitar premisas esencialistas o fundamentalistas que contraponen lo occidental a lo no-occidental o lo colonial a lo "decolonial", partimos del principio de que el carácter singular de las literaturas indígenas contemporáneas responde a contextos y relaciones complejas donde es la práctica de los actores del proceso la que determina sus cualidades.

Generalmente los autores de estas obras se autoidentifican como miembros de colectividades indígenas e inscriben su actividad en lo que ellos presentan como una cosmovisión específicamente indígena. Estas propuestas de cosmovisión indígena difieren entre sí pero todas son el resultado de un proceso histórico de mestizaje y sincretismo en el que es imposible hacer una distinción dicotómica entre una epistemología occidental y una epistemología no-occidental.

Tomar en cuenta la autodefinición o reconocimiento indígena de los autores, quienes responden a diferentes contextos que van mano a mano con las realidades que enfrentan y conviven día a día, facilita hacer una distinción para evitar caer en falsos prejuicios. Las representaciones de una cosmovisión dependen de cada región y cada grupo al que se suscriben, por lo tanto, decir que existe una literatura o un estilo indígena puro es errado y reduccionista, es decir, tenemos que hablar de diferentes literaturas, cada una con sus características, influencias e hibridez. Dentro de los trabajos literarios es imposible crear dicotomías ideológicas o epistémicas entre lo que se considera netamente indígena o netamente occidental. Tenemos que tomar en cuenta que muchos de los autores han salido de las comunidades para estudiar o en busca de una mejor vida, adentrándose en las ciudades y absorbiendo sus costumbres; es más, hoy en día no es necesario salir de las comunidades para ser influenciado por otras costumbres, simplemente hay que tomar en cuenta que la medialidad electrónica ha pasado a ser una necesidad. Hay costumbres que muchos considerarían ajenas, especialmente aquellos o aquellas que tienden a idealizar lo indígena como algo puro, que se debe hablar una lengua indígena y vivir aislado en la selva, pero en realidad, como todo ser humano, los indígenas no están exentos de cambiar o recibir influencias de otras culturas de este mundo globalizado; no aceptar esto es no reconocer al indígena como ser humano pleno y autónomo.

Hoy en día existen debates dentro de los grupos de escritores indígenas sobre el idioma a emplear en los escritos; unos están en contra de escribir en español, mientras que otros se abren a la posibilidad de escribir en español u otros idiomas, principalmente por el hecho de que la cantidad de lectores que pueden tener es mucho más amplia que si escribieran en sus lenguas maternas. Estos debates apoyan la idea de considerar las escrituras indígenas basándose en el auto reconocimiento como tal de los autores, dado que la importancia es la aceptación dentro de un modo de inscripción de una expresión indígena. Los mismos sujetos de esa experiencia son quienes la definen o definirán conforme vaya ganando un campo más amplio de aprobación en la comunidad literaria.

Las comunidades amerindias tienen cosmologías que difieren entre sí, esto se debe principalmente a las diferentes experiencias vividas y las creencias que surgen del medio geo cultural en que se desarrollan, tomando en cuenta las influencias externas que llegan con la conquista, la colonia y la república, por ejemplo, la influencia católica que origina un sincretismo tan denso que es casi imposible de distinguir de las creencias netamente indígenas en algunas comunidades. Más reciente, pero muy grande, es la influencia de las sectas protestantes. Algo que se tiene que tomar en cuenta y es necesario discutir es la aceptación de estas multiplicidades ideológicas, debido al hecho de que aun hoy en día muchas de las creencias indígenas siguen siendo consideradas como mágicas, pero co-existen dentro de contextos occidentales y se apropian de la magia de otras culturas. Recordemos que también hay tradiciones mágicas occidentales y de procedencia africana muy fuertes en América Latina. A veces, los académicos observan muchas de las prácticas culturales a través de un filtro que impide la aceptación de las creencias tal como se presentan, mezcladas con el cristianismo, por ejemplo, y se tiende a descartarlas bajo premisas "científicas" o exigencias de pureza, reproduciendo las mismas estrategias coloniales de rechazo. Se remarca esto con la intención de eliminar las posibilidades de catalogar obras amerindias bajo categorías fantásticas que eliminan el verdadero valor de su filosofía, lo cual deja en claro que existe un problema a solucionar, y es trabajar en la aceptación de otras posibilidades de pensamiento para acrecentar la intelectualidad. El profesor Guillermo Páramo, sociólogo colombiano, indica que es primordial aceptar que hay cosas que no conocemos para ampliar nuestro conocimiento, hay que salir de lo que nos es cómodo para enfrentar lo desconocido: "Para la ciencia sólo existe lo que conoce la ciencia y, entonces, extrapola el principio hasta afirmar que lo que no conoce la ciencia no existe. Pero si admito que hay algo que no conozco, ¿cómo puedo hablar de eso que no conozco hasta el punto de negarle la existencia?" (52). El problema entonces se resume en la aceptación de otras formas de pensar, las cuales aparecen como una característica en algunas narraciones amerindias. Clasificarlas como fantásticas o supersticiosas elimina la posibilidad de expandir el conocimiento de una forma seria. Páramo agrega: "Hay un saber occidental —eso no se puede negar— pero igualmente hay un saber indígena, […] y creo que la cultura puede ser universal. La cultura es un patrimonio de la humanidad y, si la humanidad es humanidad, tiene la capacidad de recoger esas herencias independientemente de su origen" (52). Es decir, no es necesario hablar de un pensamiento occidental y contrastarlo con uno amerindio como si ambos fueran incompatibles, al contrario, hay que sumar ambas "herencias" en pos de un pensamiento plural y complementario: "Entonces, si bien hay tradiciones culturales diferentes, esas tradiciones pueden aportar desde su perspectiva –y también a partir de su cúmulo de conocimientos– confluyendo en una forma de sabiduría que podría aprovechar el hombre occidental" (42) y también el indígena, en un mundo donde cada vez tiene menos sentido contraponer lo occidental a lo no-occidental como si fueran antagónicos.

Más adelante se tratará el tema del pensamiento amerindio y cómo es que lo vemos reflejado en las obras que han sido y pueden ser escritas; además se postulará la problemática que existe sobre la aceptación de este tipo de pensamiento hoy en día, buscando y proponiendo una solución que recalque la necesidad de entender que lo occidental y amerindio no necesariamente son polos antagónicos, sino que constituyen legados específicos y singulares cuya complementación y combinación conlleva la eliminación de estereotipos que han permeado de manera negativa en la educación académica de nuestros tiempos.

5. La autonomía y autogestión

La autogestión social y política de las colectividades indígenas está muy ligada al auge de las literaturas indígenas y ambas se dan dentro de condiciones educativas y sociales donde lo literario y lo político se influyen mutuamente. Por tanto la gestión educativa de las comunidades indígenas puede ser el principal contexto de su actividad literaria emergente. En cuanto a lo político, Craig S. Womack valora "…] the idea that Native literary aesthetics must be politicized and that autonomy, self-determination, and sovereignty serve as useful literary concepts. Further, I wish to suggest that literature has something to add to the arena of Native political struggle" (11). De acuerdo a Womack, hay una retroalimentación que abarca lo literario y lo político, que a su vez proporciona las bases de una identidad indígena que reflexiona por medio de la escritura. La cuestión educativa para lograr narrativas que surgen desde el Abya Yala se posiciona especialmente desde fuera del control pedagógico de las instituciones, es decir, proyectos educativos literarios se dan desde las afueras de ese sistema que no acepta las literaturas indígenas como importantes dentro de un currículo didáctico. De esta forma, los talleres literarios emprendidos en diferentes lugares han abierto las puertas para la divulgación y promoción de las narrativas indígenas.

Dentro de los grandes logros obtenidos por algunos movimientos sociales del Abya Yala, ha sido la autogestión educativa lo que ha permitido desarrollar proyectos pedagógicos inclusivos que permiten la integración cultural. Bajo el establecimiento de las leyes de usos y costumbres se ha realizado modificaciones a los currículos educativos, por ejemplo, se han comenzado a impartir cursos en las lenguas correspondientes a cada comunidad que ha adoptado este sistema, ayudando a mantener y fortalecer la lengua. En las comunidades en donde se ha perdido el lenguaje tradicional, se ha buscado recuperar las tradiciones, lo cual va de acuerdo con la reinvención de lo indígena mencionado anteriormente; no olvidemos que la educación ha sido un arma de doble filo para las comunidades indígenas, puesto que históricamente ha sido desarrollada sin tomar en cuenta las verdaderas necesidades que estos pueblos enfrentan. Recordemos el ejemplo de los *boarding schools* en los Estados Unidos, destinados a borrar las culturas nativoamericanas para buscar la asimiliación a la cultura blanca.

Por medio de los sistemas educativos los gobiernos nacionales buscaron integrar a los pueblos indígenas en el proyecto de modernización, forzándolos a adoptar la escritura alfabética de forma drástica excluyendo los legados orales y artísticos nativos. Muchos pueblos que mantenían cierta independencia lingüística lograron adaptar el alfabeto latino a las lenguas indígenas originando y manteniendo resistencia ante los afanes colonizadores. Pero en su gran mayoría muchos de estos proyectos de alfabetización fracasaron debido a la falta de recursos en las comunidades amerindias, y más que nada, por la falta de profesores que hablaran las lenguas originarias. El principal problema de estas políticas educativas se debe a ideologías como la de José Vasconcelos y su concepto de mestizaje. Este creía que por medio de la educación general abstracta y desconectada de las culturas singulares, el problema del indio sería resuelto; dicho de otra manera, se buscaba eliminar al indígena por medio un mestizaje que se concebía como medio de eliminación de las diferencias, y no como un respeto a las mismas, puesto que todo lo diferente y singular era visto como un estorbo para el desarrollo y la entrada del país a la modernidad. Veamos por ejemplo el final del libro: "mediante el ejercicio de la triple ley llegaremos en América, antes que, en parte alguna del globo, a la creación de una raza hecha con el tesoro de todas las anteriores, la raza final, la raza cósmica" (80). Aquí claramente lo indígena por sí solo no cuenta, y como implica anteriormente lo más valioso es su fuerza, el intelecto vendrá de otras razas. Es importante mencionar el ejemplo mexicano, ya que por muchos años las políticas mexicanas de educación para comunidades amerindias sirvieron como ejemplo a otras naciones latinoamericanas. Como bien indica María Berteley Busquets en la introducción al libro *Historias, saberes indígenas: nuevas etnicidades en la escuela* (2006): "Reconocemos la imposibilidad de aplicar un [solo] modelo educativo intercultural y bilingüe a todos los pueblos y contextos indígenas que configuran la diversidad en nuestro país, así como la multiplicidad de factores que intervienen en el ejercicio de la autonomía y el desarrollo cultural de los pueblos" (18). Esa imposibilidad que reconoce Berteley no había sido tomada en cuenta anteriormente, por lo que muchos educadores hoy en día se están dando a la tarea de encontrar formas apropiadas de desarrollar métodos pedagógicos que se ajusten a las necesidades de cada comunidad. El poeta e intelectual Natalio Hernández, en su artículo "La formación del escritor indígena", resalta la importancia de los proyectos educativos en el surgimiento de las literaturas amerindias en la década de los años setenta, donde: "se desarrolla un importante movimiento indígena. Son varias las organizaciones que luchan por recuperar la historia propia y llevan a cabo un proyecto educativo que considere los contenidos culturales propios, pues este movimiento trasciende el ámbito literario" (103). Por medio de la educación se puede lograr el objetivo de crear escritores, tomando en cuenta la cultura y los conocimientos ancestrales; además, Hernández también resalta la importancia, como habíamos mencionado anteriormente, de organizar talleres literarios:

"Cabe destacar también la experiencia que en los últimos nueve años viene realizando un grupo de jóvenes mayas de Yucatán. Ellos trabajan en un taller de literatura bajo la asesoría del escritor Carlos Montemayor", lo que ha resultado en la publicación de "cuatro textos literarios (dos en maya y dos en español)" (113).

El gran ejemplo de autogestión indígena es el logrado por el Ejército Zapatista de Liberación Nacional, quienes a partir del levantamiento en armas en 1994 comenzaron a ejercer autogobiernos. Ellos han demostrado los beneficios de la autonomía, pues han logrado grandes avances en los campos de educación, salud y sustentabilidad humana. Los zapatistas han sido un gran ejemplo a seguir para muchas comunidades amerindias en el mundo, por lo tanto, es imprescindible incluir un análisis de cómo es que este movimiento ha llegado a este punto, donde lo literario hace presencia por medio de su vocero el Subcomandante Marcos, hoy Subcomandante Galeano. Pero habría que investigar si el proceso educativo en ese caso ha sido acompañado de un desarrollo de escritores indígenas o si se ha limitado al protagonismo literario del Subcomandante.

En esta sección se investiga, para propósitos de nuestro trabajo de campo en Costa Rica, cómo es que la educación ha propiciado el desarrollo de escritores indígenas, tomando en consideración los talleres literarios organizados por Carlos Montemayor en México. Además, se analizan los nuevos enfoques pedagógicos elaborados por algunos expertos en la materia, esto con la meta de poder contribuir a la mejora de los currículos educativos para la integración de clases de literatura, pues es algo que en muchas instituciones no posee la importancia que merece.

Capítulo 1

Trabajo de campo / proyecto de investigación / acción participativa

De acuerdo a las premisas anteriores, es toda una red o muchas redes las que contribuyen a que surjan obras literarias indígenas en las condiciones actuales, y los propios investigadores académicos somos parte de esas redes. Basado en esto me propuse participar en un proyecto específico de educación comunal y talleres creativos dirigidos al desarrollo de una literatura propia por parte de los bröran-térraba en Costa Rica. Esta actividad aporta un conocimiento práctico y concreto sobre un caso que dispone de muy poca o casi ninguna bibliografía.

El desarrollo de las premisas anteriores corroboró y encajó perfectamente para llevar a cabo un proyecto de desarrollo literario en Costa Rica, donde algunas comunidades amerindias han expresado su interés en la educación literaria para reforzar las raíces ancestrales y promover la intelectualidad indígena local. Como se verá a continuación las condiciones fueron ideales para lograrlo y formar un grupo de escritores comprometidos con la lucha intelectual. Además, se contó con el apoyo del Liceo Térraba y el Ministerio de Educación y Juventud de la Región Sur, y finalmente de la Editorial Paroxismo.

La población indígena en Costa Rica, como en muchos otros lugares de América Latina, se encuentra en resistencia ante los diferentes embates del gobierno y las transnacionales que buscan explotar los recursos naturales que se encuentran en sus territorios. Muchos de los pueblos han organizado movimientos para la recuperación de tierras, detener la construcción de hidroeléctricas en sus territorios, mejorar la educación y la autogestión autónoma. Algo que caracteriza a Costa Rica es el número de indígenas que viven en el país: no rebasa los cincuenta mil; debido a esto las políticas en beneficio de estas comunidades son raquíticas y limitadas. Estas comunidades han sido relegadas a "territorios indígenas" o "reservas", donde irónicamente viven más mestizos que indígenas, mestizos que se han apropiado de las tierras ilegalmente; esto complica la subsistencia de estos pueblos originarios, quienes van perdiendo su lengua. Carmen Rojas Chaves, del Ministerio de Educación Pública de Costa Rica, escribe sobre el problema que enfrentan estas comunidades: "Una de las razones que han contribuido a crear una situación desfavorable para las lenguas indígenas es la idea republicana de crear una nación unificada, uniforme, reunida bajo una sola lengua y una cultura 'nacional'" (179). Esta idea republicana no ha cambiado en los últimos años, y mientras se mantenga la preponderancia abusiva de los mestizos dentro de los territorios de las comunidades indígenas se seguirá reforzando. Debido a esto, varias comunidades comenzaron una recia movilización para afirmar la autonomía en sus territorios, preservar sus tierras y recursos, sobrevivir y mantener su cultura.

En los últimos cuatro años ha llamado la atención la comunidad bröran-térraba, localizada al sur del país. Esta inició una movilización masiva para detener la construcción del Proyecto Hidroeléctrico Diquís, que en caso de llevarse a cabo inundaría el setenta por ciento de su territorio ancestral, forzándolos a reubicarse. Siguiendo a esta movilización, se dieron a la tarea de recuperar los espacios educativos de la comunidad, en los cuales los profesores y directores de los planteles eran *siquas* (mestizos o blancos) quienes no respetaban y no tenían conocimiento alguno de las costumbres de dicha comunidad. En el año 2012, los líderes de la comunidad, junto a padres de familia y estudiantes, tomaron las instalaciones del Liceo Térraba, exigiendo la renuncia de la directora y algunos instructores. Con la recuperación de las instalaciones, la comunidad buscaba implementar clases sobre su pasado, con la intención de reforzar su cultura. La lucha fue fructífera, después de tres días se obtuvo la renuncia e inmediatamente Marcos Rivera, líder local que tenía las credenciales para ejercer, fue ascendido a la posición. Con Marcos Rivera, la comunidad ha logrado cambios importantes, por ejemplo, consiguieron la construcción de una nueva escuela que se inauguró en noviembre del 2013.

Los líderes de la comunidad apoyan la lucha por los decretos nacionales e internacionales con tal de ejercer presión a nivel legislativo.

En 1992 se firmó el Convenio 169 de los Pueblos Indígenas y Tribales por medio de la Organización de las Naciones Unidas, en donde se reconocieron los derechos indígenas a una educación acorde a su propia cultura como un derecho universal, es decir, Costa Rica reconoció la importancia de respetar sus territorios indígenas. Claro, en la práctica este decreto ha quedado corto, por lo que ha continuado la lucha por obtener autonomía y la capacidad de autogestionarse rigiéndose por sus costumbres y cosmovisiones.

Recientemente, debido a la presión establecida por parte de las comunidades indígenas en Costa Rica, el Estado costarricense reformó el Decreto de Educación Indígena, el cual permite la autogestión educativa por medio del establecimiento de un consejo de mayores, los cuales tienen la capacidad y el poder de elegir a los docentes para las escuelas y los temas a impartir. El problema con este decreto yace en que las principales autoridades educativas del país siguen ejerciendo control sobre la educación; es decir, la autogestión es parcial, limitando las decisiones de los consejos de mayores. Pero uno de los beneficios de esta reforma es la apertura para incluir dentro del currículo pedagógico clases de literatura amerindia, como una forma de robustecer y promover su cultura. Esto me permitió entrar y llevar a cabo talleres literarios, no solamente para los bröran-térraba, ya que he establecido comunicación con líderes de otras comunidades, como los brúnkajk, gnäbes y bribris, de quienes hasta este momento hay algunas personas ya escribiendo. Este proyecto se ha propuesto el desarrollo y emergencia de los primeros escritores indígenas contemporáneos de Costa Rica, con una serie de narrativas alejadas de lo antropológico o lingüístico, salidas del deseo propio de los participantes de los talleres literarios. Durante mi participación en este proyecto, me di a la tarea de teorizar mi experiencia, con la meta principal de que este estudio sirva a otros investigadores interesados en este tema para llevar a cabo propuestas similares en otros lugares de América Latina. En todo momento este trabajo se guió por los principios de la investigación/ acción participativa propuestos por Orlando Fals Borda, que permiten ser un actor y no un mero observador de las actividades de la comunidad como ha sido costumbre en la generalidad de las investigaciones sociales y humanísticas.

1. Hipótesis de trabajo

Nuestra primera hipótesis es que se puede desarrollar una literatura indígena a partir de la práctica educativa autónoma. Esto se relaciona con las premisas anteriormente explicadas, puesto que el desarrollo de las literaturas indígenas en su sentido convencional y en el sentido ampliado es el resultado de prácticas colectivas históricamente determinadas y no la expresión de una esencia cultural ni una epistemología fundamental. Son las colectividades indígenas quienes construyen eso que llamamos identidad indígena en un contexto en el que participan muchos otros actores no indígenas de la sociedad. Esto precisamente es lo que se hizo en los talleres en nuestra investigación de acción participativa. En este sentido la cultura y la literatura indígena son construcciones complejas, heterogéneas, relativas, que no expresan una esencia autóctona, sino que responden a necesidades del contexto.

Las literaturas indígenas se autoidentifican como tales en función de objetivos estéticos y sociales (educación, participación política, defensa de derechos) de los autores individuales y de las colectividades en las que ellos se insertan, y deben ser evaluadas y valoradas en estos contextos, no solamente de acuerdo a cánones exclusivamente estéticos o criterios de virtuosismo profesional. Los talleres con la comunidad reflejan este proceso de autoidentificación y autovaloración basado en un amplio contexto de necesidades y aspiraciones, además de lo estrictamente estético.

El incremento de la participación social autogestionada (no dependiente ni subordinada) en las sociedades nacionales y trasnacionales está íntimamente vinculado a la motivación de componer y publicar obras que se identifican como indígenas, es decir, a mayor participación en la sociedad a gran escala (urbana, nacional e internacional) mayor predisposición a involucrarse en la publicación de obras literarias convencionales y de otras formas relacionadas con lo oral, lo musical o lo performativo y los medios del cine, video e internet. Esta participación pasa ineludiblemente por el acceso a una educación formal autogestionada por las colectividades indígenas. La organización de talleres que tomaron en cuenta la participación de los individuos indígenas en la educación y su relacionamiento con el contexto urbano nacional e internacional sirvió para medir el alcance de esta hipótesis en términos muy concretos, aunque de manera preliminar y modesta.

2. Procedimiento

Se hizo un recorrido de la bibliografía que ya existe sobre cómo se formaron las literaturas indígenas actuales, aquí se estudió la experiencia de Carlos Montemayor y otros en México y Guatemala. Se hizo además, un análisis de los factores que contribuyeron a la creación de literaturas indígenas haciendo un balance de ellos. En Costa Rica, dentro de la comunidad bröran-térraba, se establecieron talleres literarios con los mayores y los estudiantes del liceo. La comunidad aceptó mi propuesta de trabajo y estuvieron de acuerdo en participar y diseñar el proyecto conjuntamente; además, se contó con el apoyo del Ministerio de Cultura y Juventud, quien proveyó cartas de recomendación para conseguir una beca y llevar a cabo el plan. Involucrarme directamente en el proyecto fue importante, principalmente para ver cómo mi experiencia práctica se comparaba con otras experiencias referidas en la bibliografía.

3. En cuanto a los debates de la mediación literaria

Primero que nada, creo que es inconcebible una literatura donde no haya mediación. Entiendo que las mediaciones se dan en varios niveles, como casas editoriales u otros escritores que colaboran en la creación de obras literarias. Es importante también entender que la categoría de subalterno no es una categoría fija; es en sí una mediación, una relación con quien lo considera subalterno o no. Por lo tanto, si vamos a hablar en términos de subalternidad, podemos decir que el subalterno siempre está hablando, manifestándose y dándose a conocer y el problema se encuentra en la negación de que el subalterno está constantemente hablando. Lo que tenemos que cambiar es precisamente esa noción de diferencia y utilizar términos para referirnos a "otros". Lo subalterno es relativo. Viveiros de Castro, en su ensayo "O nativo relativo", demuestra que los antropólogos al momento de observar a comunidades indígenas las definen como lo diferente al que las observa, es decir el subalterno pasa a ser subalterno desde el momento en que se le define como tal, adjudicándole a él o ella la diferencia, aunque éste mismo no se defina como tal:

> O nativo não precisa ser especialmente selvagem, ou tradicionalista, tampouco natural do lugar onde o antropólogo o encontra; o antropólogo não carece ser excessivamente civilizado, ou modernista, sequer estrangeiro ao povo sobre o qual discorre. Os discursos, o do antropólogo e sobretudo o do nativo, não são forçosamente textos: são quaisquer práticas de sentido.

Las "prácticas de sentido" son principalmente aquello que intenta definir al observador como diferente a lo que observa, dicho de otra manera, al referirnos a otros como lo que no somos es una manera de reconocernos que termina siendo a la misma vez relativa, puesto que los observados también nos definen como diferentes a lo que no queremos o pensamos ser. En una entrevista concedida a la revista *Desinformémonos*, el abogado mixteco Francisco López Bárcenas discute precisamente la construcción de la identidad indígena desde afuera:

> Hay una falta de entendimiento de cómo lo indígena se ve desde fuera y cómo se ve desde dentro de una comunidad. Yo soy mixteco, pero soy de un pueblo indígena visto desde fuera. Si voy a la comunidad mixteca y le pregunto a la gente si son indígenas me van a decir que no, que son mixtecos. Lo indígena está construido en relación con el otro.

Esta acertada observación facilita entender que la mediación también se da desde el interior de la comunidad en relación al espacio habitado.

El trabajo de Miguel León Portilla es precisamente uno que ha marcado la diferencia en cuanto a la percepción que se tiene de las literaturas/filosofías/naciones indígenas, iniciando un alejamiento del indigenismo que tanto ha plagado las relaciones con las naciones milenarias. El trabajo de Carlos Montemayor sigue dentro de la misma perspectiva de no hablar por nadie estableciendo una relación que se aleja de las dicotomías y planteamientos binarios. Los talleres literarios que se ofrecen en Yucatán con José Tek Poot, son un ejemplo pedagógico que no intenta hablar por el otro. Es una mediación que permite entrar en el mundo literario a los que participaron de los talleres, donde cada uno de los escritores que surgen de allí expresa una forma diferente de hacer literatura, única desde sus perspectivas personales, eliminando prejuicios y ampliando el *corpus* literario indígena. Tomando en cuenta que personas como Montemayor y principalmente los y las escritoras indígenas que surgen de estos talleres literarios han establecido la forma del *corpus* con sus debidas posiciones intelectuales, mi papel como mediador fue presentar lo logrado, es decir, los talleres literarios que impartí fueron únicamente utilizando literaturas indígenas, dejando de lado o dándole menor importancia a textos ajenos a las realidades indígenas. Ésta quizás es la diferencia que existe entre Montemayor, León Portilla y los que han intervenido en los testimonios, pues en ese tiempo las literaturas indígenas no eran tan aceptadas como lo son hoy en día, que es más fácil trabajar desde dentro de la cosmovisión indígena y no fuera de ella.

Al indicar anteriormente que pretendo estudiar la literatura indígena desde una perspectiva interna y no externa, como comúnmente se ha realizado, me refiero precisamente a evitar imponer las nociones de diferencia, sin olvidar la historia de resistencia que las naciones indígenas han mantenido. El ser mediador "de las voces indígenas" implica que existe una diferencia entre la comunidad y yo. Mi intención era trascender esas diferencias al ser un partícipe más de las actividades dentro de la comunidad, al trabajar como un instructor de literatura para la gente que así lo pidiera, incluyendo el liceo. Esto por lo tanto tenía el potencial de ponerme a un nivel similar que el de los profesores de matemáticas, ciencias sociales o educación física, ayudándome así a establecer un vínculo más estrecho con la comunidad. Mi posición como instructor no es precisamente la de intentar hablar por el otro, como bien indica Craig S. Womack en su libro *Red on Red: Native American Literary Separatism* (1999): "It goes without saying that I cannot speak for Creek people or anyone else; however, I do have the responsability as a Creek-Cherokee critic to try to include Creek perspectives in my approaches to Native Literature" (1). Siguiendo la crítica de Womack, no era mi responsabilidad hablar por nadie, sino seguir los consejos y temas que el Consejo de Mayores me indicaba para desarrollar la agenda escolar de acuerdo a lo que ellos creían correcto enseñar. Esto último va de acuerdo con lo que establece Womack de una literatura indígena para indígenas: "Native literatures deserve to be judged by their own criteria, in their own terms, not merely in agreement with, or reaction against, European literature and theory" (242-43). Dicho esto, mi trabajo me permitió establecer que el subalterno habla y siempre lo ha hecho, y hoy en día lo hace más que nunca, relacionándose con otros que son vistos como tal, derrumbando las creencias idiosincráticas que critican si puede hablar o no. Al reconocer la importancia de las mediaciones nos podemos enterar de la capacidad de estas para concretar ideas de resistencia expresadas en la poesía o cualquier expresión cultural, de esta manera la conexión con otras naciones milenarias indígenas puede facilitarse y concretarse, puesto que sin dar a conocer lo que otras y otros han hecho, la comunicación difícilmente se podrá establecer.

4. La reinvención indígena y la relación con otras literaturas

El proceso de reinvención para los pueblos originarios de Costa Rica no ha sido cosa fácil, en este momento se encuentran tratando de recuperar sus territorios ancestrales de los cuales fueron despojados y, más aún, están tratando de retener lo poco que les queda ante las amenazas de diferentes proyectos mineros e hidroeléctricos. Mientras que al mismo tiempo están dándose a la tarea de desmitificar los falsos prejuicios que sobre ellos han sido impuestos, demostrando que el ser indígena no es sinónimo de atraso como se les ha venido diciendo desde la época de la conquista. Al reconocerse a sí mismos como gente perfectamente capaz de llevar en sus manos sus propios destinos, esto más bien los coloca en una posición de ventaja sobre aquellos que los han intentado despojar de sus territorios ancestrales y de su cultura. Este proceso se ha dado desde una forma interior para después exteriorizarlo y unificar fuerzas con otras naciones indígenas. Debido a esto, es de suma importancia reforzar los diálogos tanto internos como los que ya han sido establecidos con otras comunidades, y a la misma vez fomentar otros para desarrollar una red que permita observar las diferentes formas de resistencia y procesos de reivindicación de la sabiduría indígena. Como ejemplo de las unificaciones, los bröran-térraba han intercambiado experiencias con otras comunidades en lucha contra los proyectos hidroeléctricos, como es el caso de los nahuas del estado de Jalisco, quienes primero llegaron a Térraba a dar su testimonio sobre la lucha y posteriormente los bröran-térraba viajaron a las comunidades nahua a ofrecer su testimonio de la resistencia en contra del proyecto hidroeléctrico Diquís. Como podemos ver, los intercambios hasta este momento se dan a niveles específicos, por lo tanto, sería necesario establecer un diálogo con el norte de Abya Yala sobre las formas de reinvención, especialmente por el hecho de que estos temas han sido llevados a un nivel crítico más desarrollado (a un nivel académico claro, puesto que la única diferencia con Costa Rica es que no hay autores indígenas publicados), lo que ha permitido establecer puentes entre ellos.

La teorización de las literaturas y movimientos de reivindicación indígenas han sido prósperas en el norte de Abya Yala, como dejan ver intelectuales como Craig S. Womack (Creek-Cherokee), Robert Allen Warrior (Osage), Lisa Brooks (Abenaki) y Jace Weaver. Las obras de estos autores ofrecieron posibilidades para desarrollar el proyecto de una forma inclusiva, y más que nada me obligaron a poner en relación las diferentes experiencias sobre la reivindicación del pensamiento indígena, por lo tanto, más que una obligación era un compromiso desarrollar un diálogo sobre estos procesos de reinvención indígena con estas tradiciones norteamericanas nativas. Es importante reconocer que los nativos en el norte del Abya Yala han avanzado fuertemente en el pensamiento crítico de la reinvención, llegando a la conclusión de que clamar una identidad no es suficiente para lograr la liberación, sino que hay que desarrollar un nacionalismo con la intelectualidad y pensamiento indígenas, lo cual deja muy en claro Womack en su obra *Red on Red* al citar a Howard Adams: "claim to Aboriginality is race and heritage. That is not enough to achieve true liberation. To accomplish self-determination, we need more than a racial pride" (5). Estas contribuciones a una liberación desde dentro de Abya Yala son herramientas que pueden ayudar a otras comunidades indígenas, y qué mejor manera de hacerlo que desde sus literaturas.

La experiencia obtenida hacia el reconocimiento de las literaturas nativas norteamericanas contribuyó a entender el proceso de los escritores indígenas de Costa Rica. Como indica Womack, en un principio los escritores nativo norteamericanos dudaban en proclamar o reconocer que una voz nativa fuera posible, hoy en día los escritores asumen que la vida y las formas nativas van a continuar en el futuro (6). Lo importante fue compartir los libros escritos en el norte de Abya Yala, ya que ayudaron a demostrar que lo literario va más allá de la expresión escrita. En palabras de Jace Weaver, la literatura indígena refleja y da forma a la identidad nativa contemporánea y a la comunidad (6), es decir, tenemos que entender que al desarrollar nuevas formas de expresión literarias es posible contribuir a la resistencia.

Una de las ventajas que se ha tenido en el norte de Abya Yala es el establecimiento de los Estudios Nativo Americanos en las universidades. Aunque en un principio fue problemático –y sigue habiendo problemas–, se logró formar un espacio que hoy en día es retomado por pensadores nativo-americanos. En Costa Rica no hay un centro de estudios indígenas, los estudios son primordialmente desarrollados por antropólogos, sociólogos o lingüistas, quienes la gran mayoría del tiempo toman posiciones indigenistas, ignorando completamente el pensamiento indígena. Esto genera la creación de falsos estereotipos de lo indígena, que se imponen externamente. Para evitar este tipo de construcciones es necesario escribir y educar desde la perspectiva interna. Weaver, ante este problema, sugiere el uso de la literatura para reforzar la identidad: "American Indian writers help native readers imagine and re-imagine themselves as Indian from the inside rather than as defined by the dominant society" (5), lo cual implica un proceso de "desaprendizaje" de la opresión que ha sido internalizada por las comunidades minoritarias en todas las Américas. Por lo tanto, aprender de las experiencias sobre el camino tomado para llegar a establecer estudios indígenas en las universidades, o por lo menos a un nivel escolar más bajo, es importante, y quién mejor para mostrar ese camino que los que ya lo han recorrido.

La experiencia del norte de Abya Yala ayudó en el establecimiento de un currículo literario indígena para impartir en Costa Rica, el cual facilitó el inicio de intercambio cultural para fortalecer la formación de un proyecto pan-indigenista iniciado por la emergencia literaria.

Cabe remarcar que la nación bröran-térraba ha comenzado diálogos con otras comunidades de Abya Yala y, hasta donde sé, están dispuestos a seguir estableciendo redes que les permitan fortalecer y reivindicar la cultura local. Plantear estas posibilidades de diálogo en la comunidad fue pertinente, comenzando con la introducción de las literaturas que facilitaron intercambios más personales. Estaba seguro que al comenzar con el proyecto literario en Térraba podría contemplar paralelos con las literaturas nativo-norteamericanas, pues lo ideal era que los participantes de los talleres literarios en Térraba hicieran estas comparaciones con otras experiencias y narrativas de escritores de todo Abya Yala. Más delante veremos los resultados.

5. Los cánones literarios

La definición del canon puede verse desde diferentes perspectivas. Una de ellas y la más prevalente es la que vemos desde una posición purista, que indica una regla o ejemplo a seguir; el canon literario se ve en ese caso como un *corpus* de obras que supuestamente tienden a definir la excelencia o que son modelos a estudiar. Esta última tiende a ser reduccionista, pues normalmente se define un canon literario por lo que los críticos consideran importante de acuerdo a las reglas establecidas de lo que es una buena obra o no. Otra perspectiva desde la que podemos entender el canon literario es decir que la opción misma de estudiarlos y formar un *corpus* crítico los convierte en parte de un canon. En el caso de la formación de escritores indígenas en Costa Rica se da paso al surgimiento de estudios relacionados a la cultura indígena a través de la literatura (hecha por indígenas), comenzando un intercambio con otros escritores a manera de establecer debates que ayuden a enriquecer el desarrollo del tema. El primer paso, lograr una publicación, da pie y comenzar con lo mismo relación con otros escritores; con esto se inicia un segundo paso que se dará en un futuro conforme las obras se den a conocer.

Aunque me refiero a un canon literario, reconozco que hay que postular una modificación de lo llamado "literario", principalmente al hablar de narrativas indígenas y de las diferentes "literaturas" que la componen. Tenemos que hablar de "literaturas", en plural, pues hoy en día se reconoce que hay muchas formas de expresión, como la oralidad, la musicalidad, las pinturas tradicionales y otras formas variables de expresión gráfica que han sido practicadas por mucho tiempo, no solo por indígenas sino también por otras etnicidades.

Esta reformulación de lo canónico no es para incluir a aquellos que han sido mantenidos fuera, sino para proclamar el reconocimiento y aceptación de que estas formas han sido y son el canon. Craig S. Womack en su libro *Red on Red: Native American Literary Separatism*, escribe sobre el "supuesto" renacimiento de las literaturas nativo-americanas y su posición ante el canon estadounidense: "I say tribal literatures are not some branch waiting to be grafted onto the main trunk […] We should not allow ourselves, through the definitions we choose and the language we use, to ever asume we are outside the canon" (6-7). Esto se refiere principalmente a la idea de la supuesta emergencia de las literaturas indígenas, como si estos escritores de repente se hubieran decidido a escribir, no tomando en cuenta que lo han hecho por mucho tiempo (considerando las diferentes escrituras en el sentido más amplio de la palabra), por lo tanto, no es un renacimiento, sino más bien que se ha dado una re-concientización de la importancia de estas escrituras y se está haciendo un esfuerzo porque estas reciban la atención y el respeto que se merecen.

Dentro de lo que se considera el canon literario en muchas instituciones académicas podemos identificar al *Popol Vuh*. No podemos negar la importancia de considerar este texto dentro del *corpus*, pero es necesario considerar la producción contemporánea y seguir adelante. Robert Allen Warrior en su libro *Tribal Secrets: Recovering American Indian*

Intellectual Traditions (1995), cita a Vine Deloria Jr, un nativo americano de la nación Standing Rock Sioux, quien hace una excelente observación sobre la necesidad de salir del pasado: "'Every book on modern Indian life [has been] promptly buried by a book on the real 'indians' of yesteryear'" (96). Esto no solo se limita a las literaturas indígenas o afro, sino a todo el *corpus* en general, en el cual se sigue haciendo referencia a las obras canónicas por excelencia para establecer comparaciones, negando la validez y originalidad de aquellos que han decidido alejarse de los antecesores. Esto nos lleva a establecer que el canon no es ideal, sino abierto y múltiple, y que permite la inclusión de otras voces que se alejan de los estereotipos establecidos. Este es un trabajo que se tendrá que realizar en Costa Rica, donde no hay escritores indígenas reconocidos y aún existe en el imaginario de los académicos la imagen del indio del pasado. La idea entonces es dar a conocer en Costa Rica otras formas de intelectualidad escrita por miembros de naciones indígenas de otras partes, y al mismo tiempo promover las escrituras para generar debates en donde no los hay. La meta entonces es que las literaturas indígenas sean reconocidas como parte de un canon abierto, puesto que hoy en día las literaturas van más allá de lo escrito, y ciertamente muchas de esas expresiones son de carácter milenario.

Capítulo 2

Crónica de la investigación

La emergencia de los movimientos literarios indígenas contemporáneos en las américas ha sido extensa, especialmente en los lugares en donde esta población tiene gran presencia. Los países que han destacado en este aspecto –por nombrar algunos– son México, Perú, Guatemala, Bolivia, Chile, Colombia, Estados Unidos y Canadá; las publicaciones surgidas han sido extensas, proveyendo un marco teórico para promover movimientos literarios similares en lugares donde no existe una presencia indígena fuerte y amplia. En algunos de los países anteriormente mencionados se han llevado a cabo talleres literarios que han aumentado dicha producción y han generado al mismo tiempo resultados positivos dentro de lo que es la identidad indígena. Como resultado, ha habido una desconexión entre las comunidades indígenas y los estudiosos que se dedican a escribir *sobre* las poblaciones y grupos indígenas, es decir, se genera una producción interna que elimina las dicotomías de poder y diferencia en cuanto a sujetos letrados/orales, desarrollados/subdesarrollados, educados/sin educación y, más importante aún, borra la costumbre colonial de escribir por el *otro*. Debido a las siguientes preguntas es que surge la idea de realizar talleres literarios en un lugar en donde la población indígena es mínima y no tiene un reconocimiento popular y gubernamental: ¿qué es lo que pasa en los países donde la población indígena es menos prominente? Es cierto que las literaturas indígenas son milenarias, pero: ¿hasta qué punto se promueve la escritura desde un nivel educativo o alternativo? o ¿existen escritores indígenas natos en estos países y no son reconocidos? ¿Cómo responder a estas preguntas? Una respuesta es llevar a cabo un estudio que permita desarrollar las condiciones para la emergencia de literaturas amerindias, principalmente en un lugar en donde no hay escritores reconocidos. Es así que llegué a Costa Rica. A continuación, presento la crónica que tiene como resultado la publicación de una antología a partir de talleres literarios organizados en la comunidad bröran-térraba en el sur del país.

Mi contacto con Costa Rica y sus poblaciones indígenas comenzó cuando hicimos un viaje mi esposa y yo para visitar a su familia en el año 2008. Durante este viaje visitamos la región de Rey Curré en la zona sur del país. Allí conocí al artesano Rafael Morales, quien tenía un puesto de venta de máscaras a la orilla del río Térraba. Hablando con don Rafael me enteré del proyecto hidroeléctrico que el ICE (Instituto Costarricense de Electricidad) estaba tratando de llevar a cabo: la construcción de una represa que inundaría gran parte de los territorios indígenas en función de una agenda desarrollista supuestamente en beneficio del país, y claro, como de costumbre, no tomaban en cuenta las demandas y necesidades de las poblaciones que se verían afectadas por esta idea de desarrollo. A partir de este momento comencé a seguir las luchas de las comunidades indígenas de Costa Rica.

El interés por investigar escritores indígenas me llevó de regreso a Costa Rica en el 2011. Me preguntaba si allí encontraría escritores contemporáneos; sabía de algunos por investigaciones anteriores, por ejemplo, leí a Espíritu Santo Maroto de la comunidad brúnkajk, quien falleció en el año 2005; también leí al mayor José Rodolfo Rojas González de la comunidad de Curré; a Elides Rivera Navas de Térraba, quien escribía comunicados en internet y en algunos periódicos nacionales e internacionales. Me interesaba encontrar más, pues fuera de estos autores, los libros que hablaban sobre literaturas o temas indígenas eran bastos. Entre los autores más destacados que escribían sobre temas indígenas encontré al filólogo y lingüista Adolfo Constenla Umaña, al lingüista Miguel Ángel Quesada Pacheco, a las críticas literarias Magda Zavala y Seidy Araya y, finalmente, a la antropóloga María Eugenia Bozzoli de Wille. La cantidad de escritores indígenas contrastada con los no indígenas me hacía pensar que aún persistía una perspectiva de hablar por el otro, por el subalterno, recordándome lo que Spivak propone en su famoso ensayo "¿Puede hablar el subalterno?", dónde encontramos que de hecho el subalterno siempre habla, pero no es escuchado por diferentes razones. En el verano del 2011 llegué a la capital, San José, y me hospedé en un hostal cerca de la Universidad de Costa Rica que pertenecía a unos gringos que lo habían atrincherado peor que una cárcel de máxima seguridad: alambre de púas, malla electrificada, cámaras de seguridad y sensores de movimiento por todos lados. Nunca me había sentido tan protegido y a la vez tan aprisionado, tanto que no me imaginaba poder salir. Ellos mismos ofrecían viajes a los supermercados y vendían bebidas alcohólicas para evitar que los huéspedes salieran a las "peligrosas" calles de la ciudad. Nuevamente me topaba con la división de civilizados y salvajes, primer y tercer mundo; sin tomar en cuenta el mundo "profundo" que había más allá de esas divisiones.

En ese entonces leía el libro *Literaturas indígenas de Centroamérica* (2002) de Magda Zavala y Seidy Araya con la esperanza de encontrar autores locales –la lectura no me sugirió ningún autor–. No tuve pista alguna que me ayudara a facilitar la búsqueda local antes de planear adentrarme en los territorios. El primer día que llegué a la Universidad de Costa Rica, busqué el Centro de Investigación en Identidad y Cultura Latinoamericanas, con quienes había tenido contacto anteriormente vía correo electrónico sobre el propósito de mi visita. Al entrar les recordé quién era, y les recordé que estaba buscando escritores indígenas costarricenses. La respuesta que recibí no era la esperada, me dijeron que en Costa Rica no había escritores indígenas y que no me preocupara, pues había mucha gente que escribía sobre ellos y que lo mejor que podía hacer era dirigirme a la biblioteca de la universidad para encontrar dichos textos –ignoraban ellos mismos a Maroto y Rojas González–. Los libros que encontré efectivamente eran de gente que escribía sobre las poblaciones indígenas –fuera de los libros de Maroto y Rojas González–. El navegar por la biblioteca y sus estantes me despertó a la realidad, en este país no se promovía la escritura indígena, o mejor dicho: el sistema educativo seguía utilizando un proyecto letrado y de nación inspirado en las ideas de José Vasconcelos y su libro *La raza cósmica*, básicamente apoyaba la lenta eliminación de las poblaciones amerindias, que bajo un paternalismo etnocida, no permite a las comunidades indígenas tener una libre interpretación y representación sobre ellos mismos.

El problema de la representación es grande, como ha dicho Linda Tuhiwai Smith (Ngati A wa and Ngati Porou) en su libro *Decolonizing Methodologies* (1999): "Indigenous communities have struggled since colonization to be able to exercise what is viewed as a fundamental right, that is to represent ourselves. [...] In the political sense colonialism specifically excluded indigenous peoples from any form of decision making" (150). En Costa Rica, al igual que en otros lugares, esta tradición está lejos de desaparecer, es por eso que es casi imposible hablar de cuestiones poscoloniales como si las costumbres de la colonia hubieran desaparecido y, peor aún, se oculta el derecho de la expresión por medio de las políticas paternalistas que son expresadas en los sistemas educativos.

Después de la decepción de ese día pensé que podría ir a buscar al día siguiente a Magda Zavala y Seydi Araya en la Universidad Nacional en la ciudad de Heredia, esperando encontrar mejores resultados. Mientras viajaba a la UNA pensaba en lo que me habían dicho en la UCR: "en Costa Rica no hay escritores indígenas", y deseaba que el carro en el que viajaba llegara lo más pronto posible para que me dijeran algo diferente. Al llegar pregunté a algunos estudiantes dónde quedaba el departamento de Letras, no fue difícil encontrarlo, pues eran pocos los edificios. Entré a la oficina del departamento y pregunté dónde podría encontrar a Magda Zavala. La secretaria me dijo que ya se había jubilado y que era casi imposible encontrarla. Entonces le di la razón de mi visita a la universidad y le pregunté sobre algún profesor que me pudiera ayudar a encontrar escritores indígenas locales. Me dijo que por el momento no había nadie en la institución que me pudiera ayudar pero que podía ir a la biblioteca a buscar material. La biblioteca era pequeña y no pude encontrar nada. Me sentía decepcionado pues mi estadía cerca de las universidades llegaba a su fin. Pero afortunadamente, al día siguiente saldría para San Isidro y me encontraría más cerca de las comunidades indígenas del sur. Así comenzaría una etapa nueva en la investigación.

Costa Rica es conocido mundialmente por ser un país al que le interesa la preservación de la naturaleza y la cultura nacional, y eso no se puede negar. Cada año miles de turistas visitan el país para experimentar y disfrutar de la riqueza cultural y popular ofrecida en diferentes lugares por toda la nación, en donde se paga por trabajar, algo similar a la nueva tradición de la "pornografía de la pobreza". Lo interesante es entender que este asunto de la conservación de la naturaleza no es algo nuevo, es decir, fuera de categorías capitalistas es algo que ha existido por miles de años en comunidades indígenas de una forma natural y orgánica. Estas comunidades han sido la inspiración de dichos proyectos, pero se les ha relegado a un estatus de partícipes a un nivel folklórico, como simples consortes de la experiencia y proyecto capitalista de las naciones hoy en día.

1. Lunes, 7 de julio de 2014

Viaje a Térraba

Mientras planeaba el viaje a la comunidad de Térraba, en *Facebook* comenzaban a emerger noticias sobre los hermanos Bribri, quienes habían realizado algunas acciones para recuperar sus territorios ancestrales. Sabíamos que esto complicaría la planeación de los talleres literarios en Térraba, pues la respuesta de los *siquas* (criollos blancos y mestizos) sería violenta para evitar la recuperación. A pesar de que ambas comunidades se encuentran distantes, los terratenientes y ganaderos mantienen una comunicación que les permite apoyarse en todo momento, es así que los *siquas* que habitan Térraba y los alrededores llegaron a Salitre para movilizarse en contra de la comunidad Bribri.

La lucha por la recuperación de las tierras ancestrales es constante en Costa Rica. En ella participan no solo las personas que intentan recuperar de forma pacífica las tierras que les son arrebatadas por proyectos oficiales y por *siquas* en general, sino también por los terratenientes armados y coludidos con las autoridades que les atacan. En esta ocasión los indígenas bribris, localizados en Salitre, intentaron recuperar cinco fincas que les pertenecen ancestral y constitucionalmente. La respuesta de los terratenientes fue violenta: entre ochenta y cien personas bloquearon las entradas a la comunidad, evitando el paso de vehículos de la policía y otras formas de apoyo que eran necesarias para proteger a los indígenas. Los medios de comunicación tergiversaban la información y la única manera de poder enterarse de lo que estaba sucediendo en Salitre fue por medio de mensajes de texto, llamadas telefónicas y *Facebook*, intercambiados con otras comunidades. En esos días la euforia mundialista mantenía al resto del país sumido en un letargo futbolero, especialmente por lo que los críticos consideraban una excelente participación de la selección nacional en la justa mundialista. Mientras todo esto sucedía, la resistencia en Salitre se expandía a un lapso de casi tres días. Las comunidades vecinas y sus líderes mantenían reuniones para buscar la mejor manera de ayudar a los hermanos bribris.

Al llegar a Térraba nos instalamos en casa de doña Elides. Allí llegaban personas para conectarse a internet, instalando un tipo de mini centro de operaciones. A cada momento llegaban mensajes de texto actualizando la situación, y al mismo tiempo bajaban camionetas llenas de *siquas* por el camino principal (que viven ilegalmente en Térraba y se apoyan mutuamente con otros terratenientes de las comunidades vecinas) en dirección hacia Salitre. Los niños de la casa jugaban al fútbol en el patio que da a la calle principal, siempre alertas, escondiéndose en cuanto escuchaban un automóvil venir a la distancia. Corrían como si jugaran, se metían detrás de los árboles y matorrales o entraban a la casa. Después de que pasaban los vehículos, los niños salían de sus escondites felizmente para reanudar el juego. Los niños de la comunidad crecen en la resistencia, que ahora se hacía parte de sus juegos diarios, era una escena que se podría presenciar en la ciudad o en otro lugar. Para José Bengoa la identidad indígena es reinventada, y muchas veces se forja asociada a un mundo sin conflicto: "Los indígenas se muestran a sí mismos como provenientes de una historia de equilibrio, lo que lleva a observar con mayor grado de deformación grotesca la actual desequilibrada vida que asola a las sociedades del continente" (12). En este caso, la identidad de los niños se manifiesta y se asume en la resistencia y el conflicto, no necesariamente en un pasado armonioso como lo indica Bengoa. Al parecer dentro de sus observaciones olvidó tomar en cuenta cómo es que la niñez indígena desarrolla su propia identidad, marcada por la realidad que los rodea.

El subcomandante Marcos dedica muchos de sus comunicados a los niños, aprende de ellos y nos ayuda a entender cuál es el papel que juegan los pequeños en la lucha de resistencia. En el libro *Nuestra arma es nuestra palabra: escritos selectos* (2001) encontramos el siguiente ejemplo:

> Me cuenta también El Beto que tiene un amigo que se llama Nabor. El padre de Nabor murió el 10 de febrero de 1995 cuando el gobierno envió a sus tropas a recuperar la "soberanía nacional". [...] El Beto ha adoptado al Nabor y le ha enseñado todo lo necesario para sobrevivir en la selva Lacandona. Alumno aventajado, Nabor se presume de que ya besó a una compañera. (291)

El anterior relato deja entrever la mezcla de la inocencia con la concientización de la infancia en la lucha armada. El beso es una muestra de esa inocencia, que se mezcla con la sobrevivencia en la selva. Es así como funciona la niñez en Térraba, con una identidad que va mano a mano con la inocencia y la lucha.

Las opciones para proponer los talleres literarios se reducían en estos primeros días debido a los eventos en Salitre, según me decía doña Elides. El Consejo de Mayores había comenzado a reunirse para elaborar un plan de apoyo a Salitre, siendo esa la única preocupación que tenían en el momento. Por lo tanto, yo buscaría la forma de entablar conversaciones personales con quien fuera en la comunidad, y de esta forma hacer llegar la noticia del proyecto a quien estuviera interesado. Esa misma tarde mientras hablábamos de escritura con las personas que estaban presentes en la casa, doña Elides, a quien había leído muchas veces en comunicados y publicaciones de *Facebook*, decidió compartir con nosotros algunos escritos que tenía incompletos y que le gustaría terminar. Antes de comenzar a leer nos contó sobre unos talleres de periodismo que había tomado. Manifestó su incomodidad por haberlos tomado, pues pensaba que recibiría apoyo para mejorar la escritura, y más que nada, creía que le ayudarían a mejorar su estilo y con ellos publicar algo; pero para su sorpresa, le dijeron que tenía que cambiar los formatos para poder ajustarlos a una nota periodística, que lo que ella escribía no tenía un género al que pudiera pertenecer. Simplemente le dijeron que ella no tenía la capacidad de ser escritora. Concluimos que hay una cerrazón que no permite ver la potencialidad de lo escrito por ella y, menos aún, reconocerla como escritora. Doña Elides entonces procedió a leer una historia sobre la participación de las mujeres de Térraba en la lucha. Era una narración testimonial, que fácilmente podría ser ajustada a un artículo periodístico, pero precisamente era el aspecto poético y testimonial que doña Elides le aplicaba lo que impedía que fuera aceptada. La belleza del texto era la diferencia, el no ajustarse directamente a las reglas dictadas por el periodismo. Comenté mis observaciones con ella y sonrío, diciendo que finalmente había alguien que le decía algo positivo sobre su escritura. Las impresiones que tuve del texto fueron positivas, y fui sincero al expresárselas a ella, comentando que lo único que le faltaba era editar algunos tiempos verbales, pero fuera de eso era un texto completo que merecía ser reconocido como una excelente creación.

El autor zapoteco, Javier Castellanos Martínez, en su artículo titulado "El escritor indígena" demuestra una de las grandes realidades en la formación de escritores indígenas y las desventajas que enfrentan:

> Un escritor no indígena, cuando es joven, alentado por su propio espíritu literario o por las ventajas que ve en su entorno por el hecho de ser escritor, tiene a la mano academias literarias, centros universitarios para que lo capaciten, manuales que lo inducen o ayudan para hacer literatura o, mínimo, ejemplares que le permiten estudiarlos y hacer su literatura inspirado en ellos.

Agregamos a esto la gran tradición literaria que se ha manejado o aceptado en el mundo, la cual es accesible a quien quiera que le interese y tenga los medios para hacerlo. En cambio, para los indígenas, Castellanos Martínez hace la próxima observación: "Mientras que el joven indígena con aspiraciones literarias, […] solo tiene la última: inspirarse en la literatura en español que ha caído en sus manos […]". Es necesario agregar que esto está cambiando, y vale reconocer que uno de los problemas que encontramos es el hacer estas literaturas indígenas disponibles, es aquí donde nuestra posición de educadores debe enfocarse si queremos promover un movimiento literario nacionalista del Abya Yala.

Las reglas impuestas en la sociedad, ya sean académicas, sociales o de cualquier tipo, tienen la tendencia de oprimir la expresión propia, el ser uno mismo y dar paso a la diferencia para que esta pueda ser aceptada. Debido a esta forma de opresión en el caso literario indígena encontramos el rechazo a narrativas que se encuentran fuera de un canon, o mejor dicho más allá de un canon. Los desprecios narrativos pueden entenderse dentro de los proyectos nacionales que se han impuesto en el Abya Yala, siendo uno de los más prominentes la idea del mestizaje nacional. Armando Muyolema propone una emancipación categórica que

> implica construir otro lugar de enunciación y un verdadero descentramiento cultural que implique no solo un "hablar desde la periferia" con los instrumentos conceptuales venidos del centro sino producir otras categorías de comprensión del mundo desde lenguajes y referencialidades semánticas y éticas distintas y disidentes. (359)

Es así que podemos entender el rechazo a estas nuevas formas narrativas que no se ajustan a las reglas, ya que no solo se posicionan desde la periferia, sino que elaboran y dan a conocer sus posiciones, no como algo nuevo, sino como algo que siempre ha existido y hace uso de herramientas presentes.

Como mencioné anteriormente, la casa de doña Elides en estos días funcionaba como una base de inteligencia. La conexión a internet, a la cual no muchos miembros de la comunidad tenían acceso, permitía que la gente llegara a trabajar, difundiendo e intercambiando información con los hermanos Bribris. Fue así que conocimos a Leonel Arburola Flores, quien tenía tiempo estudiando leyes indígenas de manera autodidacta. Hablé con él sobre el proyecto literario y lo que buscaba lograr, a lo que él respondió con una serie de sugerencias de manera informal. Uno de los temas que a él le interesaba era unificar una versión propia del surgimiento de la nación bröran-térraba, especialmente porque hay varias versiones de cómo es que surge la historia de esta nación. Decía que muchas veces se escucha de boca de otras naciones, por ejemplo, la siguiente versión de un mayor näso-teribe del lado de Panamá: "Allá para donde se esconde el sol están los hermanos del bröran que se nos dice son hombres malos". Otra versión de la historia cuenta que "la nación bröran se distinguía porque en cada casa había algo llamado bröran, que es una especie de masa o motete para hacer chicha. Esta se envolvía en hojas de banano o veragua y se colgaba en los techos. Ésta servía para hacer chicha instantánea, y como cada casa los tenía colgados en sus ranchos se les conocía de esta manera".

La preocupación de Leonel era la siguiente: ¿cómo recuperar la historia, sistematizarla e impartirla? Fue entonces que hablamos de la capacidad que tiene la literatura para ayudar con esta preocupación, especialmente con la creación de libros de diferentes temas escritos por personas indígenas que pueden ser utilizados pedagógicamente en el liceo local y ¿y por qué no?, en la comunidad en general y después a un nivel regional, nacional e internacional. Para él, era indispensable investigar todas las versiones que existieran sobre los orígenes, y recomendó investigar a fray Juan Francisco de Bullida, una figura histórica importante, quien comenta que los bröran fueron traídos por los frailes de otros lugares y los establecieron en esta zona. Esta versión se une a las contradicciones de las historias orales compartidas por los hermanos näso y bröran. Comentó entre todos los que estábamos presentes que a él le gustaría participar, pero que en esos momentos estaba muy ocupado preparando unos documentos relacionados con el PH Diquís, y que prefería no distraerse, pero pasaría el mensaje para encontrar a personas interesadas.

Hasta el momento, a pesar de las limitaciones, logramos tener algunos avances, como escuchar a doña Elides leer sus trabajos y las sugerencias de Leonel, y no sería hasta que la tensión de las agresiones en Salitre disminuyera que podríamos salir a conocer a otros miembros del Consejo de Mayores de Térraba y otras personas interesadas en los talleres.

2. MARTES, 8 DE JULIO DE 2014

Recorriendo Térraba y algo de su historia

El territorio de la nación bröran-térraba es un lugar que a pesar de la ocupación gubernamental y los embates de los no indígenas se mantiene siempre verde, la naturaleza reclama cada rincón que ha sido ocupado por las personas, inclusive los cables eléctricos que atraviesan de poste en poste se llenan de plantas y hasta orquídeas. Marcos me invitó a salir a caminar por diferentes lugares de la comunidad. Era constante que cada vez que llegábamos a un lugar nuevo salían a relucir relatos de ataques y robos por parte de los no indígenas, la usurpación y el apropiamiento de las tierras ancestrales de una forma ilegal y la resistencia hacia esas acciones. Al llegar a Quebrada Honda, donde la gente baja a bañarse y disfrutar del agua fresca que avanza mojando a los pequeños que nadan como si los arrullara con su corriente, Marcos me mostró un terreno que había sido invadido por un *siqua*, me dijo que este había cortado todos los árboles y lo había dejado como una cancha de futbol en una colina. Cuando se hizo la denuncia, uno de los hermanos, Jerhy, había sido atacado a machetazos por los usurpadores a unos cuantos metros del lugar. Marcos mencionaba que esa había sido una provocación muy fuerte, pero en lugar de responder con violencia decidieron hacer una lucha por las vías legales. Pasados algunos meses recuperaron la tierra.

Después de que la comunidad logró sacar a esta persona y sus cómplices, la naturaleza comenzó a llenar esos espacios que hacían falta, recobrando poco a poco su fortaleza originaria. La naturaleza es la viva imagen de la nación bröran-térraba, ambos se complementan, demostrando que la conexión a la tierra es la principal forma de identidad ante una nación que aún no reconoce las formas de autonomía desde aquí buscadas. Esas luchas por mantener el territorio y lo que se encuentra dentro han sido muchas, una de las más arduas, contaba Marcos, se dio en los años ochenta, cuando la comunidad decidió poner un alto a la tala ilegal de árboles. En esta acción miembros de las comunidades bribri, curré, brúnkajk y cabécares llegaron a apoyar a los bröran-térraba; bloquearon la salida de los camiones que transportaban la madera, encadenándose todos para evitar ser removidos. Cuenta Marcos que él era pequeño, y recuerda cómo llegó la policía para arrestar a todos los indígenas que fueron transportados para San Isidro de Pérez Zeledón. Esta lucha pacífica rindió buenos frutos para la comunidad: lograron parar la tala ilegal de árboles y comenzaron a versarse en las leyes indígenas, como el Convenio 169 de la OIT para seguir defendiéndose, en lugar de responder a las agresiones expresadas de muchas maneras.

Marcos hablaba de la discriminación en contra de los indígenas en Costa Rica, y especialmente de la que existe en contra de los bröran-térraba, y cómo son identificados por la gente, siendo una invisibilización mediática que se enfoca primordialmente en ellos. Por ejemplo, dice que cuando se habla de indígenas en Costa Rica, la gente piensa inmediatamente en los bribri o boruca (brúnkajk), y es raro escuchar alguien que reconoce otros territorios ancestrales como el de Térraba. Personalmente me tocó corroborar esta historia varias veces cuando en algunas conversaciones con gente no indígena salía a relucir que visitaría una comunidad indígena en el sur, siempre preguntaban si sería Boruca o Talamanca, y al decirles que sería Térraba terminaban preguntado quiénes eran y dónde habitaban. Muchas veces pensaba que quizás era tanto el miedo a lo desconocido que preferían ignorar la existencia de ellos, acusándolos de tener poderes sobrenaturales –por ejemplo–. Recuerdo la primera vez que mencioné a alguien que iría a Térraba, me dijo: "ten cuidado con los indios, solamente saluda con la mano izquierda para que no te hagan ningún hechizo o te echen una maldición".

Marcos comentaba que antes de que la comunidad bröran-térraba iniciara la lucha por sus derechos educativos y la recuperación de sus tierras ancestrales –hasta este momento aproximadamente un 85% se encuentra en manos de los *siquas*– eran más ignorados. Hoy en día la nación bröran-térraba se encuentra en el mapa nacional, principalmente por las luchas y sus consecuentes logros, y se está llenando esos huecos deforestados en su cultura para dejar las cosas cercanas a lo que eran antes. Dentro de la comunidad se siente un ambiente de resistencia y preocupación por hacer valer la cultura dentro y fuera de esta, siempre trabajando en diferentes proyectos que traerán un beneficio en un futuro no muy lejano.

Entre los proyectos de la nación bröran-térraba se encuentran la autonomía, el desarrollo y la autogestión. En ello se trabaja día con día aprendiendo sobre las leyes internacionales y nacionales en pro de las naciones milenarias en Costa Rica. El Consejo de Mayores, formado por mujeres y hombres mayores de sesenta años, se encarga de diseñar las diferentes tácticas de resistencia para fortalecer su cultura, siempre tomando en cuenta las opiniones de los demás ciudadanos Bröran. Cada miembro del Consejo tiene ideas diferentes que se complementan y fortalecen en conjunto.

Concluimos la caminata por Térraba ese día y regresé a casa de doña Elides, quien me estaba esperando en compañía de mi esposa para llevarnos a conocer a su hermana Isabel, quien estaba interesada en saber más sobre los talleres literarios. Al llegar a casa de doña Isabel, doña Elides nos guió hasta la cocina en donde estaba Isabel bordando unos vestidos tradicionales. La primera pregunta que surgió de boca de doña Isabel al presentarnos fue la siguiente: ¿usted cree que nosotras podemos escribir? A lo que le contesté que por ese motivo estábamos allí. Fue entonces que el café recién chorreado no tardó en llegar a nuestras manos y así comenzamos a conversar sobre las muchas posibilidades que había para escribir.

La conversación que tuvimos con doña Elides y su hermana doña Isabel esa noche tocó uno de los temas que me interesaba desarrollar en la comunidad. Ellas manifestaron un interés muy grande por incluir temas de género para concientizar sobre el machismo que existe en la comunidad. Confesaron estar cansadas del mito que imponía gente de fuera como los "chancletudos" o gente de la nueva era o hippies, quienes creían que en las comunidades indígenas todo era armonía y no existía algún tipo de violencia, y mucho menos contra la mujer, y si existía machismo era por la influencia occidental. Esto me hacía recordar lo que la intelectual aymara Julieta Paredes escribe en su libro *Hilando fino desde el feminismo comunitario* (2010):

> tenemos que reconocer que las relaciones injustas entre hombres y mujeres
> […], también se dieron antes de la colonia y no que sólo es una herencia
> colonial. […] Descolonizar el género, en este sentido, significa recuperar la
> memoria de las luchas de nuestras tatarabuelas contra un patriarcado que se
> instauró antes de la invasión colonial. (24)

Para las mujeres bröran-térraba la lucha feminista se da desde dentro, tomando en cuenta que la formación de la cultura bröran-térraba se da desde un matriarcado que se fundamenta en la deidad Tjër, diosa de los ríos. En la comunidad, a esta deidad se le conoce como la Abuela, y dentro de la cosmovisión bröran-térraba las mujeres son las que tienen una mayor conexión con ella. Se entiende entonces que para doña Isabel y doña Elides debe existir una lucha por reformar el pensamiento machista en la comunidad, basado principalmente en el presente, viendo hacia el pasado de la abuela Tjër que unifica a la comunidad.

Julieta Paredes hace una observación que debe aplicarse cuidadosamente para entender cómo es que funciona la participación de la mujer en la escritura:

> Se suele decir, por ejemplo: vamos a hacer políticas para los indígenas, para los campesinos, para los sectores populares y para las mujeres. Como si las mujeres no estuviéramos también dentro de lo indígena o dentro de lo campesino o dentro de los sectores populares; nos quieren ver como si fuéramos un mini sector. (12)

Si bien es cierto lo que observa Paredes sobre la posición de la mujer indígena en cuanto a la creación de los sectores divisionistas, y es imposible negar a la mujer en las categorías mujer/campesina, mujer/obrera, mujer/escritora, mujer/indígena, tenemos entonces que aceptar que el "mini sector" es de suma importancia, es decir, desde la aceptación de ese "mini sector" es que se puede trabajar en la eliminación de las categorías binarias. En la escritura esos binarismos se desvanecen y dan pie a una multiplicidad de categorías que podemos ejemplificar en el poema de la poeta maya k'iche' Blanca Estela Colop Alvarado, titulado "Mujer": "mujer guerrillera, mujer triunfante, mujer mariposa/ mujer diosa, mujer sabia de los sabios no venidos/ mujer guía, mujer madre, / dame tu mano y caminemos…" (177). Esta multiplicidad es lo que acapara el hecho de ser mujer indígena, que no es un "mini sector" sino una rapsodia de sectores.

La escritura para estas mujeres es importante, la ven como una poderosa herramienta educadora en la comunidad. Doña Isabel, ávida lectora, madre y activista, critica la forma en que los libros han sido escritos sobre las poblaciones amerindias de Costa Rica, incluyendo el libro escrito por el indígena brúnkajk de Curré José Rodolfo Rojas Gonzales, *Así era Curré. Una visión indígena de la comunidad de Curré de principios del siglo XX hasta la década de los años 50* (2006). En este libro —me dice ella— no se refleja la historia de esa nación, sino que es cortante, y no puede hablarse de un pasado como algo lejano, pues el autor se limita a esa visión de lo añorado dejando fuera las posibilidades de ser indígena hoy en día en Costa Rica. Después de escuchar la noción de historia que presentaba Isabel, mi esposa la alentó a escribir su propia historia, como a ella le gustaría que fuera, que esa era la riqueza de escribir, tener el poder de desarrollar su propia historia, a lo cual doña Isabel sonrió como demostrando la germinación de un nuevo plan de ataque.

Después de las conversaciones con doña Elides e Isabel, me entero que la escritura en Térraba se tiene en el imaginario como algo complicado, que tiene que seguir reglas y adaptarse a ellas, donde los géneros son limitados sin siquiera dar pie a la creatividad para romper con ellos. Retomando esta cita escrita anteriormente: "Mientras que el joven indígena con aspiraciones literarias, [...] solo tiene la última: inspirarse en la literatura en español que ha caído en sus manos" (Castellanos Martínez), sugiero que es casi imposible que el indígena pueda inspirarse muchas veces en escritores no indígenas, pues a pesar de que ambas hermanas han leído mucho no encuentran una conexión con lo leído. Como veremos más adelante, en los talleres se logra una conexión e inspiración con narrativas escritas por otros miembros del Abya Yala. Por eso dentro de los talleres, como les recordé a ellas, pondríamos especial énfasis en desarrollar un estilo propio, que les interese, después de practicar diferentes formas de escribir, que van desde poemas, cuentos e historias hasta una narración abierta experimental o siguiendo ejemplos de otras y otros escritores indígenas con tal de fomentar una escritura desapegada de lo no indígena.

La presentación del proyecto literario el primer día en la comunidad fue limitada, pero no significa que no haya tenido potencialidad, ya que fue recibido con gran interés por las personas con las que se pudo hablar. Además, hay que tomar en cuenta las multiplicidades que mencionaba anteriormente. Aquí todos son mucho y todo a la vez, y no tienen el privilegio de ser solamente escritores.

3. Miércoles, 9 de julio de 2014

Revisitando La Casona

En el 2012 (mi esposa y yo) visitamos la comunidad gnäbe-buglé de La Casona, más al sur del país ya cerca de la frontera de Panamá. Estábamos en busca de escritores indígenas como parte de nuestros estudios de literaturas y filosofías del Abya Yala. Allí nos hospedamos con doña Carmen Romero Palacios, líder comunal, quien inmediatamente mandó a su sobrino a buscar a otros miembros de la comunidad después de que le dijimos cual era la intención de nuestra visita. Mientras esperábamos, ella me comentaba que le gustaría mucho ver fortalecida su cultura, y además nos contaba de su niñez y su forma de vida actual. Doña Carmen, madre soltera, campesina, intelectual y fuerte promotora de la cultura gnäbe, no concibe la vida fuera de las tierras en las que ha crecido. Su sueño es regresar a esa forma de vida sencilla, en donde los no indígenas dejen de imponer leyes y proyectos ajenos a la comunidad. Después de estar platicando cerca de una hora con doña Carmen, llegó don Francisco Rodríguez Atencio en su caballo blanco y doña Carmen le dijo en gnäbere que nosotros éramos quienes estábamos en busca de escritores. Don Francisco sacó de su morral una hoja en la que había copiado un ensayo que había escrito. Después de una breve presentación, le expliqué un poco lo que nosotros hacíamos y le dije que en las dos universidades más importantes del país me habían dicho que no existían en Costa Rica escritores indígenas, y por ese motivo andaba en busca de ellos pues era imposible creer esa noticia. Precisamente él tumbaba esa gran mentira con el ensayo que tenía en sus manos.

Don Francisco mencionaba que él había sido informante nativo para varios investigadores de la Universidad de Costa Rica; les contaba historias orales y muchas cosas más relacionadas a la lingüística. Le causaba risa recordar esos momentos, pues decía que a todos los investigadores les contaba diferentes historias, o diferentes versiones de la misma historia, puesto que siempre que la contaba esta cambiaba, que tenía que ver con quién la preguntara o cómo él se sintiera en ese momento. Esta aseveración demuestra precisamente que la tradición oral no es fija, sino que es cambiante y se adapta a cualquier situación, por lo tanto, no puede darse por hecho fijo una historia escrita, especialmente una de esta índole. Para darnos algunos ejemplos, don Francisco nos deleitó con algunas historias, y antes de despedirse y regalarme la copia de su ensayo me dijo que a él le gustaría escribir un libro, quería dejar muchas historias, pero contadas por él y no por otras personas, pues él era el del conocimiento y no otros que sólo venían a apropiarse del conocimiento gnäbere. Esto último también fue expresado por otros miembros de la comunidad a los que conocimos, el robo del conocimiento del Abya Yala por parte de la academia, y algunos agregaron que había una falta de reconocimiento de sus filosofías al ser opacados por ideas turísticas y de la artesanía. Como plan de viaje, había comprado cuadernos y lapiceros para entregárselos a quien quisiera escribir. Entonces regalé un par de ellos, y además dediqué cerca de dos horas hablando con don Francisco, pues me estuvo pidiendo ideas sobre cómo escribir un libro. Esa tarde me despedí de él, y lo último que dijo fue que cuando regresara la próxima vez a La Casona tendría gran parte de su libro escrito.

Dos años después regresamos a La Casona, esta vez en compañía de Marcos Rivera, nuevo director del Colegio Térraba. Al llegar nos dirigimos a la casa de doña Carmen, y al vernos solo reconoció a mi esposa Adriana, momentos después se dio cuenta que debajo de mi cabello largo y mi barba estaba el Jorge que había conocido anteriormente. Le preguntamos por la familia, sus hijas y sus nietos, y nos dijo que Zinia –la mayor– estaba trabajando, y Mario –su nieto– había salido para la ciudad de San Vito. Más tarde nos enteramos que alguien había hecho una llamada al PANI (Patronato Nacional de la Infancia) y se lo habían llevado a un albergue en la ciudad de San Vito, a unos 30 km de La Casona. Esta noticia nos cayó como una piedra aplastante. Conocíamos a Mario y su relación tan estrecha con su abuela. Doña Carmen explicaba que esta institución aplica los mismos conceptos de pobreza de la ciudad para el campo, donde tradicionalmente se rechaza la costumbre de andar con zapatos o cerca de la mamá, ya que los niños corren libremente por toda la comunidad, y esto no significa que estos sean ignorados por sus padres.

Mientras hablábamos de este problema, de manera inesperada llegó don Francisco, como si él supiera que estábamos de regreso —cosa que dudo, pues él también tardó en reconocerme por los mismos motivos que doña Carmen—. Después de reconocernos lo primero que dijo fue que ya tenía el noventa por ciento del libro escrito, y quería llevarme a su casa para que viera su avance, y además, conocer su rancho, donde se dedicaba a estudiar. Antes de partir para su casa, le recordé del ensayo que me había obsequiado, y le dije que lo guardaríamos para incluirlo en el libro cuando este fuera terminado. Le agradó la idea y aprovechó para darme una cátedra sobre la importancia de reconocer el trabajo intelectual de los indígenas, pues los antropólogos y otros académicos se habían apropiado de todo su conocimiento y lo habían hecho público como si les perteneciera a ellos; además —decía— no los reconocían como autores, sino como informantes nativos. Momentos después nos dirigimos a su casa en el vehículo de Marcos. Por el camino don Francisco nos dijo que estaba trabajando como doctor tradicional en el hospital local, y añadió que le gustaría escribir un libro sobre medicina tradicional, pero que era imposible, pues eso sería regalar sus conocimientos a las farmacéuticas, así que se limitaría a tener uno o dos discípulos para enseñarles sus conocimientos.

La casa de don Francisco estaba en las afueras de la comunidad, metido entre la maleza estaba su rancho tradicional hecho de palma. Cuando entramos me di cuenta que más que un rancho era una oficina con un tabanco para dormir. Había unos mecates que atravesaban el centro del rancho, eran una especie de tendederos, pero en lugar de ropa tenían escritos colgando. Había un par de mesas llenas de libros, el que más se distinguía era el Convenio 169 de la OIT, y un diccionario hecho a mano del idioma buglé que don Francisco había escrito.

Don Francisco me entregó una libreta de las que le había regalado casi completamente escrita. Quería que la viera rápidamente y le diera mi opinión. Don Francisco había escrito todo en español, su tercer idioma. En ella había cuentos orales y datos biográficos de los líderes de la comunidad. Le pregunté qué quería hacer con lo que llevaba escrito, a lo que respondió que solamente quería terminar una historia que tenía incompleta al final, pero que cuando la terminara me podría llevar el cuaderno para que comenzara a editarlo. Acordamos que terminaría la historia y que yo regresaría una semana después para llevarme el cuaderno para fotocopiarlo, pues no quería dejarlo sin nada que leer.

De regreso a casa de doña Carmen don Francisco insistió en que pasáramos por el hospital, quería mostrarnos las instalaciones donde trabajaba y también uno de sus grandes logros: el jardín medicinal. Fue así que nos detuvimos en el hospital. Las instalaciones eran nuevas y los edificios estaban colocados de forma hexagonal, conectados por un pasillo. Don Francisco nos explicaba que estaban hechos de esa forma para representar su cosmovisión indígena. Esto era un gran avance, además de que había parteras y él proveía a los enfermos con plantas medicinales para su sanación. Al regresar a casa de doña Carmen ambos hablaron un poco entre ellos dos, después se nos acercaron y explicaron detalladamente el problema que habían tenido con el PANI. Ante este problema, doña Carmen y don Francisco nos dijeron que redactarían una carta, y que querían que nosotros la editáramos, la hiciéramos pública y si era posible contactaramos a un abogado para que les ayudara.

4. Jueves, 10 de julio de 2014

Visitando Salitre, testimonios de los ataques a los bribri

Este día por la mañana había un taller para mujeres impartido por el INAMU,[2] y a razón de los ataques en contra de familias bribris en Salitre, la encargada del taller decidió invitarnos a Salitre para entrevistar a las familias que sufrieron los ataques, aprovechando que finalmente habían desbloqueado los caminos para dar acceso a las víctimas. Dijo que quería que mi esposa y yo la acompañáramos, pues al ser extranjeros los terratenientes no nos causarían daño, simplemente se limitarían a observarnos entrar en la comunidad. Primero llegamos a la ciudad de Buenos Aires y pasamos por la estación de policía para avisarles que

---

[2] INAMU (Instituto Nacional de la Mujer).

subiríamos a Salitre; teníamos que avisarles por si sucedía algo. Para ese entonces ya había patrullas vigilando el área, así que por lo menos la situación iba mejorando un poco. Al llegar a Salitre nos recibió una amiga de doña Elides, quien nos contó todo lo que había sucedido. Decía que cinco familias decidieron recuperar unos terrenos que estaban en manos de unos terratenientes no indígenas. Así que ocuparon las tierras y construyeron unos ranchos. Cuando los terratenientes se enteraron, llegaron armados con machetes, palos y pistolas. Comenzaron a atacar a las familias e incendiaron los ranchos que habían construido. Las familias huyeron hacia el monte y se refugiaron allí por dos días hasta que los ataques cesaron; fue así que regresaron a las tierras y construyeron otros ranchos. Nos decía que la policía no pudo entrar a ayudar, pues con maquinaria pesada y tierra los *siquas* bloquearon todos los accesos de la comunidad.

Después de ponernos al tanto de toda la situación nos dirigimos hacia donde estaban las familias. Manejamos casi diez kilómetros hasta donde pudo llegar la camioneta, después de eso tuvimos que caminar otros diez más montaña arriba. Mientras recorríamos el camino nos topamos con dos patrullas de policía, estaban regresando a Buenos Aires, pues según ellos no había peligro alguno. El calor era insoportable y la humedad empeoraba la caminata. Al llegar encontramos a una familia compuesta por la abuela quien nos contó que recibió varias pedradas y palos, la hija, el esposo que tenía varios dedos fracturados y cinco niños que no superaban los seis años de edad. Las paredes de lámina tenían machetazos por todos lados y estaban tiznadas a causa del incendio. Ese día llevamos unos costales de arroz y frijoles para las familias. A pesar de que algunas organizaciones habían hecho colectas de comida a esta familia no le había llegado nada, fue así que les entregamos todo lo que habíamos llevado. Explicaban que toda la ayuda únicamente llegaba a las familias que estaban a la entrada de la comunidad, y como ellos se encontraban lejos nadie hacía el esfuerzo por contactarlos.

La representante del INAMU tomó varios testimonios de la familia y después iniciamos el camino de regreso a Térraba no sin antes visitar a otra familia. Inmediatamente después de comenzar a manejar pasamos enfrente de un edificio, afuera se encontraban unos veinte hombres blancos armados con machetes y rifles; al parecer estaban esperando que la policía se fuera para salir de sus escondites. Dona Elides y la chica bribri que nos acompañaba reconocieron a varios de los hombres que estaban allí reunidos. Contaron que uno de ellos había atacado anteriormente a Sergio Rojas con un machete, uno de los líderes bribri, y obviamente el crimen seguía impune. Otro era un ganadero que había marcado a otro bribri con un fierro caliente en la cara, un fierro que utilizan para marcar ganado, e igual que el otro, seguía libre y causando más daños. Explicaban doña Elides y la chica que los atacantes estaban coludidos con la policía y las autoridades de Buenos Aires, jueces, presidente, síndicos y abogados. Este contubernio explicaba por qué los indígenas realizaban la toma de tierras como la única forma de recuperar su territorio ancestral, pues por medio de las formas legales nunca sucedería.

A la entrada de Salitre se encontraba otra familia realizando otra toma, y antes de irnos pasamos a visitar; los testimonios de ellos eran similares, habían sido atacados y perseguidos. Una de las cosas en que ambas familias coincidían era que habían decidido tomar las tierras de esa forma porque decían que ya eran pobres y no tenían nada que perder, que si llegaban a morir no importaba, pues no tenían nada que perder, sólo ganar.

De regreso a Térraba me encontré con don Enrique Rivera Rivera y me invitó a pasar más tarde por su casa para hablar del proyecto. Al llegar a casa de doña Elides llamé por teléfono a Marcos Rivera para coordinar mi visita al colegio e impartir un par de clases de literatura con los estudiantes. Acordamos que llegaría a las 7:30 de la mañana para reunirme con él. Concluimos que solo sería una visita para que conociera el colegio, y pudiera tener una idea de cómo eran los estudiantes. Mientras esperaba la hora para ir a casa de don Enrique me puse a preparar las clases que me gustaría dar en el liceo. Escogí varios textos relacionados a la problemática de las hidroeléctricas en comunidades indígenas de la antología de Juan Guillermo Sánchez Martínez, *Indigenous Message on Water/ Mensaje indígena de agua*, pues si había un tema con el que podría conectar con los estudiantes sería uno relacionado al Proyecto

Hidroeléctrico Diquís. Uno de los poemas que escogí fue "Todo está dicho" de Wiñay Mallki o mejor conocido como Fredy Chicangana; otro texto fue el cuento "Es inevitable", de la wayuu Estercilia Simanca Pushaina, pues estaba escrito desde la perspectiva de una niña. Un poema adicional que escogí fue "Desencantos de Urrá", de Hugo Jamioy Juagibioy, de la nación camëntsa en Colombia, especialmente porque hablaba de los daños irreversibles causados por las hidroeléctricas. Hacía tiempo que no daba clases a estudiantes de colegio y estaba un poco nervioso, pero a la misma vez me encontraba emocionado de poder introducir un tema nuevo a la clase de español: literaturas indígenas.

Al llegar a casa de don Enrique lo encontré sentado en una mesa leyendo un cuaderno. Me invitó a sentarme con él y como de costumbre en la comunidad llegó el café chorreado y las chorreadas de maíz. Lo primero que me preguntó fue: "¿Cómo es que este proyecto suyo beneficiará a la comunidad?" Le dije que mi meta era ofrecer talleres literarios para ayudar a desarrollar y promover escritores de la comunidad, dar las herramientas para que nadie viniera a hablar o escribir por ellos, es decir, valorar las narrativas existentes de Térraba. Contestó que le agradaba la idea, principalmente porque antes habían llegado unos estudiantes de una universidad de la capital y le habían pedido unas historias. Mientras me contaba movía el cuaderno que tenía en las manos y dijo: "Les entregué un cuaderno como este. Me dijeron que lo editarían para publicarlo, pero nunca volvieron. Así que tuve que volver a escribir todo aquí. Espero que usted no me haga lo mismo". Don Enrique confirmaba algo que ya sabía: en Costa Rica sí hay escritores indígenas; él ya había comenzado a escribir anteriormente y tenía un proyecto establecido para publicar, lo único que le hacía falta era que alguien lo tomara en cuenta. Don Enrique me pidió que leyera un poco de lo que había escrito. Sin que me dijera algo sobre lo que había redactado, encontré que eran historias orales trasmitidas por su abuela. Después me comentó que uno de los estudiantes que se había llevado su cuaderno le había dicho que eran historias fantásticas, que no podían ser utilizadas como textos históricos ya que no tenían ningún fundamento que las validara, pero que él vería cómo usarlas dentro del género de leyendas. Esto me hizo pensar en lo que Guillermo Páramo decía en su ensayo "Tradición oral, fantasía y verosimilitud" sobre cómo es que la tradición oral es vista generalmente:

> Tradición oral se oponía a tradición escrita, el hombre occidental dependía de la tradición escrita, la ciencia era ciencia escrita. El hombre primitivo simplemente trasladaba oralmente de generación en generación sus conocimientos, esos conocimientos se "contaminaban" de fantasías y llegaban como fantasías a las futuras generaciones. (19)

A pesar que dentro de lo que leí no encontré nada fantástico, llegué a la conclusión de que para el joven investigador que había robado el cuaderno de don Enrique, el simple hecho de que un indígena escribiera estas historias merecía colocarlo dentro de lo "fantástico" en el mal sentido de la palabra, que se trataba de una leyenda y no de historia válida.

Después de leer el cuaderno invité a don Enrique a participar en los talleres. Dijo que para él sería muy difícil participar en grupo, pero que podría visitarlo cuando tuviera tiempo para trabajar con él personalmente. Desde un principio me imaginé que encontraría un caso como este, no necesariamente con don Enrique, pero en general, pues todos tienen otras cosas de las que dependen para sobrevivir.

5. Viernes, 18 de julio de 2014

El Liceo Térraba

Ese día por la mañana caminé al liceo en compañía de niños y niñas que fui encontrando en el camino; los niños preguntaban de dónde era y cuando me escuchaban hablar decían que no era mexicano, que no hablaba como hablaban en el programa del Chavo del ocho. La caminata fue muy agradable, la vista a la cordillera de Talamanca, los paisajes siempre verdes y el canto de las aves me hacían olvidar los nervios que tenía. Al llegar al Liceo me dirigí a la oficina de Marcos y al encontrarlo me invitó a dar una vuelta por las instalaciones. El liceo aún se mantenía como nuevo después de dos años de haber sido inaugurado. Marcos me hacía recordar las viejas instalaciones y me decía: "Mi hermano, ¿usted se acuerda que teníamos pisos de tierra? Mire ahora, este lugar es de primera calidad, aún nos queda mucho por hacer, pero tenemos un lugar donde prepararnos para el futuro de la comunidad y la resistencia". Recuerdo perfectamente la otra escuela, no había comedor ni aula de computación, solo había cuatro edificios que apenas se mantenían de pie. Marcos comentaba que desde hace tiempo quería escribir sobre cómo es que se logró la construcción del nuevo liceo y cómo luchó la comunidad para lograrlo.

Para Marcos es sumamente importante que los estudiantes aprendan de luchas indígenas en el mundo, piensa que es un ejemplo a seguir para conseguir la autonomía de la comunidad en un futuro. Más que nada, Marcos quería que les hablara a los estudiantes de otras luchas para poner en contexto lo que ellos tenían aquí y cómo ellos también eran parte de esa historia de resistencia en el mundo indígena. Las raíces indígenas tenían que ser promovidas en muchas formas, y una de ellas era por medio de las tradiciones, por eso me llevó a la parte trasera del liceo, donde habían construido un rancho tradicional. Mientras estábamos en el rancho me habló de cómo también habían instaurado la danza del toro y la mula como parte del currículum de la escuela. Me contaba de la resistencia por parte de los directivos anteriores por construir un rancho y practicar la danza, pero que hoy en día, siendo la mayoría de los instructores y trabajadores de la escuela indígenas se había facilitado ese proceso. Los logros de los bröran-térraba en el ámbito escolar reflejan un proceso de observarse hacia adentro, es decir reconocerse como indígenas y desde ese posicionamiento lograr los cambios necesarios para reforzar su identidad.

De acuerdo a un artículo escrito por Ana Cecilia Vásquez Carvajal, directora de la escuela de la comunidad indígena de Ujarrás, titulado "Caracterización de la situación idiomática de los pueblos indígenas de Costa Rica y su influencia en su educación", es a mediados de los noventas que se toma en cuenta a las comunidades indígenas de Costa Rica en el programa nacional de educación: "[…] no es sino hasta 1996 cuando realmente se generan tres programas específicos, uno de ellos dirigido a la promoción y la enseñanza de las lenguas indígenas […] que se enfocaba en rescatar, fomentar y difundir las culturas e idiomas autóctonos nacionales" (62). A pesar de que surgen estas iniciativas en los noventas, como podemos ver en Térraba no son efectivas hasta que la misma gente de la comunidad decide tomar la educación en sus manos. En el año 2012 por medio de la movilización toman las instalaciones del viejo liceo, exigiendo la renuncia de la directora. Esto demuestra que no importa qué tanta "preocupación" o iniciativas el gobierno tenga con tal de "ayudar" a los indígenas, esto no es posible por la mentalidad retrógrada que existe en la población no indígena que está encargada de impartir clases y administrar las escuelas. Durante la lucha de los brörantérraba estos exigieron respetar las propuestas gubernamentales; fue así que Marcos, quien tenía la preparación y capacidad de ser el director del liceo, pudo ser colocado en esa posición a petición de la comunidad.

Mi visita al liceo concluyó en la oficina de Marcos, allí hablamos de sus planes de escribir una historia sobre el colegio y cómo es que podría hacerlo. Él también dijo que sería difícil asistir a los talleres, pero que trabajaría conmigo cuando tuviera tiempo. Dijo que trataría de mover algunos horarios en las clases y hablaría con los instructores para que me dieran la oportunidad de dar mis pláticas y talleres a los alumnos.

A mi regreso a casa de doña Elides encontré a don Enrique trabajando, haciendo correcciones en su cuaderno, le pregunté cómo iba y contestó que estaba emocionado por mi presencia en la comunidad, por eso, estaba tratando de hacer correcciones en sus escritos, pues en verdad creía que sería posible publicar un libro muy pronto. Si bien ya había pensado en hacer un libro con la comunidad, me preocupaba proponer la idea abiertamente, no porque no fueran capaces sino porque no tenía en ese momento una editorial comprometida con el proyecto. Había hablado anteriormente con don Fernando Herrera, fundador del proyecto Trincheras Expresión, y además fundador de Editorial Chirripó. La publicación de dicho libro para don Fernando era una posibilidad, pero primero debería tener el material, además, en ese momento no tenía conocimiento sobre literaturas indígenas y pensaba que sería un riesgo publicar dicho libro. Para promover e incentivar la escritura era necesario comprometerme y promover la idea de publicar un libro con los participantes. En cuanto a don Enrique, que le interesaba publicar un libro solo de él, le comenté que tendría que escribir más, pues todo el material que tenía no era lo suficientemente largo como para hacer una publicación suya. Le dije que sería mejor comenzar con una publicación con las personas que participaran en el taller, de esta manera se daría a conocer y le daría tiempo para escribir más.

6. SÁBADO, 19 DE JULIO DE 2014

Promoviendo la alimentación autosustentable

En los últimos años en Térraba han surgido proyectos de alimentación sustentable que buscan eliminar la dependencia alimenticia de tiendas y supermercados, especialmente porque los más cercanos se encuentran en la ciudad de Buenos Aires, a unos quince kilómetros de Térraba. Además, solo pasan tres buses por día, lo que complica que la gente que no tiene vehículo viaje para hacer sus compras. A esto hay que agregar que Costa Rica es el país más caro de Centro América. Doña Elides comentaba que entre varias personas habían formado una cooperativa para criar cerdos, gallinas, sembrar yuca y diferentes variedades de bananos. Decía que Térraba dejó de producir sus propios alimentos cuando fue construida la carretera Interamericana y el gobierno comenzó a llevar alimentos a las comunidades, generando una dependencia de esos "regalos". Dentro del proyecto autónomo los bröran-térraba contemplaron eliminar la dependencia de productos externos y recuperar la producción de alimentos propios.

La formación de la cooperativa fue para crear una ayuda mutua, por ejemplo, hay personas que no tienen un lugar para tener los animales, así que quien lo tiene lo comparte. Igual, en algunas propiedades se produce bastante yuca o banano, y este también se comparte para la alimentación de la gente y los animales. Esa mañana fuimos a Buenos Aires a comprar alimento especial para los cerdos. De regreso me tocó cargar el bulto de comida por dos kilómetros para llegar a casa de doña Adriana Flores Gómez, quien tenía chiqueros para la engorda de cerdos. Doña Elides quería que conociera a esta señora, pues es una de las personas que más promueven la producción alimenticia en la comunidad. Doña Adriana nos estaba esperando. Cuando llegamos doña Elides me presentó con ella e inmediatamente la invitó a participar en los talleres literarios que tendríamos en casa. A doña Adriana le interesó la idea y dijo que hablaríamos un poco de ello después de alimentar a los animales. Nos dirigimos a la parte trasera de la casa, había que pasar por un bananal y una jungla de árboles frutales y hortalizas. Llegamos a donde estaban los chanchos, y ambas me hablaban muy orgullosas de ellos y cómo es que habían engordado gracias a ellas. Les dimos un poco del alimento especial y después sacamos unas yucas, cortamos bananos verdes, los picamos y repartimos entre los chanchos. Después de terminar, doña Adriana nos dio un recorrido por la propiedad para mostrarnos el huerto y las plantas medicinales que allí crecían. Era impresionante lo que ella tenía allí, definitivamente era un ejemplo a seguir para la comunidad que tanto lo necesita.

En Térraba la producción alimenticia se limita a la producción de yuca, banano, plátano, maíz, frijol y arroz; así como la cría de cerdos, vacas y gallinas. La producción de los tres primeros se hace de forma natural, ya que no requieren constante cuidado. La gran mayoría de las personas en Térraba no cosechan o crían animales, compran la carne en Buenos Aires, así como el pan, tortillas y otros productos. Las fuentes de empleo son escasas, siendo el colegio y la escuela los que generan trabajo a docentes y misceláneos. Otros salen a Buenos Aires, donde trabajan en la compañía bananera PINDECO (Pineapple Development Corporation-Del Monte, Costa Rica), una subsidiaria de Del Monte, que tiene fama de explotar y destruir el medio ambiente en el país, y por supuesto, el impacto que tiene en la sociedad es aterrador. Otra fuente de empleo es el turismo y el alquiler de habitaciones para personas que visitan Térraba, especialmente estudiantes y trabajadores del gobierno que llegan a hacer investigaciones o Becas Taller, que son proyectos diseñados por el gobierno que consisten en entregar becas a las personas de las comunidades indígenas de Costa Rica para el desarrollo de proyectos de interés. Algunos ejemplos de estos talleres son la creación de letreros para demarcar el territorio, así como la limpieza de la comunidad. El gobierno da cierto dinero y también capacitación para que se lleven a cabo. De esta forma muchas familias obtienen recursos para sobrevivir. Otros miembros de la comunidad son artesanos, se dedican a la fabricación de bisutería, máscaras tradicionales y el bordado de ropa.

Existe otra forma de trabajo que merece especial atención. Muchos han aprovechado sus propiedades para promover el turismo ecológico, haciéndolo de una forma diferente a lo acostumbrado; las personas que llegan a la comunidad como turistas son puestos a trabajar en estos lugares, contribuyendo al mantenimiento y mejora de ellos. Esta práctica de turismo contradice la definición establecida por el antropólogo Xerardo Pereiro en su artículo "Los efectos del turismo en las culturas indígenas de América Latina", donde establece que

> el turismo indígena es considerado más una oferta de un producto que una forma diferente de hacer turismo, es decir, una relación comercial entre productores y consumidores (turistas) mediados por una serie de productos como son el hábitat, el patrimonio cultural, la historia social y la artesanía de los indígenas. (158)

Es decir, esta norma se revierte en Térraba al ofrecer un turismo que propone la participación activa de los visitantes en las obras de mejoría de la naturaleza y la comunidad. Mientras estaba visitando el liceo encontré unos quince estudiantes internacionales escarbando una zanja para el desagüe a la orilla del camino, afuera de la escuela. Al llegar al colegio me encontré con don Paulino Nájera, a quien pregunté qué estaba pasando, me dijo que eran estudiantes que venían de Alemania, España, Puerto Rico, México, Estados Unidos, Suiza, Argentina e Inglaterra a visitar el Rincón Ecológico Térraba por un par de semanas. Dijo que los chicos habían llegado para aprender otras formas de vida, y para él era importante enseñarles a trabajar, que si querían aprender de la cultura indígena tenían que hacerlo trabajando y contribuyendo a la mejora de la comunidad. Me recordó a la comunidad de ex-guerrilleros maya quiché de Santa Anita la Unión en Guatemala, quienes reciben a los turistas con una pala y un machete cuando llegan a la comunidad. De esta forma la educación cultural no se da por medio de la observación, sino por medio del trabajo.

Después del recorrido por la propiedad de doña Adriana, nos dirigimos al rancho en la parte trasera de su casa. Allí tenía una estufa hecha de barro que funcionaba con leña, donde calentó el agua para el café y cocinó unas chorreadas de maíz con queso, todo producido por ella. Fue así que nos sentamos a conversar sobre los talleres literarios e historias que ella quería contar.

En la conversación aprendí que para doña Adriana es importante incluir en la escritura las problemáticas que hay con las personas que se hacen pasar como representantes de la nación bröran-térraba ante el proyecto hidroeléctrico Diquís, ya que estas se han dedicado a dañar y dividir la comunidad. Ella piensa que a través de la escritura las denuncias podrían llegar a otras partes del país y del mundo, ayudando a eliminar la corrupción del gobierno y los intereses de algunas personas vendidas y conseguir apoyo de otras personas interesadas. Doña Adriana comentaba que le interesaría escribir sobre sus vivencias y las de sus antepasados, aunque sería muy difícil para ella pues no tenía mucha educación formal, apenas y sabía escribir. Esto no lo veía como un impedimento, aunque la sociedad lo viera como algo necesario para ser una persona educada o de bien. Yo me dedicaba a escucharla y a disfrutar el rico café, y pensaba que al igual que mi abuelo, ella sabía vivir de lo que producía. Doña Adriana hizo una observación que llamó mi atención: ella criticaba a las personas que se especializan en una carrera, y cómo el sistema educativo no permite que las personas se especialicen en todo; ella decía que estos estudiantes de hoy en día no tienen otras herramientas de subsistencia, solo saben estudiar, mientras que ella, que no tiene educación, puede hacer muchas cosas sin depender de los libros y una especialización. Una educación primordial para ella es aquella que se basa en la cultura propia, pues, aunque es específica cubre historia, lenguaje, formas sociales, agricultura, zoología, y muchas otras cosas más.

A doña Adriana le interesaba participar en los talleres que se llevarían a cabo el martes 22 de julio en casa de doña Elides con las demás mujeres. Dijo que le gustaría escribir, pero desgraciadamente comenzaría la cosecha de maíz y la vacunación de su ganado, por lo tanto, no tendría tiempo de asistir. Antes de retirarnos comentó que veía imposible sacar a los *siquas* de Térraba por medio de la violencia, y por eso había que trabajar en una forma de eliminar los conflictos internos, y qué mejor manera que por medio de la educación sobre las tradiciones y forma de ser de los habitantes originarios de Térraba. Dijo que veía un adelanto en esa meta con la propuesta de los talleres literarios, pues si la gente de Térraba escribe algo, eso servirá para educar.

7. Lunes, 21 de julio de 2014

Literaturas indígenas, tema nuevo en un liceo indígena

Cuando desperté para ir al colegio a dar los talleres literarios recordé momentos de mi infancia, especialmente porque después de salir de la ducha doña Elides me tenía un café chorreado y unas tortillas recién hechas para desayunar antes de irme a la escuela; era como cuando mi mamá me preparaba el desayuno antes de ir a la escuela. La calle estaba vacía, la humedad se sentía pesada por la lluvia del día anterior y al llegar a la plaza comencé a ver niños y niñas caminando hacia el colegio. Al pasar en frente de la iglesia un señor pequeñito se me acercó y me dijo: "yo a usted no lo conozco, nunca lo había visto antes". Él llevaba una vara en la mano y me dijo: "yo cargo una de éstas porque a uno siempre le quieren pegar, si ve una en la calle recójala, nunca sabe cuándo le puede servir". Me dio la mano y se despidió deseándome buena suerte y me recordó que la escuela no estaba nada lejos, faltaba un kilómetro para llegar. Durante el resto de la caminata escuchaba el incesante canto de los pájaros mientras trataba de repasar mis planes para las clases. Me preocupaba un poco la forma en que trataría de conectar con los estudiantes, pues tenía muchos años de no hablar ante estudiantes de entre diez y quince años. La última vez que había hablado fue cuando vivía en Boise, Idaho. Dirigía a niños migrantes para motivarlos a asistir a la universidad y enfocarse en sus estudios para salir adelante. Al llegar al colegio, Marcos me recibió fuera de su oficina. Como de costumbre, hablamos de movimientos de resistencia indígena, y para variar hablamos de los estudiantes del colegio y los temas en los que estaban interesados. Decía que muchos de los chicos estaban perdiendo interés en su cultura debido a la influencia externa de otras culturas, especialmente la estadounidense, con la música y sus modas. Le preocupaba que la cultura se perdiera y es por eso que me había pedido que hablara de movimientos sociales de resistencia indígena, pues creía que era necesario resaltar el poder y las luchas ganadas de otros hermanos indígenas en el mundo. Esta pequeña charla me dio una idea de cómo dirigirme a los estudiantes.

A las 8:30 am entré al aula de los de séptimo, pregunté al profesor la edad promedio de los estudiantes y contestó que oscilaban entre los 11 y 13 años, y para confirmar me dijo, "mira la forma de actuar de ellos, son unos inquietos y es difícil conseguir su atención". Esto me recordó a mí mismo cuando tenía esa edad, no me importaba la escuela y solo quería pasar un buen rato con mis compañeros. Me alegré, pues mis métodos pedagógicos se basaban en mi experiencia como mal estudiante que fui, es decir, mi interés era conectar con ellos para ganar su confianza. Observé un poco desde afuera del aula. La gran mayoría estaba platicando, me miraban y hacían comentarios entre ellos mismos. Noté que les gustaba bromear y hacerse los graciosos, pues antes de que la profesora les indicara que yo daría la clase ellos preguntaban si yo era el nuevo estudiante que venía de fuera, y todos reían diciendo que me veía un poco viejo para ser tan joven.

Me presenté con ellos como un estudiante de literatura, y les dije que estaba visitando la comunidad para llevar a cabo unos talleres literarios. Los invité a que vinieran a casa de doña Elides si les interesaba hablar conmigo y participar. Tenía que hacer que mi tema sonara interesante para ellos y les hablé sobre la importancia de practicar la escritura especialmente hoy en día. Tenía que hablar generalmente y les pregunté qué es lo que les gustaría estudiar en un futuro. Las respuestas variaron entre ser doctores, abogados, ingenieros en informática, y hasta aviadores. Después de escucharlos les pregunté cuál era la relación de lo que querían estudiar con la escritura, a lo que respondieron que para poder estudiar tenían que saber escribir bien. Les dije que si no sabían escribir bien no podrían pasar sus carreras, además que una buena forma de mejorar la escritura tenía que ver con la lectura. Fue así que comencé a hablar de literatura con ellos, les dije que los estudios literarios abarcaban todo tipo de estudios para poder entender los libros e interpretarlos. Los chicos escuchaban atentamente. El maestro me veía y me levantaba el pulgar indicándome que tenía la atención de ellos. Continué la clase introduciendo la poesía, y qué mejor manera de hacerlo que con un poema de Luis de Lion de la *Antología contemporánea de poesía maya guatemalteca* titulado "El poema de los héroes". Antes de continuar con el análisis del poema les hablé del autor y la guerra civil en Guatemala. El tema de las masacres del ejército en contra de las comunidades indígenas impactó mucho a los estudiantes y recordaron los ataques de los *siquas* en contra de ellos durante la toma del colegio.

El poema de Luis de Lion habla de los superhéroes que cualquier niño conoce, como Superman, Batman y Robin, El Fantasma, Mickey Mouse y otros más. Luis de Lion los contrasta con los héroes mayas que encontramos en el *Popol Vuh* y cómo ellos son mucho más antiguos que los que la cultura popular conoce:

> antes que todos ellos y otros más,
> hubo dos niños, *Hunapú* e *Ixbalanqué*
> que en *Xibalbá* vencieron a la Muerte,
> dos niños cuyas aventuras no aparecen, ni en la TV, ni en la radio,
> ni en la prensa,
> menos en las revistas de historietas,
> pero que son más grandes y ciertos
> que Superman y todos sus hermanos;
> hubo dos niños cuyas grandes aventuras
> debemos conocer todos los niños (44)

Este poema facilitó la explicación de cómo la escritura sirve para provocar reflexiones sobre cómo hay influencias culturales más fuertes que otras, y que tenemos que aprender a reconocer la importancia de las culturas locales, principalmente a aquellos héroes verdaderos que son la base de la cultura. Después de la lectura del poema los estudiantes naturalmente comenzaron a mencionar héroes locales como Pabru Presbere y el cacique Jarabito, ambos líderes de la resistencia indígena durante la conquista en Costa Rica. Ellos decían que saben de esos héroes porque sus padres y abuelos siempre los mencionaban, pero que en la escuela los libros de historia no los incluían y no entendían por qué. Sentí emoción porque los chicos participaban y reían, comenzaban a entender el mensaje que el poema trasmitía. Me pidieron entonces que leyera otro poema, entonces escogí "Desencantos de Urrá", de Hugo Jamioy Juagibioy, que se encuentra en el libro *Mensaje indígena de agua*, pues imaginé que el tema serviría para conectar con la experiencia de muchos de ellos, ya que habla sobre los daños que causó un proyecto hidroeléctrico en la comunidad emberá de Colombia. El poema de Juagibioy dice:

> Al tiempo que se inundó Urrá
> las ciudades se inundaron de transeúntes hambrientos.
> Al tiempo que se hizo la luz
> se quedaron ciegas las familias emberá.
> Al tiempo que flotan los sueños en el Urrá inundado
> duermen los cuerpos en las calles de una ciudad.
> Al tiempo que se extienden manos ancestrales
> los transeúntes niegan sus raíces. (192)

Para analizar este poema les pedí que hablaran entre ellos mismos, que se juntaran con sus amigos o con quien más les gustaba trabajar. Mientras ellos se organizaban escribí el poema en la pizarra para que pudieran leerlo detenidamente. Les di seis minutos para trabajar y después les pedí que dijeran al resto de la clase lo que ellos entendían. Tal como lo pensé, el poema resonó bastante, pues la lucha contra el Proyecto Hidroeléctrico Diquís es un tema constante. Los comentarios que hacían siempre estaban en relación al PH Diquís: "El gobierno promete trabajos cuando se construya, pero cuando se termine la construcción la gente de Térraba se quedará sin trabajo y sin nada", dijo una chica. "La electricidad que se producirá dará mucha plata a los del ICE y no a los indígenas, nos quedaremos ciegos y sin dinero", dijo otro chico. Los estudiantes estaban convencidos que el PH Diquís era dañino para la comunidad, y les dije que gracias a este poema que acabábamos de leer, sin que yo lo hubiera relacionado al PH Diquís, les había provocado contextualizarlo. Los felicité y les pregunté si querían escribir algo, a lo que la gran mayoría dijo sí.

Les dije que escribieran sobre un tema que a ellos les interesara, en verso, un cuento, una historia que sus padres les habían contado o sobre ellos mismos. Uno de los estudiantes preguntó si podría escribir sobre zombis, esto causó mucha risa en la clase, y comenté que era una excelente y gran idea, pues era uno de los tópicos más populares entre los jóvenes de muchos lugares. Después de las instrucciones algunos chicos pidieron permiso para salir a tomar agua, y para mi asombro, inmediatamente unos doce estudiantes hicieron lo mismo, el aula estaba casi vacía, fue entonces que me preocupé, pues pensé que ya no regresarían. Un minuto después regresaron todas y todos los que habían salido, determinados a escribir, por lo cual sentí un gran alivio y les comenté que si ellos querían seguir escribiendo podríamos trabajar para que todo el material se incluyera en un libro. La idea les agradó, claro, era un incentivo de mi parte para que exploraran un poco el camino de la escritura. A la vez entendí que sería algo difícil para ellos por las tareas que tenían que hacer todos los días. Tiempo después comprendí que para poder publicar algo con el material de ellos tendría que ser un taller literario constante, por lo menos de un mes para trabajar, pues un par de clases no serviría de mucho; tendría que ser un curso más dentro del currículo educativo del liceo.

Después del tiempo dado a los estudiantes para escribir algo, decidí también someterme al escrutinio de ellos. Yo también escribí algo y lo compartí con ellos, siendo un participante más. Al finalizar mi lectura les dije que quizás les sería difícil leer, y deberíamos respetar a los compañeros poniendo atención y guardando silencio. Todos asintieron y las lecturas me educaron sobre la invasión de zombis, Downhill Xtreme (descenso extremo en bicicleta), el niño y la niña pobres, poemas de amor, las mejengas de futbol e historias "fantásticas locales". Cuando di por terminada la clase y los estudiantes salían del aula, una chica que no se atrevió a leer ante sus compañeros me dio a leer lo que escribió, era sobre ella, su timidez y la música que le gustaba. Les dejé de tarea seguir escribiendo para al día siguiente trabajar en el contenido y aprender la manera de mejorar y conseguir que ellos y ellas siguieran contentos con su trabajo.

A las 10:00 am comenzó la sesión con los estudiantes de quinto grado. Eran solamente diez, quienes se graduarían a finales de diciembre y buscarían entrar a alguna de las universidades de Costa Rica. Seguí con la misma dinámica de información con este grupo, a diferencia de que comencé hablando de cómo la escritura ha sido desde tiempos de la conquista un arma de opresión en contra de las naciones originarias y cómo hoy en día la literatura indígena de Abya Yala se posiciona dentro de los movimientos de resistencia. Comenté que hoy en día esa misma opresión de la conquista se podía trazar en la educación y su forma excluyente del pensamiento y tradiciones amerindias en las escuelas. Uno de los estudiantes mencionaba que no se les enseñaba sobre los héroes de las Américas, que solo los enseñaban de personajes ajenos a las culturas. Hablamos de la hispanización de los nombres ante la negación por parte de los colonizadores blancos de pronunciar los nombres correctamente. Les di el ejemplo del significado del nombre Yucatán ("no te entiendo") y ellos me dieron el ejemplo de Pabrú Presbere a quien le cambiaron el nombre por el de Pablo. Hablamos de la tierra de donde vengo, de los nombres de los pueblos de Michoacán, llamándoles mucho la atención la existencia del pueblo de Tangamandapio, la supuesta tierra de Jaimito el cartero que salía en la serie del Chavo del Ocho. Me dijeron que los nombres tenían la capacidad de ser trabalenguas, y gracias a este comentario les escribí uno de mis trabalenguas favoritos en la pizarra: "El volcán de pararangamacutirimicuarito se pararangamacutirimicuarizó, el que lo desenpararangamacutirimicuarize, será un buen desenpararangamacutirimicuarizador". Más que una lección, el taller se convertía en diálogo, creando una retroalimentación y un ambiente casual que giraba en torno a la importancia de escribir para re-escribir la historia. Les hablé del Inca Garcilaso de la Vega, Guamán Poma de Ayala, Rigoberta Menchú, y cómo es que ha evolucionado la narrativa indígena, al haber un empoderamiento y reconocimiento de la identidad indígena, la cual se ve reflejada en las obras. Después de esto comencé a leer diferentes poemas, demostrando que muchos escritores reflejan la oralidad, y que es precisamente por esto que en la poesía muchas veces encontramos que no hay rimas y las estructuras son diferentes a las de un poema métrico. Se dio a entender que la métrica y la estructura refleja más que nada la forma de hablar de un mayor, o en otros casos se buscaba más que nada el ritmo en la forma que se escribían las palabras. Me dijeron que se imaginaban que los cuentos reflejaban la importancia de los lugares y también tenían el propósito de educar, lo cual experimentaban muchas veces en reuniones con sus padres y abuelos. Les leí un poco de la obra de Estercilia Simanca Pushaina "Nacimos el 31 de diciembre" y confirmaron lo que ellos comentaban, que era una sencillez de relato, que era como si uno estuviera escuchando a un mayor hablar.

Al pasar a los ejercicios de escritura, de igual manera les pedí escribir sobre algo que les interesara. Los resultados fueron impresionantes, en todos ellos se reflejaba una soltura para demostrar su identidad brörantérraba. Uno de ellos (John) escribió sobre la evolución de esa identidad y cómo su familia había jugado un papel muy importante en ello, además las diferentes luchas que se han llevado en Térraba en beneficio de sus derechos, y cómo también fortalecieron quien es él hoy en día. Un chico demostró su capacidad de escribir poemas, nos leyó uno romántico bien rimado provocando fuertes aplausos por parte de los compañeros. Escuché historias de muchos lugares de aquí, incluyendo una leyenda sobre unos pescadores. El tiempo nos quedó corto para escuchar pausadamente todas las lecturas. Al sonar el timbre que finalizaba la clase quedaban tres muchachos por leer. Los compañeros pidieron que leyeran antes de irnos, que no les importaba quedarse un poco más dentro del aula, esto a pesar del gran calor que hacía. Al finalizar la clase muchos se dirigieron a mí para agradecerme por la charla, estaban emocionados por escuchar más historias y dijeron que les encantaba la idea de hacer un libro comunal, y para ello trabajarían duro en su tiempo libre, aunque admitieron que no era mucho, pues se tendrían que preparar para los exámenes de bachillerato.

Cuando me retiraba del colegio, me encontré al guarda, a quien había conocido unas semanas antes durante un tour que Marcos nos había dado a mí y a mi esposa. Me saludó y preguntó qué era lo que andaba haciendo en el colegio y en Térraba. Al explicarle mi proyecto le pregunté si le gustaría escribir algo, y con una gran sonrisa me dijo que siempre piensa en escribir un libro y agregó: "me gustaría saber si podremos ver ese libro, tenerlo en mi casa para mis hijos y nietos, que lo lean y sepan de dónde vienen". Le dije que así sería, que haríamos accesibles los libros para la comunidad. Saqué de mi mochila un cuaderno en blanco y un lapicero, se los regalé y dijo que aprovecharía todo el tiempo que está sentado en la entrada del colegio para escribir. Por la noche pasé a visitar a Marcos y su familia en casa. Al llegar, Marcos me agradeció mucho las pláticas y los talleres con los estudiantes, y también por influir a la gente en general, pues había notado que don Marcelo, el guarda del Liceo estaba haciendo algo diferente. Dijo que estaba escribiendo muy emocionado, y que le mostró dos páginas escritas en el cuaderno. Dos páginas en tan solo un día, me sentía muy feliz por tener una influencia positiva en las personas, y principalmente encontrar gente que ya tenía interés en escribir.

8. Martes, 22 de julio de 2014

El regreso a clases y el taller de poesía

Este día, al igual que el anterior, doña Elides me preparó el desayuno. Sinceramente no podía pedir más apoyo que el que ella me estaba ofreciendo. Camino a la escuela me encontré con una docente del colegio, y después de presentarnos concluimos que yo la sustituiría en la clase. Ella era la maestra de español, Evelyn. Conversamos en el camino mientras avanzábamos rápidamente en el empedrado, tratando de no caer. Me dijo que mi clase no afectaría en nada sus planes de ese día. Tenían un ensayo del baile típico conocido como "El punto guanacasteco", que es un símbolo nacional cultural de Costa Rica. Ensayarían para una presentación que tenían que hacer el jueves, y repitió que no importaría si yo tomaba la clase, pues ella podría acomodarse después de que yo terminara con mi taller, además, le serviría para aprender algo nuevo.

Al llegar al colegio nos encontramos con Marcos, quien nos presentó formalmente y dio las instrucciones para concluir el taller literario y de escritura con los alumnos. Mientras nos dirigíamos al aula puse al tanto a la profesora de lo hecho el día anterior y en qué consistiría la clase de hoy. Le pedí de favor a la maestra que fuera partícipe de la actividad, para que ella pudiera continuar después con talleres similares.

La clase inició con la creación de un poema colectivo para llamar la atención de todos los inquietos e inquietas. Los estudiantes comenzaron a escribir en dos cuadernos que circularon en diferentes extremos para encontrarse en el centro. La emoción de los chicos y chicas se hacía sentir cuando trataban de leer lo que el compañero o compañera estaba escribiendo. Trataban de imaginar en voz alta lo que escribirían y causaba risas que hacían eco por toda la escuela. El momento tan esperado llegó, los cuadernos se encontraron al centro y hubo gritos de emoción exigiéndome que los leyera para escuchar nuestro poema colectivo. El resultado fue un poema que reflejaba felicidad e inspiración: "tu corazón es como el sol, me ilumina cada día, tengo sueño y no quiero trabajar, pero escribir me despierta como el sol, tus labios rojos son como la rosa y tus ojos como las estrellas, los zombis están locos y nosotros los venceremos". Fue difícil controlar la algarabía y las acusaciones sobre quién había escrito qué, pero pasamos a leer las creaciones de la tarea. Los voluntarios no se hicieron esperar, deseando que los compañeros y compañeras escucharan sus habilidades creativas. De igual manera, algunos estudiantes demostraban vergüenza, se deslizaban en sus pupitres como queriéndose esconder y ante eso un compañero y yo expresamos que nosotros leeríamos por aquellos que no desearan hacerlo; los que tenían pena respondieron positivamente.

La gran mayoría terminó el trabajo que habían comenzado el día anterior y muchos otros nos leyeron poemas nuevos, cuentos que sus padres les habían contado o que habían escuchado en la comunidad. Después de cada lectura yo preguntaba a los estudiantes su opinión, si les había gustado o no, si tenían alguna recomendación para los compañeros. Al chico del cuento de la invasión de los zombis le dijeron que estaba muy bueno, pero que tenía que agregar más drama para hacerlo más emocionante. Como forma de motivación, los chicos y chicas concluyeron que todos tenían que seguir escribiendo, que todos eran buenos cuentistas, poetas, motivadores e historiadores. Antes de terminar el taller y después de haber escuchado las excelentes creaciones de todas y todos, les pedí que siguieran escribiendo, principalmente porque les ayudaría a desarrollar sus ideas y les recordé que la escritura es una herramienta muy importante para llegar muy lejos en su vida profesional, amén de lo que quisieran estudiar o ser en un futuro.

Después del taller, Evelyn, la instructora de español, se me acercó y me dio un "apretado" de leche de coco –un helado muy rico y refrescante–. Mientras lo tomábamos conversamos sobre la forma de educación que se imparte en el colegio, de cómo es que se les impone a los instructores un programa que tienen que cumplir y les dificulta hacer otras actividades extracurriculares. Ella me comentaba que esta actividad le había gustado mucho, porque le había hecho ver un lado de sus estudiantes que no conocía, especialmente de aquellos muy tímidos o muy inquietos. Dijo que seguiría impartiendo talleres y les recordaría a los estudiantes seguir escribiendo para que fueran parte del libro comunitario de Térraba.

Al salir del aula me esperaban unos chicos de quinto grado, Grégory, Clarisa y Carmen; querían saber si yo podría ayudarles impartiéndoles un taller de gramática y puntuación, pues el día del examen de admisión para el bachillerato se acercaba y ellos creían tener muchas deficiencias en ese ámbito. Acordamos hablar para establecer una fecha, y les dije que invitaran a todos los compañeros que estuvieran interesados en participar.

A las cinco de la tarde teníamos planeado comenzar el taller literario y a las tres de la tarde, doña Elides y yo comenzamos a preparar el rancho donde trabajaríamos. Lavamos el piso con jabón y lo tallamos con la escoba para quitar el musgo que se acumulaba por las constantes lluvias; limpiamos las mesas y las butacas, acomodándolas de una forma que pudieran mantener a los participantes juntos. Improvisamos un bombillo para la iluminación, corriendo un cable desde la cocina hasta la mitad del rancho. Todo estaba listo, solo nos quedaba esperar a que llegaran los invitados.

El taller comenzó más tarde de lo esperado. Era entendible, como mencionaba anteriormente, las personas de la comunidad tienen cosas que hacer en sus hogares y trabajos. Llegaron dos hermanas de doña

Elides, Isabel y Ana, y con esta última sus hijos Onandi, de diez años, y Grégory, con quien ya había convivido en los talleres del colegio y me había pedido ayuda para estudiar para los exámenes de bachillerato. Antes de iniciar, doña Elides hizo una oración ofreciendo los talleres a la abuela Tjër, diosa del río. Después de la oración inicié con una explicación histórica de lo que han sido las literaturas indígenas, estableciendo claro que la oralidad es un precedente de la escritura en la gran mayoría de los casos. Antes de comenzar, los participantes me indicaban que ellos encontraban muy difícil escribir en rima y siguiendo una estructura. Tomaban como modelo a Pablo Neruda y otros más e indicaban que no conocían escritores indígenas. Conversamos sobre cómo la escritura ha sido utilizada como una herramienta de opresión desde tiempos de la Conquista, además de la negación de los saberes prehispánicos, y la quema de las bibliotecas ante la acusación de ser herejes y del diablo. Hablamos sobre cómo es que los escritores y escritoras indígenas han utilizado la escritura hoy en día como un arma, por ejemplo, que por medio de los poemas, cuentos, novelas e historias se hacían denuncias de las atrocidades cometidas en contra de las naciones milenarias. Después de la pequeña introducción histórica, pasamos a la lectura de poemas. Decidí leer poemas para presentar escritores indígenas, utilizando la *Antología de poesía maya guatemalteca contemporánea*. Leí el poema de María Elena Nij Nij "Quinientos años de dolor", "Nativa" de Calixta Gabriel Xiquín y a Maya Cu Choc y su poema "Y otro Zaz". Otro libro que utilicé para los talleres fue la antología de Miguel Rocha Vivas titulada *Pütchi Biyá Uai. Puntos aparte. Antología multilingüe de la literatura indígena contemporánea de Colombia* (2010). De esta antología leí los poemas "Chicha", "Las montañas y las nubes" y "Analfabetas" de Hugo Jamioy Juagibioy.

Después de la lectura de cada poema les pedía que tomaran un momento para reflexionar sobre lo que escuchaban, entonces les pedía que lo comentaran. Fue muy interesante escuchar las reacciones, pues era obvio que se establecía una relación con los escritores que leían. Comentaban que la forma en que estaban escritos era como estar sentados ante los poetas, teniendo una conversación, comprendiendo que la oralidad como predecesora de la escritura alfabética estaba siendo aplicada en la escritura. La riqueza de sus comentarios se expresaba en sus reflexiones sobre sus luchas. Me contaban con detalle diferentes protestas y acciones en contra del gobierno, anotaban sus ideas y pedían seguir adelante con la lectura de otros poemas. Fue así que leímos ejemplos de José Luis de León Díaz, Estercilia Simanca Pushaina, Yenny Muruy Andoque (¥iche), Berichá (Esperanza Agua Blanca), Vicenta María Siosi Pino, Blanca Estela Colop, Adela Delgado Pop y Daniel Caño. Los participantes del taller reconocieron que la poesía indígena era rica, dejaba disfrutarse y tenía un mensaje directo que no había que descifrar sino disfrutar.

Después de escuchar y discutir las lecturas, comenzaríamos a escribir. Pero antes escuchamos a Yanet expresar su preocupación por los estudiantes del colegio, y no tanto por ellos sino por los maestros. Opinaba que tenían que ser sometidos a un curso de motivación y a un taller similar al que estábamos llevando a cabo para que retomaran la lucha en la enseñanza, pues según ella, tenían que educar sobre la lucha y no poner tanto énfasis en cumplir con lo que el Ministerio de Educación les imponía, pues ella veía que los temas que habíamos tocado en el taller eran necesarios para los jóvenes y tenían la capacidad de generar un reconocimiento cultural importante. Grégory dijo que para él mi presencia en su clase fue muy grata, pues los había sacado de la monotonía de siempre. Dijo que él y sus compañeros discutieron después de clases sobre lo valioso que sería tener un taller de esos una vez por semana, en donde su voz se escuchara y pudieran hablar de temas que en verdad les interesaban. Comenté que desde mi experiencia como instructor uno podía jugar con el sistema educativo, es decir, uno podía modificar el material a enseñar y que no veía tan necesario que un motivador hablara con ellos, sino más bien que se tenían que educar sobre cómo hacerlo, especialmente ahora que el Consejo de Mayores de Térraba tenía participación dentro de las decisiones educativas del colegio. Decidimos dejar el tema de lado, pues la noche caía y la luz no era muy buena en el rancho; teníamos que seguir con el taller.

Decidimos dar suficiente tiempo para escribir. Yanet hesitaba y no sabía cómo comenzar, decía que no tenía ideas y su hijo Grégory le dijo: "Mami, Jorge nos dijo en el colegio que escribiéramos precisamente eso, que no sabíamos cómo y qué escribir". Ella comenzó escribiendo lo que le aconsejaba su hijo. Al terminar, el primero en ofrecerse a leer fue Grégory. Escribió sobre el agua y los problemas que hoy en día enfrenta la comunidad ante las amenazas de la hidroeléctrica, la contaminación y la gente irresponsable, y más que nada sobre cómo se tiene que luchar para sobrevivir el futuro. El siguiente en leer fue Onandi, quien escribió sobre el día en que derribaron la casa en que vivían para construir una nueva. Describió el dolor que sintió al llegar de la escuela y encontrarse con las ruinas, y cómo su mamá después compró unas gallinitas y otros animalitos para que comenzarán a formar su nuevo hogar. Al terminar de leer, todos quedaron en silencio hasta que este se rompió con los sollozos de su mamá. Nos dijo que ella sabía que a sus hijos les había dolido mucho cuando tumbaron la casa, pero que nunca los había escuchado. Explicó todo el evento, y dijo que aún siente que les debe disculpas a sus hijos. Después, los participantes expresaban que lo que acababa de hacer Onandi demostraba la necesidad de promover la escritura de los niños y niñas de la comunidad, pues ellos tienen una mirada muy poderosa y diferente a la de los adultos.

La siguiente persona en leer fue doña Yanet, quien comenzó diciendo: "No sé qué escribir, no tengo ideas, pero me gustaría escribir sobre muchas cosas que pasan aquí en Térraba, sobre el pasado…". Ella escribió un poco más de una página y terminó diciendo "quisiera escribir sobre las aventuras de infancia que tuve con mi hermana Elides y mi hermano Josecito". Los compañeros y compañeras rieron bastante, corroborando la complicidad con esos deseos, imaginando las travesuras que habrían hecho juntos. Comentaron que la lectura se sentía en un principio forzada, y cómo conforme iba avanzando, se sentía como si sus palabras fueran volando, expresando un sinfín de posibilidades para continuar relatando. Coincidimos todas y todos que lo difícil era el comienzo, pero al lograr pasarlo las ideas fluían y se liberaban.

El siguiente en leer fue Jerhy, quien comenzó diciendo: "El conocimiento ancestral se encuentra presente en todos los rincones de Térraba". Continuó utilizando imágenes metafóricas para describir la necesidad de fortalecer la identidad bröran-térraba, agregando palabras teribes para suplantar nombres en español. Al finalizar, los compañeros le dijeron riendo que no se imaginaban que detrás de esa seriedad existiera un poeta, que lo había hecho muy bien y que esperaban que siguiera escribiendo. Jerhy nos comentaba que él se sentía muy identificado con lo que leímos de Berichá (Esperanza Agua Blanca), "Tengo los pies en la cabeza". Nos decía que era muy bello encontrar que lo habían escrito y que él veía el caminar de ellos en la lucha con los pies en la cabeza, de una manera inteligente, evitando la violencia y demostrando que por algo esta lucha de la comunidad es diferente a la de otras comunidades de Costa Rica. Dijo que pudo experimentar que ellos también tienen los pies en la cabeza cuando estaba escribiendo.

Doña Elides nos advirtió que lo que ella había escrito era crudo, que no era como lo que los demás habían hecho. Le dijimos que lo crudo se puede cocinar, ella sonrío y comenzó su lectura. Ella nos describió de una forma muy poética la toma del colegio en el año 2012. Nos decía lo que había sucedido sin usar una forma directa. La descripción de la lucha se transformaba ante los ojos de los que escuchábamos en poesía, nosotros callábamos y nos mirábamos como diciendo sabemos de lo que está hablando, de un evento doloroso. Al finalizar había lágrimas, se había tocado el tema de la partida de un gran líder, familia de los presentes, sin haber mencionado su nombre. Las compañeras y compañeros hablaron de la capacidad de decir las cosas sin decirlas directamente. Comentaban el efecto que tuvo en todos los presentes e imaginaban el efecto que podría tener ante una multitud. Poco a poco nos dábamos cuenta del poder de la poesía y la escritura. Todos sonreían y Yanet comentó alegremente: "tenemos una nueva arma, somos poetas", haciendo referencia a los zapatistas.

Al llegar el turno de doña Isa, nos adelantó que lo que había escrito era aún más crudo que lo de doña Elides; reímos un poco y nos dispusimos a escuchar. Su creación era pluri temática, llena de sentimiento y un continuo fervor al pronunciar cada palabra. Sacaba el dolor que llevaba dentro y lo imprimía cuidadosamente, inclusive logrando rimas sin siquiera darse cuenta de ello. Era un tema delicado, la muerte de su hijo durante la lucha en el colegio, y daba vueltas sobre temas de la lucha, ser mujer, madre e indígena. Al finalizar, otro momento de silencio nos invadió, lo tuvimos que romper con una ola de aplausos para todas y todos los que participaron. Lo primero que les dije fue que compararan lo que todas y todos habían escrito con lo que leímos en un principio. Llegaron a la conclusión de que lo que cambiaba era el lugar, que los problemas eran los mismos. Jerhy comentó nuevamente que era impresionante decir las cosas de una manera diferente, de embellecer el dolor. Salió a relucir que en las primeras semanas de agosto tendrían una reunión con el gobierno, entonces les sugerí que leyeran poemas antes de comenzar la reunión. A todas y todos les agradó la sugerencia, decían que eso "le movería el tapete al gobierno", y agregaron que siempre existía la necesidad de decirle al gobierno los atropellos cometidos en contra de ellos, decirle las formas de agresión, pero era muy difícil hacerlo de una forma tan literal, por lo tanto, el hacerlo de forma poética era perfecto, y más que nada darían a conocer el mensaje de una forma que el gobierno no estaba acostumbrado. Bromeábamos, diciendo que cuando hicieran eso llegarían antropólogos como moscas a investigar para darle una explicación a esa nueva forma de resistencia, pues había sucedido anteriormente ante una pancarta que habían utilizado durante una manifestación, a donde llegó un antropólogo para tratar de entender el significado, realizando extensos estudios sin lograr nada. Reíamos y comentábamos que desde Térraba surgiría un movimiento que se propagaría por otras naciones indígenas de Costa Rica. Al dar finalizado el taller, acordamos reunirnos el viernes 27 de julio. Todos se comprometieron a escribir más y a traer esos escritos para compartir.

9. Viernes, 25 de julio de 2014

El rencuentro con Jarol, quien no me recordaba

Hace un par de años, en una visita a Térraba, conocí a Jarol. En ese entonces él trabajaba en el liceo Térraba, nos conocimos por medio de Marcos; esa noche estuvimos bebiendo chicha y platicando sobre movimientos sociales indígenas. Fue muy breve la convivencia y nunca mostró interés por la escritura, quizás porque nunca hablamos de ese tema. El día anterior, doña Elides me había presentado a la mamá de Jarol, doña Aydé, quien me había comentado que a su hijo le gustaba escribir y que le pediría que viniera a visitarme en casa de doña Elides. Jarol y yo nos encontramos más tarde en el camino, cerca de la plaza de fútbol. Se presentó conmigo y le hice recordar que ya nos habíamos conocido anteriormente. Él no me recordaba, pero decía que estaba contento de que había alguien en la comunidad promoviendo la escritura. Dijo que su mamá le había llamado por teléfono para avisarle de mi presencia en la comunidad y él salió a buscarme. Aproveché para preguntarle si estaba interesado en escribir y participar en los talleres, y me contestó que le gustaba escribir poemas y que tenía algunos guardados, que al día siguiente me los traería a casa de doña Elides para que los leyera. Nos despedimos y repitió: "Tapia, ¿está seguro de que ya nos habíamos conocido?, no importa, mañana nos vemos a medio día".

Jarol llegó puntualmente, cargaba un cuaderno viejo debajo del brazo izquierdo y en el brazo derecho llevaba una sombrilla. Yo estaba sentado en el rancho escribiendo la crónica. Este lugar se había convertido en mi oficina y centro de operaciones en la comunidad. Después de saludarnos, lo primero que me dijo fue que él siempre ha escrito poesía, que le salía naturalmente, y finalmente que nunca la había compartido, desde que le robaron su libreta de poemas en el colegio, pues sentía vergüenza y sentía que no tenía apoyo alguno. Antes de llegar se tomó el tiempo de trascribir unos poemas que había compartido en *Facebook*, quería que los leyera y le diera mi opinión. Le dije que primero los leería en voz alta, y al terminar, los pasaríamos a la computadora para hacerles unos arreglos. El primer poema que leí llevaba por título "¡Oh noche!", y me permitió adentrarme en el mundo de Jarol, en el que resalta la preocupación por reflejar la belleza del lugar que habita, su cultura y la cosmovisión expresada en los seres supremos bröran-térraba. Quedé muy contento con lo que había leído y no podía esperar para leer los otros dos. Hablamos sobre la importancia de estructurar bien cada verso, en armonía con la voz, pues de esta manera podríamos acomodar cada palabra. Para explicarle le dije que leyera en voz alta y muy lentamente, sintiendo cada palabra, que escuchara su pronunciación. Inmediatamente se percató de la función de cada verso, de la necesidad de tener una división de las palabras y eliminar pronombres que alarguen y rompan el ritmo. El primer poema lo trabajamos juntos, este es el antes y después:

noche de aullidos de coyotes, que se conjugan con el canto de los búhos el dulce sonar de los grillos, que parece que están entonando un hermoso himno.	Noche de aullidos de coyotes Se conjugan con el canto de los búhos El dulce sonar de los grillos Entonan un hermoso himno.

Al terminar de trabajar este poema lo leímos juntos, pronunciando cada palabra, dando largas pausas después de cada verso. Entonces él me comentó que nunca antes había sentido de esta manera la lectura de uno de sus poemas, y agregó que inclusive se leían más fácil y profundamente. Le comenté que yo no era un experto en poemas, pero lo poco que sabía lo compartía con él. Doña Elides, quien estaba en la cocina, dejó de hacer lo que estaba haciendo y salió al rancho para escuchar y colaborar con Jarol. Entre Elides y Jarol trabajaron el segundo poema titulado "Sentado en una silla". Para este poema le indiqué a Jarol que él sugiriera los cambios mientras yo me limitaría a las órdenes que me daban para hacer los cambios en la computadora. Era magnífico cómo los dos leían en voz alta y sugerían cambios en el orden de las palabras para formar los versos y después la estrofa completa. Al ellos haber terminado, sugerí que todos leyéramos el poema. Los aplausos no se hicieron esperar. Festejamos el poema como niños felices y doña Elides expresó una gran admiración por el sobrino Jarol, le pidió que siguiera escribiendo y compartiendo con la comunidad en un futuro. El último poema lo trabajó Jarol por su propia cuenta, nosotros nos limitamos a observar los cambios y a escuchar las lecturas cuidadosas que hacía de cada estrofa. Jarol sonreía y me indicaba hacer cambios de una forma casi natural. Al terminar nos invitó a leer con él, lo hicimos y al final los aplausos interrumpieron los gritos de una parvada de pericos que pasaba cerca de nosotros. Estábamos felices, y nos aseguró que regresaría con más poemas en unos días.

10. SÁBADO, 26 DE JULIO DE 2014

Segundo viaje a La Casona

Marcos es una persona a la que le gusta viajar a otras comunidades indígenas del país, le gusta platicar e intercambiar experiencias con otras personas. Fue por eso que se ofreció a llevarnos de regreso a La Casona para recoger la carta que doña Carmen Romero y don Francisco Rodríguez Atencio escribieron para pedir ayuda y recuperar al nieto que se había llevado el PANI. Al llegar, doña Carmen mandó un mensaje de texto a uno de los sobrinos de don Francisco para avisarle que habíamos llegado. Mientras esperábamos nos estuvo platicando de su infancia y cómo había aprendido a sobrevivir. Se ofreció a mostrarnos cómo hacer fuego de la manera tradicional. Cogió unas piedras, que en verdad eran trozos de tronco petrificado, y comenzó a golpearlas hasta que salían chispas, ella apuntaba las chispas hacia un puño de pasto seco que había juntado. Cuando el pasto comenzó a arder lo puso debajo de unos pedazos de leña que tenía al lado. Todo el proceso para tener la fogata prendida tomó no más de dos minutos. Doña Carmen nos decía que la gente en la comunidad dejó de practicar esa forma de hacer fuego desde que comenzaron a llegar encendedores y fósforos de afuera. Decía que las cosas que llamaban modernas simplemente arruinaban la vida sencilla, y peor aún, creaban una dependencia económica con las cosas de fuera, que no eran mejores sino más bien de mala calidad y no había dinero para adquirirlas. Esto incluía refrescos y muchos productos con contenedores plásticos, que al final siempre terminaban tirados en las calles a falta de recolección de basura.

De rato llegó don Francisco y me entregó la carta. Doña Carmen y él nos pidieron de favor que la editáramos y distribuyéramos a todas las personas que conociéramos. Doña Carmen nos explicaba que su nieto estaba bien, pero ella sabía que en el lugar donde lo tenían siempre intentaban quitarle su identidad indígena a los niños, y eso era lo que le preocupaba. Entonces decidió cambiar de tema y nos ofreció un vaso de chicha y unos chicharrones de cerdo que acababa de cocinar. Don Francisco comenzó a contar historias de la guatusa y otros animales. Así pasamos buen rato escuchando a don Enrique, quien estaba acumulando una audiencia muy grande, pues llegaban personas a conectar su teléfono celular a la corriente eléctrica de la casa para recargarlo. Al escucharlo no se iban a la casa del lado, sino que se quedaban en el rancho.

Decidimos salir antes de que oscureciera para evitar manejar en la carretera llena de curvas. Intercambiamos números telefónicos con doña Carmen para mantenerla al tanto del progreso de la carta y también para pasar su información a otras personas que se interesaran en ayudar. Llegando a Térraba nos pusimos a cocinar la cena con doña Elides; preparamos pollo con verduras al estilo mexicano. Después de comer me pidió que le diera una clase sobre cómo escribir ensayos y después de una breve explicación doña Elides se dio a la tarea de escribir en su computadora. Pasaron cerca de quince minutos y doña Elides me entregó un borrador. Era sobre la importancia de las mujeres dentro de la comunidad, y cómo ellas se mantenían en todos los frentes de la lucha y no se les apreciaba su posición como amas de casa. Más allá de algunos errores gramaticales, el ensayo estaba muy bien escrito. Me dijo que lo trabajaría un poco más pues le interesaba enviarlo a alguna revista o periódico del país en un futuro.

La plática y la escritura seguían animadas, y doña Elides buscó algunas dedicatorias que había escrito para su sobrino y una compañera gnäbe que había fallecido. Cuando las encontró entre los documentos que tenía guardados en su computadora me leyó sus trabajos. El primero que leyó se titulaba "Un reino y su príncipe". Estaba escrito como cuento y a la vez como una reflexión de la lucha por la recuperación del liceo. Enseguida leyó "A Esperanza Jurado Mendoza", un poema hermoso que sólo necesitaba ser transcrito a un libro. Decidimos dar por terminada la lección esa noche; era tarde y teníamos que descansar para continuar al día siguiente con el taller de cuento y la reunión con los estudiantes del liceo para trabajar en los exámenes de bachillerato.

11. Domingo, 27 de julio de 2014

Taller de cuento

Durante la mañana nos dedicamos a trabajar en las labores de la casa. Mientras doña Elides limpiaba dentro de la casa, yo me encargaba de podar el pasto con una moto guadaña. La propiedad es grande y me tomó cerca de cuatro horas terminar. Habíamos comenzado temprano para evitar el calor del día, y porque a las doce preparamos el almuerzo. A doña Elides le gustaba cuando yo cocinaba, decía que mi comida sabía mejor que la que había comido en restaurantes mexicanos. Doña Elides me hizo notar que cuando algún estudiante de la ciudad llegaba a la comunidad normalmente se comportaban como huéspedes, es decir, se limitaban a ser atendidos sin ofrecer nada a cambio. A ella le tocaba cocinar y limpiar, lo cual se acumulaba al tener que cuidar y alimentar a su familia. En cambio, con nosotros, mi esposa y yo, ella podía dedicarse a otras tareas como escribir y leer. Decía que otros miembros de la comunidad estaban al tanto de nuestras tareas en la casa y eso les inspiraba más confianza para acercarse a nosotros. Esto me había pasado anteriormente en una visita a La Casona. Mientras nos hospedábamos en casa de doña Carmen Romero, el agua potable se agotó y ella mandó a su nieto a traer baldes de agua al río. Ese día cogí dos baldes de plástico y salí al río con su nieto. Llené los botes de agua los levanté sobre mis hombros y caminé de regreso a la casa. Al llegar doña Carmen me dijo que nunca había visto a alguien blanco hacer ese tipo de labor, y que desde ese momento ella no me consideraba blanco, ahora era indígena. Inmediatamente me preguntó sobre mi pasado, y le conté que crecí en un pueblo pequeño, trabajando en el campo con mi abuelo. Hablamos de cómo castrar chanchos y comparamos nuestros métodos, y si no hubiera sido porque una semana antes ella había castrado sus chanchos, lo hubiéramos hecho juntos.

Reflexionando ante estas experiencias, pensé en la desconexión que existe entre la teorización y la realidad de lo que es la vida en las comunidades, esto es así para aquellos en alguna posición de poder que pretenden pensar para y por otros individuos. La observación como método separado de la participación no logra captar lo que es la realidad, es más, esto nos remite a lo que Viveiros de Castro establece en su ensayo "O nativo relativo":

> A relação diferencial do antropólogo e o nativo com suas culturas respectivas, e portanto com suas culturas recíprocas, é de tal ordem que a igualdade de fato não implica uma igualdade de direito, uma igualdade no plano do conhecimento. O antropólogo tem usualmente uma vantagem epistemológica sobre o nativo. O discurso do primeiro não se acha situado no mesmo plano que o discurso do segundo: o sentido que o antropólogo estabelece depende do sentido nativo, mas é ele quem detém o sentido desse sentido, ele quem explica e interpreta, traduz e introduz, textualiza e contextualiza, justifica e significa esse sentido.

Lo que Viveiros nos deja en claro es que el conocimiento que tenemos basado en lo académico, en libros, ensayos, nuestra educación, no es necesariamente la base de todo conocimiento, al contrario, es una limitación para poder aceptar otras formas de saber, de saberes. Es necesario un despojo, un desaprender para establecer una igualdad que elimina cualquier vestigio de superioridad. Es decir, el regreso a la humildad es lo que permite generar conocimientos recíprocos que funcionan a un mismo nivel. Es debido a esto que la Investigación Acción Participativa de Orlando Fals Borda es importante, ya que:

> nos reforzamos mutuamente los unos a los otros. Por encima de las diferencias culturales y regionales, reiteramos el empleo humanista de la ciencia y condenamos el uso totalitario y dogmático del conocimiento. Tratamos de brindar, por lo tanto, elementos para nuevos paradigmas que recoloquen a Newton y Descartes. Buscamos dejar atrás a dos tétricos hermanos, el positivismo y el capitalismo deformantes, para avanzar en la búsqueda de formas satisfactorias de sabiduría, razón y poder, incluyendo las expresiones culturales y científicas que las universidades, las academias y los gobiernos han despreciado, reprimido o relegado a segundo plano. (377)

La Investigación Acción Participativa es un regreso a la simplicidad del conocimiento, es una reconexión con la gente para posicionarla en el mismo plano de importancia que se le ha dado al conocimiento académico. De esta manera, los talleres no solo se limitaban a que yo los ofreciera, sino que implicaban nuestra participación en las actividades cotidianas de la comunidad, generando una participación equitativa en todos los ámbitos, y mejor aún, planteando la escritura con relación a la vida cotidiana y los recuerdos.

Al igual que en el taller anterior, ese día lavamos el piso, reacomodamos las mesas y sillas. A las dos de la tarde teníamos todo listo, dándome suficiente tiempo para trabajar con los estudiantes del Liceo en la preparación para el examen de bachillerato. Los chicos llegaron a las tres de la tarde, traían consigo galletas y refrigerios para compartir. Nos sentamos y me pidieron trabajar en gramática y el desarrollo de ensayos. Comenzamos con la acentuación de palabras, dedicando cerca de media hora para cubrir los aspectos generales. Enseguida les hablé de lo más básico de la composición de un ensayo: introducción al tema y problematización de éste, desarrollo por medio de tres ideas, y conclusión, la cual incluía recoger las ideas anteriormente postuladas y además postular nuevas preguntas. Para hacer el ejercicio les pedí que escogieran un tema con el cual estaban familiarizados y así facilitar el desarrollo del ensayo. Grégory escogió escribir sobre "Gobernabilidad del agua", Clarissa sobre el "Matoneo (*bullying*) en las escuelas", y Carmen sobre "Guasáp (*Whatsapp*), una herramienta adictiva para las nuevas generaciones". Debido a que el tiempo se nos acababa me limité a pedirles que hicieran un croquis para acomodar las ideas y después desarrollarlas en casa, así que el ensayo lo revisaríamos al día siguiente.

A las seis de la tarde comenzaron a llegar los invitados al taller de cuento. Doña Elides había hecho llamadas telefónicas a las personas y yo había hecho invitaciones a personas que conocí. En total, esa noche tuvimos siete participantes. Para la introducción, les pedí que me contaran cuentos, historias o anécdotas que ellos conocían o habían vivido. Uno a uno fue relatando oralmente historias de infancia o recientes. la gran mayoría de ellas, graciosas y llenas de alegría generaban carcajadas en los demás. Fue así que entablamos la conexión de la oralidad con el cuento escrito. Con oralidad aquí me refiero esencialmente a la tradición de cualquier cultura de narrar una historia, no quise entrar en detalles teóricos para poner en obvio algo que muchas personas hacen naturalmente. Fue entonces que hablé de cómo se lleva lo oral a lo escrito, siguiendo la premisa de escribir como si estuvieran contando un cuento a un amigo, tratando de tomar el tiempo para escribir y a la misma vez contarla en voz alta. Era necesario pues, usar un lenguaje sencillo para que los participantes de los talleres pudieran entender y practicar la escritura. Los resultados serían trabajados después para entrar en detalles de la composición, pero por el momento, para aprovechar los ánimos comenzamos a leer algunos cuentos que había escogido. El primer cuento que leímos fue "Manifiesta no saber firmar, nacido: 31 de diciembre" de Estercilia Simanca Pushaina. Esta pieza nos sirvió para hablar del cuento como una forma de denuncia. Notaron que había ironía en la forma en que estaba narrado, y que eso no interrumpía el mensaje principal que proyectaba Estercilia. Hablé entonces del impacto que había causado el cuento en Colombia, y que gracias a ello se estaba llevando a cabo un movimiento para eliminar los nombres peyorativos impuestos a los wayuu.

Enseguida leímos "Ni era vaca ni era caballo", del escritor wayuu Miguel Ángel Jusayú. Al finalizar la lectura todos reían, algunos comentaban que les recordaba cuando eran pequeños y veían llegar a la comunidad por primera vez vehículos que no conocían. Notamos cómo el humor surgía de la inocencia del niño. Con este cuento tomamos el tema de la narración desde el punto de vista de un niño, e inesperadamente los participantes del taller comenzaron a contar cuentos de su infancia, generando una algarabía y un intercambio masivo de historias. Por medio de las historias que contaban nos dimos cuenta de la importancia que tienen los cuentos para redescubrir el pasado, y más que nada presentar a los jóvenes la comunidad del pasado, las quebradas, los caminos, los animales y la gente vieja que antes era joven. Llegamos a la conclusión de esto último por las preguntas que hacían Onandi, Samira y Grégory, los más jóvenes de los talleres, quienes pedían constantemente más detalles y comparaban el Térraba de antes con el de hoy en día. Las historias seguían surgiendo a petición de los chicos y mayores. Uno de los temas que discutimos a partir de las diferentes historias que escuchamos fue el de la memoria, pues algunos recordaban las mismas historias, pero de forma distinta. Comentábamos que no significaba que una fuera mejor que la otra, sino que, al contrario, ambas eran buenas y especiales.

Como los dos primeros cuentos que habíamos leído eran largos, antes de iniciar el ejercicio de escritura leí el cuento corto de Miguel Ángel López-Hernández titulado "Mujeres aves" para dar un ejemplo que ellos pudieran seguir, corto como la descripción de un sueño, colmado de imágenes y símiles, y lleno de sabiduría ancestral. Al final del cuento los comentarios circularon sobre la sabiduría que había en las historias de los mayores, llenas de imágenes y mensajes, siempre dispuestos a contarlas a todos los que quisieran. Para darnos a la tarea de escribir algo tomamos veinte minutos para escribir un cuento corto, o por lo menos un esbozo de lo que les gustaría escribir. Mientras ellos escribían me fui a la cocina a preparar café y cortar unas piezas de pan para compartir con todos. Los talleres, más allá de ser una clase con una sola dirección de instructor a alumnos, fluían en ambas direcciones, ajustándose a lo que Javier Calderón y Diana López Cardona especifican sobre la Investigación Acción Participativa y la retroalimentación del conocimiento en su artículo "Orlando Fals Borda y la Investigación Acción participativa: aportes en el proceso de formación para la transformación":

> Esta nueva forma de investigar es una vivencia que transforma las relaciones entre investigador e investigado, entre estudiante y maestro, superando por completo tales dicotomías, poniendo como prioridad la producción de conocimiento a partir del diálogo con quienes construyen la realidad, que se entiende como propia de los sujetos que participan de la construcción de conocimiento social.

La producción del conocimiento iba en ambas direcciones, yo aprendía al igual que los jóvenes sobre las historias de Térraba y cómo mejorar las clases de los talleres.

La escritura acompañada de café con pan y las conversaciones probaron ser fructíferas. Después de pasados los veinte minutos comenzamos las lecturas voluntarias. El primero en leer fue Onandi, el más joven de todos; nos contó sobre algo gracioso que le había pasado mientras veía un partido de futbol entre el Saprissa y La Liga. Decía que antes de que comenzara el juego, alguien que le iba a la Liga le estuvo dando mucha lata de cómo Saprissa perdería. Al final de cuentas Saprissa ganó y la persona salió corriendo de la vergüenza por haberlo molestado tanto. Enseguida leyó Ana Yanet, quien escribió sobre el pueblo de su infancia, el bosque que lo rodeaba, las parejas de tucanes que volaban por todos lados y cómo paraban a comer las flores de los guarumos. Escribió sobre las madrugadas y los atardeceres que eran tan diferentes a los de hoy en día. Mientras relataba, todos los que estábamos presentes nos adentrábamos en la narración, imaginando los paisajes que ella describía. A todos los presentes nos llevó en un recorrido por su memoria, haciéndonos vivir lo que ella había vivido cuando era niña. El siguiente en leer fue Jerhy, quien nos llevó por la Quebrada Tuza, la cual pasaba directamente detrás de la casa de casi todos ellos. El cuento de él era de añoranza por lo que había sido la quebrada tan esplendorosa y llena de animales, y cómo con el tiempo habían ido desapareciendo debido a la contaminación ocasionada por los terratenientes y ganaderos que vivían en la parte alta de Térraba. Para Jerhy la quebrada cantaba en el pasado, hoy en día sollozaba en silencio, pues solamente se escuchaba cuando uno se acercaba.

Después de escuchar a Jerhy pensé en lo que Carlos Montemayor escribió sobre el cuento tradicional indígena en el libro *El cuento indígena de tradición oral. Notas sobre sus fuentes y clasificaciones* (1998): "Las fuentes de la tradición oral de los pueblos indígenas no son 'primitivas': son al menos la tradición escrita y oral española y la tradición *escrita* y oral de la civilización prehispánica" (24). Si bien los cuentos que aquí se forjaban no pertenecían directamente a una tradición oral, pasaban más bien indirectamente de la oralidad —pues eran temas de conversación constante entre muchos de ellos— y la memoria a la escritura. Ciertamente primitivos no tenían nada, eran más contemporáneos que nada, demostrando que no todo el tema indígena puede ser categorizado dentro de parámetros métricos y temáticos como lo hace Montemayor en su libro. Hay que reconocer el aporte de Montemayor para entender el cuento "tradicional" indígena, pero existen limitaciones similares como las que encontramos en sus estudios de las literaturas en "lengua indígena", pues de igual manera termina excluyendo a los ciudadanos de Abya Yala que han perdido su lenguaje y manifiestan su identidad indígena dentro de la modernidad y globalización en diferentes maneras expresivas.

A continuación, leyó doña Elides, quien se adentró en los juegos de su infancia y las travesuras que hacía con su hermana. Mientras ella narraba los niños la veían con asombro, como si nunca hubieran pensado que ella fuera capaz de hacer travesuras, o quizás nunca la habían imaginado como niña. Fueron muy interesantes las reacciones de los demás, principalmente porque algunos comenzaron a recordar los momentos que doña Elides narraba. La siguiente en leer fue Isa, quien escribió sobre la abuela Tjër, la diosa del río y del agua. Era un cuento personal e histórico que establecía la relación de ella como mujer y la deidad, la inspiración de trabajar día a día obteniendo el poder e inspiración del agua y, además, conectaba la historia de los viajes en canoas a Ciudad Cortés por el Río Térraba para ir a traer mercancías. Nuevamente los comentarios de los participantes se centraron en lo que ellos recordaban de esos viajes y su relación con Tjër. Concluyeron que los cuentos tienen mucha importancia y deben agregarse a la práctica diaria con el fin de forjar un libro que sirva para educar sobre la historia propia. Dimos el taller de cuento por concluido, acordando que trabajarían en sus borradores para mostrármelos personalmente cuando pudieran.

12. Lunes, 28 de julio de 2014

Concluyendo la preparación de los jóvenes del liceo para el examen de bachiller

Los talleres literarios hubieran sido ideales si pudieran ser como uno acostumbra, ordenados y con horarios fijos. Pero como comprobaba hasta ese momento, el tiempo funciona de una forma diferente en la comunidad, es decir, la espontaneidad es la que rige, alejándose de la estructura y el encasillamiento de la vida. Cada día llegaban a buscarme los participantes para mostrarme lo que estaban escribiendo, haciéndolo de acuerdo a su disponibilidad. Ya lo decía Carlos Montemayor en su libro *Encuentros en Oaxaca* (1995), cuando inició los talleres literarios: el intelectual y escritor indígena no sólo se dedica a escribir, tiene otra vida, trabajos, que también son importantes, pues no tiene el privilegio de escoger la carrera de escritor como una profesión, sino que la forma de vida es en sí una profesión que acoge otras prácticas. Por lo tanto, mi centro de operaciones que se encontraba en el rancho localizado en la casa de doña Elides funcionaba perfectamente, era un punto céntrico de fácil acceso a quien quisiera llegar. Cada día escribía escuchando los pájaros y recibiendo gente que me venía a buscar, y en ocasiones, salía para cumplir invitaciones que me hacían para tomar café o comer algo.

A medio día llegaron los chicos del liceo para continuar con las clases de preparación para el examen de bachiller. Resumimos la clase primero repasando gramática, después la estructura de un ensayo, y finalmente leyeron el ensayo que habían escrito en casa. En lugar de yo comentar el ensayo les pedí que ellos mismos hicieran una crítica constructiva a los compañeros después de escuchar la lectura de cada uno. Pedí esto para que ellos mismos repasaran lo que habían aprendido, y qué mejor manera de hacerlo que con los compañeros en quienes confiaban. Los resultados fueron buenos, las observaciones que hicieron les permitieron mejorar el contenido del ensayo, pues ofrecían otras perspectivas que no habían tomado en cuenta. Esto permitió otro punto que quería hacerles ver, que era necesario siempre pedir la opinión de alguien más para tener otra perspectiva del tema que se estaba trabajando. Ciertamente esto no se limitaba a la escritura, sino a cualquier otra práctica crítica. Otra materia que cubrimos ese día fue algebra, y debo confesar que mis habilidades matemáticas no eran las mejores, pues había pasado mucho tiempo desde la última vez que tuve una clase de matemáticas. Entre los chicos la mejor en el tema era Clarissa, y fue ella quien terminó dando la clase, al igual que los demás yo también hice ejercicios y participé de lleno en la lección. Terminé muy agradecido al verme obligado a recordar cosas que había olvidado.

Finalizamos la clase a las cuatro de la tarde, y cuando se retiraban los chicos llegó el primo de doña Elides, Volmar, un mil usos destacado en la artesanía y además director de medio ambiente de la comunidad. Había llegado a invitarme para supervisar todas las zonas protegidas de Térraba, decía que una vez por semana salía a caminar por todo el territorio de Térraba y revisar que no hubiera daños, como la tala ilegal de árboles, contaminación del agua y las quebradas. En ese momento le llegó una llamada y me dijo, "vamos Tapia, te quiero mostrar lo que hago". Comenzamos a caminar hacia la Quebrada Tuza. Mientras bajábamos me explicó que la llamada que acababa de recibir era una denuncia de alguien tirando pañales en la quebrada y además que alguien estaba criando chanchos muy cerca de ésta. Explicó que por ley los corrales de los chanchos tienen que estar, al menos, a cien metros de distancia de donde corre el agua. Caminamos cerca de media hora quebrada arriba. Mientras caminaba recordaba los relatos del taller de cuento el día anterior y trataba de imaginar el antiguo esplendor del que hablaron. De repente Volmar me señaló unas piedras, diciendo que a esa altura llegaba el agua hace muchos años; me sorprendió, fue como si él supiera lo que yo estaba pensando en ese momento. Llegamos a una propiedad que tenía construidos unos chiqueros que ciertamente estaban a menos de cincuenta metros de la quebrada. Volmar me pidió que esperara allí mientras él iba a hablar con las personas para indicarles que tenían que cambiar los chiqueros a otro lugar; no quería que yo estuviera presente para no incomodar más a las personas. De regreso tomamos una pequeña desviación y llegamos a un terreno baldío, encontrando pañales que habían sido desenterrados por unos perros. Uno de los problemas que existen en la comunidad es que no hay un servicio de recolección de basura, y la gente como no tiene otra forma de deshacerse de la basura termina quemándola, y los pañales al no quemarse son enterrados. Una de las opciones es que la gente lleve su basura a Buenos Aires, pero, como decía Volmar, "¿quién quiere cargar una bolsa de pañales usados en el bus colectivo?". Él estaba trabajando en conseguir un contenedor para depositar la basura, quería ponerlo en el centro de la comunidad para que fuera accesible a todos. Agregó que esa no era la solución al problema de la contaminación, sino más bien se tenían que eliminar todos los productos que venían envueltos en plástico y en cuanto a los pañales, la solución era volver a usar los de tela. Volmar consideraba que una de las prioridades más importantes era educar a la gente para evitar la contaminación, y gracias a algunos talleres que había organizado el problema estaba disminuyendo. De igual manera se dirigió a la casa que estaba al lado del terreno, y al regresar me dijo que las personas eran nuevas en la comunidad y que las estaría vigilando para que no lo volvieran a hacer. Después de esto, comenzamos el camino de regreso entre quejas e improperios combinados con las piedras resbalosas de la quebrada.

Los resultados del progreso, la modernidad y el capitalismo neoliberal pueden ser identificados en la basura que se produce en el mundo. Al decir esto no me refiero a las personas que la tiran, sino a las compañías que la producen, como botellas y envolturas de plástico. Una forma de combatir este problema en las comunidades indígenas es regresar a las prácticas del pasado, alejados de esas comodidades mercadotécnicas. La relación que existe con el medio ambiente es de sobrevivencia, y no tanto una añoranza o modelo a seguir como se ha promovido dentro de la creencia de la Nueva Era, quienes entienden algo del cuidado de la naturaleza por parte de las comunidades indígenas, pero son completamente ajenos a la resistencia y el sufrimiento. "La imagen del 'indio ecológico' es muchas veces superficial e ingenua, cuando no hipócrita".[3] A los indios supuestamente reconocidos como ecológicos: "En muchos otros países se los consideraba parte del folklore y no pocas veces se los utilizaba solamente en fotos y 'posters' para la propaganda turística" (Bengoa 20). En Costa Rica, las comunidades indígenas se han dado a la tarea de la conservación del medio ambiente, y pocas veces han sido reconocidos por sus labores, como bien lo demuestra el trabajo de Volmar en Térraba. Al regresar a casa de doña Elides, Volmar me pidió que al día siguiente pasara por su casa a las seis de la mañana para hacer el recorrido y la inspección del territorio.

---

[3] Conversación personal con Juan Duchesne Winter.

13. Martes, 29 de julio de 2014

Recorriendo los rincones de Térraba

Este día, el perico de la casa se adelantó a la alarma que tenía puesta. El emplumado comenzó a gritar mi nombre a las 5:25 am despertándome de sorpresa. Esto me ponía de buen humor y aseguraba un buen día por delante. Tomé mi mochila, empaqué fruta, un poco de arroz con frijoles para almorzar, una taza de café, una botella de agua y además un sistema de filtración de agua en caso de que lo necesitara, pues no quería enfermarme por tomar agua de las quebradas contaminadas por ganaderos y agricultores piñeros (durante el viaje a Salitre bebí agua de un río y sufrí las consecuencias y esta vez quería evitar las molestias). Llegué diez minutos antes de lo acordado y Volmar ya me esperaba sentado en el corredor de su casa. Entonces salimos caminando hacia el este para bajar por las quebradas que conectan con la carretera Interamericana, y al pasar por enfrente de la casa de doña Adriana Flores Gómez ella nos encontró en las afueras de su casa para avisar que se escucharon ladridos de perros cazadores no hacía mucho por la quebrada que pasa detrás de su casa. En general, la cacería está prohibida en Costa Rica, especialmente en los territorios indígenas, por lo tanto, Volmar me miró y me dijo: "Tapia, que suerte tiene usted, tiene la suerte de ir a cazar cazadores, eso sí, debemos tener mucho cuidado, yo sé que usted no se me raja, y confío en que nos irá bien". Fue así que cruzamos la propiedad de doña Adriana para seguir la quebrada hacia la montaña. Mientras caminábamos me explicó que los cazadores siempre mandaban los perros por las quebradas que conectaban con la carretera Interamericana, camino arriba y de esta forma obligaban a los animales a bajar a la carretera, donde los cazadores los esperaban para dispararles, y por eso nos dirigiríamos en busca de los perros en esa dirección. Caminamos unas dos horas hasta que pudimos escuchar los ladridos de los perros y nos tomó una hora más hasta que los topamos. Tratamos de acercarnos a los perros y el más grande de ellos nos atacó; con tan sólo el cinturón Volmar atrapó al más pequeño. No pudimos capturar al otro y para evitar confrontar a los cazadores subimos la montaña para después bajar por otra quebrada que nos llevaría al patio trasero de la casa de Volmar.

El regreso nos tomó casi tres horas. Conocí muchos de los lugares sagrados de los bröran-térraba, cascadas y lugares donde la gente iba a bañarse. Al llegar a la casa de Volmar, atamos al perro a un árbol, y Volmar hizo unas llamadas a un refugio de animales para que vinieran a recogerlo y después rehabilitarlo y buscarle un buen hogar. Volmar estaba feliz, decía que acabábamos de asestar un gran golpe a la cacería ilegal. Decomisar un perro significaba una gran pérdida para el cazador, pues esos perros valían mucho dinero. Ahora debíamos tener cuidado, pues los cazadores comenzarían a buscarlo en la comunidad. De regreso a casa de doña Elides me topé con un par de chicos en motocicletas, traían pistolas fajadas al cinturón, y me preguntaron si había visto o escuchado un perro que se les había perdido. Les dije que no era de allí, que no sabía nada. Al llegar a casa de doña Elides llamé a Volmar, y dijo que acababan de pasar cerca de su casa. Eran los Ortiz y tenían fama de ser matones. No había de qué preocuparse, le estaba dando de comer al perro y lo estaba acariciando para que no ladrara.

Después de comer algo y descansar, me reuní con don Enrique Rivera en su casa. Para esta reunión le pedí que leyéramos juntos todo lo que había escrito, de esa manera podríamos aclarar cualquier duda a la hora de hacer la transcripción. Después de la lectura comencé la transcripción con la ayuda de mi esposa. Trabajando hasta tarde logramos pasar la mitad de las páginas a la computadora. Don Enrique tenía una visión muy clara de lo que quería lograr con su narrativa: contar las historias de sus antepasados para educar a las generaciones presentes y venideras, pues según él "los viejos no tenemos nada que aprender de nuestro pasado, además ya nos vamos, los chicos sí, ellos son las bases de nuestra cultura". A don Enrique le gustaba mucho el proyecto de crear un libro, en estos tiempos modernos donde la oralidad no es tan influyente como lo era antes, especialmente con la influencia de la tecnología, que para don Enrique "es una gran distracción que aleja a los chicos". Una ventaja de los libros es que pueden ser utilizados en la educación y aún tienen el poder de influenciar a los jóvenes, especialmente si se implementan en el sistema educativo, donde los maestros pueden ayudar a reforzar la identidad por medio de la lectura. Esta creencia de don Enrique va de acuerdo a lo que escribe Miguel Rocha Vivas en su libro *Palabras mayores, palabras vivas. Tradiciones mítico-literarias y escritores indígenas en Colombia* (2012): "Las actuales oraliteraturas o literaturas indígenas, a diferencia de las etnoliteraturas que prevalecieron hasta el siglo pasado, no se están escribiendo para ampliar nuestra imagen etnográfica del mundo" (30). Es decir, la preocupación de las nuevas generaciones de escritores indígenas es la de escribir para su gente y así fortalecer su cultura dentro del concepto de la lucha social.

14. MIÉRCOLES, 30 DE JULIO DE 2014

Subiendo al Rincón Ecológico

Este día mi esposa y yo salimos temprano a casa de don Enrique Rivera para terminar la transcripción de los escritos. Nos alternábamos la lectura y la transcripción para hacer el trabajo más rápido y disfrutable. Este trabajo conjunto fue de gran ayuda y sin ella no hubiera logrado los talleres y recopilación de muchos escritos. Por lo tanto, el trabajo que hacíamos no era un proyecto individual, sino comunitario, integrándonos a las actividades de la comunidad y la comunidad integrándose al proyecto de forma voluntaria, especialmente porque creían y estaban convencidos de que lograríamos algo entre todos, acercándonos a lo que Jace Weaver define en su libro *That the People Might Live* (1997) como "comunistismo": "It is formed by a combination of the words 'community' and 'activism.' Literature is communitist to the extent that it has a proactive commitment to Native community, including what I term the 'wider community' of Creation itself" (xiii). La creación de un libro comunitario es entonces una expresión que trabaja hacia el beneficio de la comunidad bröran-térraba, y no exactamente hacia el gusto de un campo literario que los ha excluido por cientos de años, pues combina el activismo comunitario para reforzar las bases culturales, buscando como resultado la emergencia de otras luchas y otras narrativas.

A eso de las dos de la tarde, después de almorzar, Marcos me esperaba para subir al Rincón Ecológico, la propiedad de la familia que se encontraba a unos tres kilómetros de distancia del centro de Térraba. Obviamente había que subir caminando, así que nos embarcamos en esa aventura. Yo estaba ansioso por conocer dicho lugar, del que tanto había escuchado hablar. El día era caliente y la humedad insoportable. Conforme subíamos el paisaje detrás de nosotros se agrandaba dejando ver la inmensidad de la Cordillera de Talamanca. A pesar de la belleza del paisaje, era inevitable no notar la deforestación; Marcos comentaba que muchos ganaderos y terratenientes no indígenas la habían provocado hace muchos años, y uno de los pocos lugares que se salvó fue el Rincón Ecológico, gracias a la movilización de la comunidad, especialmente de su papá don Paulino Nájera. Resaltó que hoy en día estaban llevando a cabo muchos proyectos de reforestación, tomaría tiempo, pero lograrían la meta. Después de pasar una quebrada pude observar el Rincón. Era impresionante ver la diferencia con la que se distinguía, especialmente por un árbol que sobresalía por encima de los demás. Según me dijo Marcos, era el abuelo gigante que vigilaba desde las alturas, un ceibo de más de cincuenta metros de altura. Caminamos un poco más para llegar, y al acercarme a la entrada donde estaba un letrero que daba la bienvenida sentí la frescura que salía de dentro, digo de dentro, pues era como entrar en una carpa de circo hecha de árboles. La luz no entraba gracias a la densidad del follaje de los árboles que además hacía eco del canto de las chicharras, pájaros y otros insectos. Los pies aún me dolían de la caminata del día anterior con Volmar, pero al entrar al Rincón me olvidé completamente del dolor. Caminamos un poco más entre los árboles y llegamos a un rancho de madera, allí nos esperaba don Paulino echando leña al fogón donde estaban cocinando tamales tradicionales.

Don Paulino nos dio agua mientras descansábamos. Y en cuanto nos recuperamos un poco me invitó a caminar por algunos senderos. Me contó que el Rincón era una escuela para los visitantes, todos los árboles estaban rotulados indicando su especie, al igual que muchas plantas medicinales. Decía que los turistas que llegaban allí participaban en la conservación y mejoramiento del lugar; era una práctica de ecoturismo que buscaba educar por medio del trabajo. Don Paulino es y ha sido un activista por muchos años, principalmente en el área de la conservación de la naturaleza y los derechos indígenas. Anteriormente había hablado con él sobre el proyecto de escritura, y me había dicho que tenía varias cosas escritas que le gustaría publicar. En este viaje no había podido reunirme con él debido a que estaba muy ocupado trabajando en el Rincón, así que aprovechando que había subido y habíamos terminado el recorrido comenzamos a hablar de narrativas indígenas y el proyecto de la antología. Para don Paulino, desarrollar una escritura desde adentro, desde la propia perspectiva indígena es necesaria, ya que refleja una realidad que no puede interpretar alguien de afuera, un observador que interpreta de acuerdo a su educación, que suele ser occidental y no respeta sus formas de conocimiento. Me dijo que me enviaría por correo electrónico el material escrito que había juntado a través de los años para que le hiciera observaciones y así poder mejorarlo. Al regresar al rancho me ofrecieron tamales tradicionales, hechos con arroz marinado en achiote, rellenos de cerdo y verduras, y envueltos en hoja de banano. Lo interesante de estos tamales es que el arroz se cose dentro de la hoja. Definitivamente era un tamal diferente al que estaba acostumbrado, y para mi suerte, me pusieron varios en una bolsa para comer después.

La plática fue larga y nos cogió la noche antes de regresar al pueblo, solamente teníamos las linternas de los celulares y poca batería en ellos. Debíamos tener cuidado pues a esas horas muchas serpientes salen a cazar, la más temida de ellas es la Terciopelo, que ataca sin provocación. Por suerte no nos encontramos ninguna mientras bajábamos la montaña, pero sí al entrar a donde había luz, simplemente nos quedamos inmóviles hasta que decidió alejarse. Llegué a casa de doña Elides muy cansado, tomé una ducha y platiqué un poco con ella. Me contó sobre la importancia del Rincón Ecológico en la comunidad, siendo un gran pulmón y refugio de muchos animales salvajes de la región. Gracias al cuidado y preservación, muchos de ellos, que antes habían desaparecido, ahora estaban de regreso.

15. Jueves, 31 de julio de 2014

Recogiendo materiales

Este día mí esposa y yo nos dedicamos a compilar algunos escritos, especialmente de aquellos escritores que no tenían acceso a internet. El primero en pasar fue Jarol, quien venía a entregarme material nuevo que había escrito y que quería incluir en la antología. Después pasó doña Aydé y Ana Yanet. Mi esposa transcribió la historia de Aydé y yo trabajé en los de Yanet. La emoción de todos los participantes era bella, y nos hacía sentir satisfechos del primer paso, que fue promover la escritura. Más tarde, cuando terminaron las clases pasó Onandi a darme sus últimas creaciones. A todos les dije que trabajaría en la edición del material y nos contactaríamos por medio de *Facebook*, donde había creado una página para seguir en contacto. Para aquellos que no tenían una computadora o acceso a internet, doña Elides se había ofrecido mandarme y recibir las ediciones trabajadas de las narrativas.

Capítulo 3

Edición y análisis de la antología

A mi regreso de Costa Rica a Pittsburgh, mientras mi esposa y yo caminábamos cerca de la universidad, me encontré con Francisco Laguna Correa, a quien había conocido en una conferencia en la Universidad de Carolina del Norte, Chapel Hill, en el año 2013. Haberlo encontrado de nuevo fue algo inesperado y de mucha suerte, ya que es el encargado de Editorial Paroxismo. Después de una reunión que tuvimos le conté del proyecto en el que estaba trabajando. Al escuchar la descripción se interesó mucho y ofreció publicar la antología. Fue gracias a él que pude acomodar la edición. Francisco sugirió incluir unas imágenes y fue así que el poeta Jarol se dedicó a tomar fotografías en la comunidad. El trabajo de edición fue exhaustivo, era un intercambio constante de borradores entre Francisco, mi esposa y yo para pulir la antología de errores ortográficos en la transcripción. Había comunicación constante con los escritores de Térraba, manteniéndoles al tanto del progreso de la edición, al igual que para entregarles sus borradores editados y que pudieran confirmar que estaban de acuerdo con los cambios. Los cambios que hicimos a los borradores fueron mínimos, generalmente reducidos a tiempos verbales u orden de algunas palabras, fuera de esto era más que nada asegurarnos de pulir bien el texto. El diseño, portada y título de la antología se discutió entre todos los escritores, los resultados fueron decisión de todos.

La participación y contribución de Editorial Paroxismo fue fundamental para lograr la publicación. Francisco Laguna Correa donó su tiempo y trabajo para completar la publicación, y el precio del libro para aquellos interesados en adquirirlo sería solamente para cubrir el papel y tinta de la impresión. Esta fue una decisión importante puesto que el interés que teníamos era que tuviera una distribución amplia y además que fuera accesible. Después de la entrega del libro en Térraba subiríamos una copia electrónica a la página web de Editorial Paroxismo que pudiera ser descargada gratuitamente. Otra cosa que establecimos fue abrir una serie de publicaciones de literaturas indígenas contemporáneas de Costa Rica, tomando en cuenta que existen hasta el momento otros dos libros más por editar y publicar de dicho país.

Durante el trabajo de edición tuve la oportunidad de leer detenidamente a cada participante, y cada vez que lo hacía más me gustaba el trabajo que habían hecho. A continuación, resalto algunos aspectos importantes de cada uno de los escritores. Primero comento los textos históricos de don Paulino y don Enrique; luego veremos los poemas, las narrativas misceláneas y los testimonios. Adelanto que el análisis que hago no es lo que merecen los autores, me limito a mencionar cuestiones generales de estilo y temas que tocan, el trabajo crítico es más que nada de ellos y de aquellos que se interesen en hacerlo después de haber leído la antología. Hacer justicia a cada autor desde mi punto de vista sería que mucha gente los leyera y los promoviera.

1. Textos Históricos

Los mayores en la comunidad tienen una preocupación por preservar la cultura y reforzar sus cimientos históricos. La contribución de don Enrique se basa principalmente en la tradición oral, derivada de las pláticas de su abuela Francisca Rivera Guillén. La forma en que don Enrique hace la transición de la oralidad a la escritura es literal, su forma de hablar es pausada y en constante reflexión, al igual que su narrativa, la cual demuestra que proviene de muchas generaciones atrás: "Contaban los padres y madres de nuestros padres y madres, que sus padres y madres, que sus abuelos les decían que nosotros éramos descendientes de los Näsos Teribes de Panamá" (59-60). La escritura de don Enrique se enriquece con una gran cantidad de voces de sus antepasados, no solamente familiares sino voces comunales que dialogaron e intercambiaron información por mucho tiempo. La narración toma un camino cronológico dirigido hacia la historia de cómo el pueblo de Térraba fue fundado, saqueado y oprimido, destacando los logros obtenidos a través del tiempo para lograr re-establecer algunas de las costumbres prohibidas por los frailes.

El texto de don Paulino que usamos como introducción a la antología para dar a conocer a los bröran-térraba y su territorio, se enfoca más en investigaciones privadas y conversaciones que sostuvo con algunos de los mayores que han fallecido. Don Paulino ha trabajado como gestor cultural anteriormente, y allí aprendió a escribir documentos oficiales, esto se puede ver en su estilo, un tanto antropológico, siguiendo algunas reglas de documentación y archivo. Es por eso que encontramos secciones de vestimenta, alimentación, tradiciones, demografía y geografía. Hay que resaltar que esta narración viene de él mismo, es decir, no depende de nadie de fuera para describir lo que es Térraba y sus habitantes, y en particular esto ofrece detalles que una visión externa no puede distinguir. Una gran aportación de don Paulino es la explicación de la Danza del Toro y la Mula, puesto que hoy en día es un referente cultural de los bröran. Esta descripción es la única que existe en Costa Rica, no hay libros de texto o de antropólogos que hayan escrito sobre ella, por lo tanto, don Paulino rompe ese silencio impuesto desde afuera, es decir, los pone en la mira ampliando la diferencia que hay con los brúnkajks, la comunidad vecina, quienes son muy reconocidos por el Festival de los Diablitos, y que mucha gente generaliza como si fuera de todas las comunidades del sur.

Para ambos escritores, don Enrique y don Paulino, la historia de los bröran-térraba no puede morir. Preocupados por esta amenaza constante se dan a la tarea de investigar y consultar con otros más mayores que ellos para preservar muchas historias que podrían morir con estas personas. La escritura histórica se vuelve una necesidad para enfrentar el futuro. Don Paulino y don Enrique no escriben para ellos ni para engrosar las bibliografías académicas, sino para las próximas generaciones. Saben que son expertos para esa tarea y no gente de fuera que los ve como un objeto de estudio que puede ser archivado en una biblioteca de alguna universidad, con el único propósito de archivar algo que se puede perder, como ha sido el caso de muchos estudios hechos anteriormente por varios académicos de Costa Rica, cuyos libros no son conocidos en las comunidades. La insistencia de don Enrique de "hacer un buen trabajo" con el libro o con cualquier libro que surja de la comunidad, es para dejar un legado que seguirá produciendo cultura y tradición, sin estar destinado a un estante; serán libros que actuaran como herramientas de producción intelectual desde la expresión indígena.

2. POEMAS

La poesía de Ana Yanet Rivera Navas se centra en la familia, no solamente en la familia inmediata como sus hijos y hermanas, sino en la naturaleza y gente de otras comunidades. Son versos libres, de resistencia, que destacan la importancia de los alrededores y la influencia que tienen todas las cosas mutuamente. Son una propuesta para entender que la sociedad no se compone de humanos, sino de todo lo que tiene un efecto social, como indica Bruno Latour:

> es posible mantenerse fiel a las intuiciones originales de las ciencias sociales al redefinir la sociología no como la "ciencia de lo social" sino como el rastreo de asociaciones. En este significado del adjetivo, lo social no designa algo entre otras cosas, como una oveja negra entre ovejas blancas, sino un tipo de relación entre cosas que no son sociales en sí mismas. (19)

La poesía de Ana Yanet se mueve en este sentido sociológico, que expresa una preocupación por el cuidado de la naturaleza, los y las hermanas en lucha, como el poema dedicado a Sergio Rojas titulado "El engaño y la desilusión" (35), donde la rabia se manifiesta estéticamente en contra del injusto arresto de Sergio por la policía (compañeros de trabajo de Yanet, quién es policía). La metáfora es implementada por Yanet para esconder su opinión y el evento, y así evitar ser detectada por sus superiores en caso de que lleguen a leer su trabajo en el futuro. Un poema que resalta el sentido social que propone Latour es "Mi parcela": "Me das de comer sin ser mi madre;/ tienes los frutos que la naturaleza te ha dotado para que me ayudes a vivir/ a mí, con mis hijos" (33). Como vemos, la naturaleza va más allá de la tierra, es un término general que designa una deidad: Sbö.

La poesía de Elides Rivera Navas siempre se dirige al futuro, anunciando que la lucha nunca terminará, así lo podemos ver en los tres poemas que aquí comparte, por ejemplo, en "Hoy nacerá", la llegada de la niña implica unión, esperanza e identidad. Al decir "será una hija del agua" (50), da a conocer cómo los bröran son hijos de Tjër, la diosa del agua, nuevamente restableciendo y perpetuando lo positivo de ser indígenas. En el poema "A Esperanza Jurado Mendoza, indígena ngöbe", el lenguaje poético de Elides compone un homenaje bello, de esperanza, implicando que la muerte de Esperanza sigue dando vida e inspiración a las mujeres indígenas en general. Además, la voz poética siempre se aleja del yo, expresando comunidad, como en el poema "El camino imborrable": "Caminaremos como las hormigas, / marcaremos el Camino imborrable," donde también encontramos la noción de lo futuro, y las hormigas expresan el trabajo en conjunto por un bien común.

Jarol Segura Rivera es un caso aparte, como mencioné anteriormente; él ha practicado la poesía desde hace muchos años, lo cual se refleja en el uso de las imágenes donde convergen la voz poética, la lucha de resistencia y el lugar que habita. En su poesía se refleja un viaje al interior de sí mismo que comulga con su identidad y el territorio, por ejemplo, en el poema "Sentado en una silla" encontramos esa pasividad de la reflexión:

> Sentado en una silla,
> veo al tiempo pasar,
> veo allá a lo lejos una sombra pasar,
> y con ella,
> todos los recuerdos de mi pueblo,
> que se han ido con algunos de los mayores. (127)

Las imágenes que usa logran un efecto de esperanza, pues, aunque las historias se han ido con los mayores aún siguen presentes, como la sombra reflejo de un cuerpo, siempre presente detrás, producida por la luz, en este caso por los deseos de mantener esa cultura viva. Otro poema que marca esa interioridad y contemplación es "Veo": "Veo al tiempo pasar sin misericordia, / veo el amanecer, / veo el anochecer, / veo al tiempo con esperanza" (130), donde vuelve a surgir la esperanza como un motivo de lucha, y se anuncia cómo llegará el día que puedan vivir en paz.

Muchos de los poemas de Jarol van dedicados a la comunidad y su gente, al territorio y a los lugares que él admira y protege. En "¡Oh noche!" somos testigos de cómo transcurren las noches en Térraba, sus animales y el sonido del río entonando una melodía que arrulla a la comunidad, por lo tanto, lleva al lector a conocer el Térraba de noche, aquel que solo la comunidad conoce. De manera contrastante el poema "Luz" (132) utiliza ese sustantivo para describir personas, otros sustantivos y lo deja abierto al final para indicar una multiplicidad de cosas que pueden adherirse. Al leer el poema tenemos la impresión de estar frente a la creciente de un río que va acumulando fuerza, llevándose todo a su paso para después dejarlo caer a un vacío de posibilidades. La poesía de Jarol proyecta dolor, pero nunca deja la esperanza afuera, como vemos en el poema titulado "Son las 9": "Son las 9 y son las 9, / y veo a mis hermanos sangrando, / veo a madres llorar, / veo a niños gritando desesperados, / veo a mis mayores de pie firmes sin temor" (140).

Uno de los poemas más interesantes de Jarol es "Escribo sin sentido", donde encontramos una postura crítica hacia aquellos que los han ignorado e ignoran la escritura de los habitantes de Abya Ayala. Es como un grito que responde y reniega, como una forma de justificar pero a la misma vez atacar desde la escritura:

> Escribo sin sentido,
> porque me han robado,
> me han despojado de mis tierras,
> escribo sin sentido porque me quieren esclavizar,
> a un mundo que me devora,
> ....
> donde los que pertenecemos a una etnia diferente no calzamos,
> simplemente porque protegemos lo único que tenemos,
> esa tierra que nos abriga.
> Escribo sin sentido,
> porque así me han obligado. (133)

Existen muchas posibilidades para interpretar este poema, una podría ser el desprecio de la oralidad como una forma de escritura, otra sería desde la ignorancia de los no indígenas hacia las escrituras que emergen del indígena escritor. El mundo creado por esos hombres blancos no incluye al indígena, y si lo incluye es desvalorado. El futuro de Jarol como escritor es grande, hoy en día está trabajando en un libro de al menos cien poemas que esperamos publicar al final del año.

Onandi Ramírez Rivera, el más joven de todos los escritores, da una muestra de excelente creatividad poética. Sus poemas se basan en su corta vida llena de sabiduría, y al igual que en Jarol, la contemplación de sus alrededores y del "ser" es algo que destaca. Esto lo podemos observar en dos poemas. El primero, "Las tardes", me recuerda a los versos del poeta wayuu José Ángel Fernández por su fluidez y estética:

> Yo siempre veo las tardes
> y son tan bonitas
> y digo son tan bonitas las tardes
> y florecen las Buenastardes
> y los ruiseñores cantan
> ¡Eso sí es una tarde bonita! (145)

Quizás por la edad del autor uno diría que este poema es inocente, pero no tiene nada de eso, al contrario, es un poema maduro, pensante y lleno de imágenes que dialogan con el lector, llevándolo a caminar por Térraba con los ojos de Onandi como guías. Además, provocan un efecto sensorial mediante la onomatopeya, como el poema "La lluvia":

> La lluvia cuando cae
> suena shu shu, shu shu
> es casi como el agua fluyendo shu shu, shu shu
> y los pájaros se bañan
> sacudiéndose
> y en las quebradas
> fluyen… (146)

El final abierto agranda el aspecto líquido del poema, el agua no está estancada, sigue su camino natural.

Onandi y sus poemas nos dan un ejemplo de cómo es la vida de un niño en Térraba. Para aquellos que vivimos fuera, en una ciudad, alejados del campo, nos confronta con una realidad que se mueve en otro espacio, la de un niño que aprecia el medio ambiente y cada cosa que lo rodea.

Además, este pequeño poeta comparte su conocimiento aconsejando al lector. Lo vemos en los poemas "El dinero", "Vive feliz", "Las madres", "El camino" y "El mundo"; estas reflexiones se convierten en poemas sencillos, llenos de mensajes vitales, no son complicados sino directos, no hay nada que ocultar, todo está allí.

3. Narrativa miscelánea

La prosa es variada en la antología. Va desde cuentos ficticios mezclados con historia, como son los de Bruín Bloran Kavekwak, Elides Rivera Navas y Paulino Nájera Rivera. Bruín hace un recorrido por un acontecimiento histórico que sucedió durante la época de la Colonia, el contra ataque de un grupo de indígenas contra los españoles asentados en la capital. La historia de Bruín reflexiona sobre los acontecimientos y compara cómo los españoles no respetaban nada ni nadie, mientras los indígenas solo se enfocaban en destruir las cúpulas de poder. Es interesante la comparación, puesto que al traerla al tiempo presente nos damos cuenta que las tácticas del poder hegemónico en contra de las naciones originarias no han cambiado nada, es decir, por medio de los nuevos sistemas económicos se oprime a la población en general. La voz narrativa quiere transmitir la historia y con ello hacer ver que las reglas que los blancos siguen no son propias, no tienen la capacidad propia de hacerlo, uniéndolos la creencia de ser civilizados en contra de salvajes. Esta comparación entre civilización y barbarie que hace la voz narrativa se invierte, cerrando con un hermoso pasaje que advierte la premonición del título, un segundo indicio de la liberación que se complementará con el apoyo de los antepasados.

La otra contribución que hace Bruín narra la toma del colegio Térraba. Es un tanto generalizada, pero detalla la importancia de los jóvenes en la lucha no solo en contra de los *siquas* sino en contra del mismo Estado que permitió los ataques. Al final nos advierte "En fin, yo solo quería hacer un repaso de cómo ese día fue la situación según mis recuerdos" (44). Pero esa memoria menciona algo importante, que es la presencia de las personas que apoyaron desde afuera del colegio. Otro aspecto crucial, que algunos catalogarían de sobrenatural, es la presencia de los viejos "guerreros en espíritu", solo así se explican el haber ganado en contra de tantos atacantes.

Elides Rivera Navas nos narra una historia de su infancia, llena de momentos graciosos y significativos, pero a la vez cargados de mensajes. El título puede sugerir algo personal, "Mi historia", pero es también un recorrido por el Térraba de antes, sus quebradas, los animales, y los juegos de los niños. Nos muestra una forma de vida diferente, sin tecnologías que crean dependencia, donde las travesuras inocentes eran la forma de pasar el tiempo. Los recuerdos sirven para educar hoy en día, y estas historias son importantes para educar a los chicos sobre el pasado, aprendiendo a ver lo que fue y puede ser Térraba.

El otro relato de Elides, "Un reino y su príncipe", nos narra la historia de Milton, un joven que lideró la toma del colegio. Da la impresión de ser un cuento de hadas salido de algún lugar maravilloso: "Existía un hermoso país en el medio de las Américas, este país tenía muchas cosas lindas" (51), pero como todo cuento de hadas, existen villanos que interrumpen la harmonía de la gente buena. El príncipe aparece como un héroe que se ha preparado académicamente para luchar en contra del sistema opresor, esa lucha tan dura lo debilita, y termina muerto, algo que muchos ven como un sacrificio de su parte. Historia verídica llevada a cuento como un homenaje al finado Milton, Elides embellece el dolor de la pérdida para reconocerlo como un héroe, un príncipe que se sacrificó por su nación bröran.

Paulino Nájera Rivera en el cuento "Carta de un amigo", escrito en primera persona, asume la voz del río Térraba, dando a conocer su cauce y su relación con otros seres vivos que dependen de él. El cuento actúa como una denuncia en contra del Proyecto Hidroeléctrico Diquís, que de llevarse a cabo, terminaría con la vida del río y la gente que depende de él. El final del cuento es una invitación abierta a unirse a la lucha en contra del proyecto. La metodología empleada por Paulino es clara, da a conocer primero la relación del río con la gente y de esta forma concientizar sobre el desastre que ocurrirá si se llega a aprisionar su recorrido. Es un cuento educativo, al igual que el resto de las cosas que narra don Paulino en la antología, alcanzando así su meta con la escritura, un arma educativa.

4. Testimonios

Una de las historias más fuertes es la de Aydé Rivera Navas, quien con este testimonio se presenta como si estuviera desnuda, dando a conocer detalles personales y muy íntimos de su vida. El valor de escribir sobre su matrimonio, sabiendo que sus hijos y familia la leerán, es una muestra de la fuerza de Aydé. Considero que esta historia está dentro del género del testimonio por ser personal y porque no solo es la representación de su vida, sino la de muchas mujeres en las comunidades indígenas. Si se animaran a escribir leeríamos muchas historias similares. Hablando con Paolo Nájera (Bruín) sobre esta historia, comentaba que muchas veces a los jóvenes los hacen idealizar a los mayores de la comunidad, y esto demuestra que ellos también han pasado momentos muy difíciles a nivel personal, dando prueba de que son tan humanos como todos y que esa sabiduría que tienen es debido a esa lucha intensa por sobrevivir. Hasta donde he escuchado, esta historia sigue causando conmoción en los lectores, y doña Aydé sigue escribiendo más cosas para el siguiente número.

Marcos Antonio Rivera Fernández nos narra uno de los eventos más importantes en la historia reciente de Térraba, la lucha por la recuperación del Liceo Térraba, haciendo explícitas las demandas y razones por las cuales tomaron el colegio. Marcos escribe los eventos detalladamente, tratando de cubrir todas las fechas. Entra en detalles describiendo los problemas que tuvieron con los albañiles en la construcción del colegio y los percances con los invitados en la inauguración del nuevo liceo. A pesar de que Marcos fue parte de esto, en este testimonio no encontramos que la voz narrativa sea un "yo", siempre se narra desde la tercera persona, borrando el individualismo y resaltando la participación comunitaria. Cada evento y hora que se menciona tiene un significado importante no sólo para el autor, sino para toda la comunidad que participa en la lucha por obtener un mejor espacio educativo, por eso los detalles cuentan, al igual que los nombres de las personas que participaron para lograr cumplir ese sueño. El estilo narrativo de Marcos es igual a su forma de hablar, siempre tratando de cubrir todo detalle a como dé lugar. Hoy en día, Marcos está escribiendo sobre sus viajes a Panamá y sus encuentros con los hermanos näso.

Capítulo 4

El regreso a Costa Rica, entrega de libros

1. Jueves 12 y viernes 13 de noviembre de 2015

Mi viaje de Pittsburgh a Costa Rica se retrasó desde la salida y perdí el vuelo de conexión de Houston, Texas a San José. Esperaba que esta no fuera una premonición del resto del viaje. Por suerte tenía amigos en San José que ofrecieron recogerme en el aeropuerto esa noche, ya que no alcanzaría a tomar el bus que salía para la ciudad de San Isidro. A mi llegada al aeropuerto me esperaba Laura, una amiga de infancia de mi esposa, con quien me hospedaría esa noche. Al llegar a la casa preparamos la cena y hablamos en compañía de su esposo Carlos sobre historias orales. Me comentaron que la señora que trabajaba en su casa contaba historias y que le pedirían que me contara algunas en la mañana. Al día siguiente llegó doña Meri y preparamos el desayuno, entonces Laura le pidió que me contara una historia. Fue así que doña Meri nos contó que cuando era niña murieron sus padres, quedando encargado de la familia el mayor de sus hermanos, quien los golpeaba mucho y debido a esto ella decidió marcharse de la casa en busca de una mejor vida. Decía que se fue a la estación del tren y se montó a escondidas que uno que iba al Caribe, hacia el área de Limón. El fervor con el que contaba la historia opacaba las escenas violentas que ella narraba, su rostro se encendía mientras hablaba de la travesura que hizo para montarse en el tren. Mientras tanto, yo pensaba que ella revivía cada momento cuando lo contaba a alguien que se lo pedía. Al final de la historia ella dijo que le gustaría escribirla, para que la gente conociera su historia, de cómo escapó de su hermano para viajar en tren, pero que no importaba si no podía escribir la historia, puesto que ella seguiría contándola individualmente en sus conversaciones.

Esta historia y la confesión de doña Meri al final me hizo pensar en la transición de la oralidad a la escritura, y cómo la intención era hacer llegar su historia a mucha gente. Es decir, por medio de la escritura alcanzar una audiencia más amplia. Es precisamente este tipo de enfoque el que tienen las literaturas indígenas, ampliar la audiencia que tienen para comunicar sus formas de resistencia, sin buscar la fama o el renombre, sino más bien, propagar una información que ellos ven necesaria para poder sobrevivir y ser reconocidos. Los zapatistas tienen este concepto de propagar la información que implementaron al dejar las armas en 1995. Ellos hablan de la fuerza aérea zapatista, que está compuesta de avioncitos de papel con escritos en ellos. Esta fuerza aérea denota la palabra como un arma de lucha, de una guerra que pasó de ser armada a ser intelectual, claro, no deja de ser armada, pero abandona el concepto bélico. Debido al cambio de estrategia el EZLN logró avances significativos en su lucha por la autonomía y pueden distinguirse hoy en día con la formación de seminarios que propagan el pensamiento crítico en contra de los sistemas hegemónicos, principalmente difundidos por los medios de comunicación, más específicamente el internet. Si bien aquí consideramos la importancia de la oralidad, es importante destacar que no toda la producción literaria indígena contemporánea se apega a esa tradición. Es necesario aclarar, como bien indica Emilio del Valle Escalante en su artículo "Teorizando las literaturas indígenas contemporáneas: introducción", que hay

> una noción de 'literaturas indígenas' que no se remite exclusivamente a una producción textual en lenguas Originarias, o basada en la 'tradición oral', sino más bien a obras de autores que en primer lugar afirman un posicionamiento o locus de enunciación indígena en base a origines lingüísticos, culturales y geográficos. (4)

La influencia global del internet ha permitido ampliar el campo narrativo de muchas y muchos escritores indígenas hoy en día.

Ante esta emergencia es necesario comenzar un debate sobre el paso de la oralidad a los medios de comunicación social como *Facebook*, ya que son formas escritas más apegadas a lo oral, y se encuentran flotando en un cuerpo invisible, indefinido que conocemos como la red, algo similar a las memorias de las comunidades en que descansan las composiciones orales. Esto es especialmente interesante en tiempos donde la tecnología ha jugado un papel importante en muchas luchas. El libro como un cuerpo, o un objeto que se puede tocar retiene las palabras, en cambio en el internet no sucede lo mismo. Existe una escritura flotante en el ciberespacio, fluida y transformadora que entra a muchos lugares del mundo, más apegada a la oralidad (pensemos en una presentación hablada de alguien, que es escuchada por muchos) pero multiplicando el alcance (por medio del internet hoy muchas personas pueden seguir la presentación y volver a escucharla después de que pasó). Por ejemplo, para este proyecto, la mejor manera que teníamos para seguir comunicados mientras yo estaba en Estados Unidos fue *Facebook*; por este medio intercambiamos correcciones y nos mantuvimos al tanto del progreso de la edición del libro. En el grupo creado, se lograron procesos democráticos en la edición del libro, como el título y las imágenes; también se aprobó el diseño del editor para la carátula. Es imposible olvidar o no tomar en cuenta la importancia de este medio social para promover las escrituras, que por más pequeñas que sean alcanzan una audiencia extensa.

Es necesario apegarnos más a la definición del "libro" que Jacques Derrida ofrece en su texto *De la gramatología* (1967): "La idea del libro, que remite siempre a una totalidad natural, es profundamente extraña al sentido de la escritura. Es la defensa enciclopédica de la teología y del logocentrismo contra la irrupción destructora de la escritura, contra su energía aforística, y [...] contra la diferencia en general" (25). No está de más mencionar que la promoción de nuestra Antología se dio principalmente por medio de *Facebook*, y se expandió la noticia de esta con otras personas por medio de los "compartir" y "me gusta". Los eventos de presentación que incluyen la primera presentación oficial de la antología en la Universidad de Pittsburgh, en Trincheras Expresión y en la comunidad Térraba, se promovieron constantemente en este medio, causando mucho interés y asistencia a los eventos. Después de cada presentación hubo fotografías que circularon en la red generando que muchas de las personas interesadas en el libro que no pudieron asistir a las presentaciones pidieran libros para comprar.

El libro es un objeto de "transporte" para las escrituras gráficas y orales, se puede tocar y sentir, por lo tanto, es un cuerpo que carga un mensaje palpable. En el ciberespacio podemos ver, pero no sentir, es un espacio interminable que aparenta no tener fondo. Es este espacio el que da vida a nuevas comunicaciones como medio de transporte narrativo, puede llegar a lugares donde el libro físico no puede entrar, eliminando barreras económicas o geográficas. Con el simple hecho de tener un teléfono celular existe accesibilidad a informaciones narrativas. Este es uno de los motivos por los cuales la Antología se ofrece gratuitamente en internet en versión PDF, para que la persona interesada lo pueda leer. En resumen, principalmente por su capacidad de extensión indefinida a manera de una red, de maneras imprevisibles que dependen de contactos iniciados por muchos individuos. Las comunicaciones electrónicas se parecen un poco a las redes de las literaturas orales tradicionales, lo único que sí se multiplican más y se guardan hasta cierto punto en memorias electrónicas (no humanas), aspecto en el que sí se parecen más, por ese lado, a la escritura impresa. Otro factor es que en la internet la ciudad letrada no tiene los mecanismos para excluir a los subalternos que no manejan la escritura según criterios escolares. Hasta cierto punto se puede escribir libre de la vigilancia de los gramáticos, más como se habla en la vida cotidiana. Tal vez por esto los escritores indígenas usan bastante la internet ya que pueden acceder a la red.

2. Viernes, 13 de noviembre de 2015

El re-encuentro con Marcos Rivera

Desde mi llegada el 12 de noviembre a San José, recibí un mensaje en *Facebook* de Marcos Rivera, donde me avisaba que estaría en San Isidro el día 13 y que le gustaría reunirse conmigo ese día por la noche; quedamos en vernos en un bar a las 8:50 de la noche, después de terminar sus clases en la universidad.

Al llegar a la ciudad de Pérez Zeledón me dirigí a la casa de la familia de mi esposa; después de asentarme y saludar me dirigí al centro cultural Trincheras Expresión Artística, una librería-teatro-galería cerca del centro de la ciudad. Busqué a don Fernando Herrera, un profesor jubilado de literatura de la Universidad Nacional de Costa Rica y creador intelectual del local, para confirmar la presentación de la antología en dicho lugar. Además, quería entregarle una copia para que la leyera y la comentara durante la charla. Al no encontrarlo dejé una copia con su hija Natasha, acordando regresar y hacer los preparativos correspondientes para la presentación del libro el día 18 de noviembre.

Llegaba el momento de reunirme con Marcos y hacer la primera entrega del libro a algunos de los autores. Esa noche llegué un poco antes de la hora acordada y entré al bar que se encontraba lleno de clientes luciendo sus mejores camisas de la selección nacional de fútbol. Estaban apoyando a su equipo de la mejor manera posible, con cerveza en mano y gritando a todo pulmón: "la sele". Su equipo jugaba contra Jamaica y buscaba su pase a la copa del mundo. Ordené una cerveza para no quedarme atrás y me paré en una esquina, observando la pasión con la que veían el juego, evitando gritar improperios en contra de los que gritaban. Los comentaristas hablaban de un tercer marcador que marcaría las llamadas de "violencia contra la mujer" cometidas durante el partido. El marcador de la violencia aumentaba como una lluvia de goles, y los comentaristas anunciaban cada uno de ellos al público con un desgano que opacaba el juego. Al término del primer tiempo el marcador era Costa Rica 1, Jamaica 0, y VCM 24. Los hinchas celebraban el gol, y callaban sobre el número 24. Salí del bar para fumar y encontré a Marcos parado en la esquina. Nos dimos un abrazo y le entregué la antología. Su cara se llenó de alegría e inmediatamente comenzó a hojear el libro buscando la sección que él había escrito, al encontrarla volteó su rostro hacia mí y dijo: "finalmente terminó la espera, qué bello es tener este libro en mis manos, es un gran momento para la lucha Térraba". Se había olvidado completamente de preguntarme cómo estaba, y lo entendía, pues me interesaba más ver la reacción que tendría al recibir la antología terminada.

La emoción de Marcos me hizo olvidar el juego y los marcadores, entonces decidimos ir a otro lugar donde no hubiera tanta pasión futbolera. Terminamos en un restaurante casi vacío ordenando unas cervezas y un chifrijo (chicharrones con arroz, frijoles, chimichurri y tortillas tostadas, aguacate, todo revuelto) para cenar. Mientras esperábamos la comida, me decía que nunca se había imaginado la posibilidad de publicar algo, pues todo el racismo al que siempre se enfrentaba con los directivos del sistema educativo del país en las reuniones regionales y nacionales escolares lo menospreciaban como director, remarcándole la superioridad intelectual de las escuelas no indígenas y su personal. En ese momento fue donde entendí que el libro, más allá de contener un testimonio suyo, fungía como una prueba contundente de conocimiento que luchaba en contra de muchos falsos prejuicios, posicionándose como una herramienta científica que reforzaba la historia bröran-térraba desde una posición intelectual y académica, o como dice Jace Waver: "In other words, literature becomes a critical arena for struggle" (11). La antología entraba directamente a la lucha por la autonomía bröran-térraba, una autonomía general que a partir de este momento comenzaría a combatir desde una posición escrita.

Colocar la antología en este nivel es precisamente una de las metas, eliminar la segregación académica que existe en contra de la intelectualidad indígena en Costa Rica, y sobre todo, promover la continuidad del desarrollo de esta, ya que la gran mayoría de los estudios que se han hecho sobre las comunidades indígenas del país provienen de personas ajenas a estas, que con "investigaciones académicas" han logrado una fama más grande como investigadores que las personas a las que estudian, siendo estos últimos los dueños de dichos conocimientos. Linda Tuhiwai Smith nos da la razón sobre este tipo de investigaciones al decir que: "The word itself, 'research', is probably one of the dirtiest words in the indigenous world's vocabulary" (1). Las investigaciones académicas sobre comunidades indígenas se limitan a trabajos antropológicos, sociológicos o lingüísticos en Costa Rica, esto se demuestra en la literatura escrita por estudiosos de las universidades ticas sobre las diferentes etnias del país más feliz del mundo, donde el indígena es un objeto de estudio y no comparte dichas categorías de felicidad. Debido a esto la "investigación" (académica) es una palabra sucia, que enmugra al sujeto de estudio y su conocimiento ancestral, encerrándolo en categorías ajenas que no reconocen otras formas de pensamiento intelectual alternativo funcionando como un espejo que permite al investigador ver a través de él, mientras que el estudiado solo ve su reflejo y no lo que hay detrás, dígase intenciones o metas de la investigación. La extracción del conocimiento ancestral pierde sentido al pasar a ser parte de investigaciones personales de otros individuos académicos, pues solo sirven para sus propósitos y la mayoría del tiempo no aportan nada a la comunidad. Se ha criticado el extractivismo en la economía, pues esta es una forma de extractivismo intelectual. Tuhiwai Smith refuerza esta idea al decir que: "It appals us that the West can desire, extract and claim ownership of our ways of knowing, our imagery, the things we create and produce, and then simultaneously reject the people who created and developed those ideas and seek to deny them further opportunities to be creators of their own culture and their own nations" (1). Para Marcos, y como veremos más adelante, para otros miembros de la comunidad, el libro es una representación propia, es un espejo no transparente que refleja lo que ellos quieren ver, es una creación de ellos y para ellos que a la vez proyecta hacia el exterior sus propias voces escritas.

Al final de la noche hablamos con Marcos sobre la posibilidad de usar el libro como un texto pedagógico en el colegio, y que era tiempo de usar su poder como director para que consultara con el resto de la comunidad y las autoridades educativas. A lo que contestó que sería ideal estudiar literaturas propias y no otras que ni siquiera mencionaban la historia de ellos. Al escucharlo hablar recordé mi propia infancia, y frente a mí desfilaron por un instante imágenes de libros o pedazos de libros que se incluían en los textos gratuitos de la SEP (Secretaría de Educación Pública) como *María* de Jorge Issacs, *El Quijote* y algunos cuentos de Juan Rulfo. Cuestioné el por qué nunca se me habló de la historia local de mi pueblo y por qué brevemente se hablaba de los aztecas y no de los purhépechas de la región. Recordé entonces lo que dice Paulo Freire en su libro *Pedagogía del oprimido* (1968): "La violencia de los opresores, deshumanizándolos también, nos instaura otra vocación, aquella de ser menos. Como distorsión del ser más, al ser menos conduce a los oprimidos, tarde o temprano, a luchar contra quien los minimizó" (25). Si bien, aceptar esta violencia pedagógica es primordial al indicar un problema social pedagógico general, también cabe reconocer que en las comunidades indígenas es de una manera aún más violenta, pues no solo distorsiona, sino que intenta matar la cultura e identidad milenaria en las comunidades.

La educación es un arma de doble filo, por un lado, sirve para educar a los chicos y chicas sobre lo que el sistema educativo quiere que se eduquen, y por otra parte, sirve para eliminar historias y otras voces que siempre han estado presentes. La importancia de promover las escrituras contemporáneas indígenas es una forma de resistir, de rescatar el pasado, incluyendo toda práctica de escritura, como Jace Weaver argumenta, "I define literature broadly as the total written output of a people. Even biographies, and tribal histories would come under such a definition, because to impress form on the relative formlessness of a life or a culture, to exercise selectivity over what is to be included and what excluded, is an act of literary creation" (ix). Por lo tanto, la creación literaria en cualquier forma expresada funciona como un acto de formación y aceptación cultural alternativa a la norma impuesta, o como sostienen Arturo Árias, Luís E. Cárcamo-Huechante y Emilio del Valle Escalante en el artículo "Literaturas de Abya Yala": "En efecto, la lucha por la restitución de soberanías y autonomías territoriales en el nivel político y social, que hoy articula las movilizaciones de los pueblos originarios, se anticipa en el terreno de la literatura escrita" (7). Conforme la antología se dé a conocer más y tenga una distribución más amplia, comenzaremos a ver los resultados de ese posicionamiento cultural.

3. Sábado, 14 de noviembre de 2015

El regreso a Térraba

El camino a Térraba fue entretenido. Marcos me pidió que manejara su automóvil, pues él se distraía si platicaba y manejaba al mismo tiempo, y quería contarme muchas cosas. Durante el viaje me actualizó sobre los diferentes problemas que la comunidad enfrentaba en estos días. La ADI (Asociación de Desarrollo Indígena) se había restaurado ilegalmente con un líder bröran corrupto que buscaba reiniciar el proyecto hidroeléctrico Diquís. Me habló también sobre cómo el bando contrario en la comunidad desestabilizó al Consejo de Mayores para facilitar la reformación de la ADI e intentar dar paso a la construcción del Diquís. Me contó un sinfín más de problemas, recordándome que la cuestión indígena no es como los chancletudos (personas de la Nueva Era) la pintan, bella, armoniosa y llena de energías positivas, sino que más bien es un mundo complicado sumido en la resistencia y que no se encuentra exento de los problemas de la vida cotidiana de cualquier ser humano.

Llegamos a Térraba a mediodía. Me bajé en el centro de la comunidad y caminé hacia la casa de doña Elides. Mientras caminaba una persona enmascarada que chapeaba la maleza me gritó: "¡Tapia!". Sinceramente no lo reconocí hasta que se descubrió el rostro. Era Volmar, el guardabosques y artesano de máscaras ecológicas bröran. Me recibió con un gran abrazo y me invitó como siempre a pasar a su casa para ver sus trabajos y recordar el día que capturamos el perro de cacería mientras recorríamos el territorio. Reímos un poco y me mandó a casa de doña Elides diciendo que no demorara para entregar el libro porque todo mundo quería tenerlo en sus manos. Al llegar a casa de doña Elides me recibieron La Pelusa y Blanquita, las perras de la casa, con mucha alegría me brincaron encima alertando a la familia que había llegado alguien. Inmediatamente salió Elides y detrás de ella Ian Ricardo (su nieto de 5 años), Samira (la hija menor) y Sandro (el hijo mayor). La bienvenida no pudo ser mejor, después de los abrazos aparecieron las primeras tazas de café chorreado y bananos maduros fritos. Tal recibimiento merecía un intercambio, saqué "el libro rojo" de mi mochila y se lo entregué a doña Elides, quien antes de ojearlo me dio otro abrazo. Sujetó el libro un rato y volteó a verme diciendo: "Mira que valió la pena todo el esfuerzo y espera, ya tenemos un libro para luchar, ahora hay que escribir el siguiente para seguir compartiendo nuestras experiencias". Nuevamente escuchaba la palabra "lucha", el libro para ella resultaba ser un arma de resistencia, una herramienta educativa en general.

A diferencia de escritores tradicionales, se puede concluir que las literaturas indígenas contemporáneas, más allá de colocarse dentro de un canon buscan revertir los daños causados a través de la escritura, historias, poesía o cuentos como lo hace doña Elides, y además unirse a la red de escritores indígenas en el hemisferio que comparten formas de resistencia similares. Craig S. Womack, en su libro *Red on Red. Native American Literary Separatism,* escribe: "Though tribal groups have different languages, different ceremonies, different religions, different economies, different histories, different forms of government, they all share a legacy of stolen land, decimated populations, and engineered cultural theft" (237). Estas similitudes dentro de la diferencia se encuentran también en la literatura, donde los temas por ser similares no son repetitivos sino multifacéticos de acuerdo a la experiencia de cada quien, adaptándose a cada realidad: "Native writers move beyond 'ethnostalgia –most common to Euramerican treatments of Native American Indians– towards an affirmation of a syncretic, dynamic, adaptive identity in contemporary America'" (Louis Owens citado en Weaver 8). Como bien indica Owens, parte de estas adaptaciones son también literarias; en el caso bröran-térraba la literatura se está forjando como un arma, uniéndose a otros movimientos literarios indígenas contemporáneos, marcando un dinamismo que mueve la oralidad y resistencia en las páginas del libro, buscando conexiones con otras comunidades del Abya Yala, que como establece Emilio del Valle Escalante, "alimentan y justifican la idea y el proyecto civilizatorio de Abya Yala. Vale subrayar que quienes nos adherimos a este proyecto lo hacemos como una forma de trascender políticas opresivas establecidas por el colonialismo. Se trata de imaginar y forjar una indigeneidad hemisférica y transcontinental (Nueva Zelanda y Australia)" ("Teorizando las literaturas" 14). Es nuestra tarea iniciar los diálogos a través de la literatura para concretar el proyecto y dar continuidad a los debates de emancipación.

Mientras doña Elides y yo conversábamos sobre el libro, llegó Asdrúbal Rivera Villanueva, mejor conocido en la comunidad como Yuba, uno de los miembros del colectivo Näso Lokes quien contribuyó con ayuda logística para escoger el nombre de la antología y otros aspectos históricos que se tenían que arreglar en el libro. Yuba nos comentó que quiso dedicar tiempo para escribir y ser parte del libro, pero su trabajo no se lo había permitido. Ahora se comprometía a participar en el siguiente libro, que sin comentar comenzaba a surgir esporádicamente como una nueva posibilidad para continuar con el ejercicio literario en la comunidad. Si hay algo que distingue a la comunidad es la informalidad, en el buen sentido, claro, todo funciona de una forma natural, no hay obligación alguna o compromiso para hacer las cosas, simplemente suceden, y de esta forma comenzaba a fluir la idea de otra antología, acaudaladamente como el río Térraba en esos días lluviosos.

De rato apareció don Enrique Rivera Rivera con un machete en la mano y sin camisa, venía de chapear la maleza que crecía alrededor de la biblioteca comunal. A sus 70 años seguía haciendo las mismas actividades de cuando era joven y, además, en su tiempo libre (que no era mucho) se dedicaba a escribir. Al verme se dirigió hacia mí dándome un fuerte abrazo (algo que no era normal en él, me comentaron después) y diciendo irónicamente: "por un momento pensé que no regresarías, igual que muchos académicos de la UCR y la UNA". Hacía alusión a unos estudiantes a quienes había entregado unos escritos varios años atrás y nunca cumplieron la promesa de regresar con un libro que incluiría sus historias. Según he referido arriba, el día que conocí a don Enrique me contó la historia, y me preguntó si yo haría lo mismo que esos chicos.

Si bien muchas cosas han cambiado, esta experiencia sigue siendo típica en las comunidades indígenas en el mundo; estudiosos de diferentes ramas llegan por información, la publican y obtienen todo el crédito por algo que en un primer lugar no les pertenece y del que aparentan ser dueños y creadores. Esta tradición deriva, como bien ha expuesto Tuhiwai Smith, de la relación colonial, el imperialismo y las prácticas de investigación por ambos. Dentro de la nueva metodología propuesta por Tuhiwai Smith se sugiere que "They are 'factors' to be built into research explicitly, to be thought about reflexively, to be declared openly as part of the research design, to be discussed as part of the final results of a study and to be disseminated back to the people in culturally appropriate ways and in a language that can be understood" (16). De hecho, el primer paso es eliminar la tradición del robo, y de esta manera poder crear una retroalimentación mutua, que implica "Two important ways not always addressed by scientific research are to do with 'reporting back' to the people and 'sharing knowledge'. Both ways assume a principle of reciprocity and feedback" (16). Más allá de compartir el conocimiento, se trata de practicar el respeto y reconocimiento, reconocer al Abya Yala dentro de su significado: "Tierra en madurez" y llena de sabiduría, no como un nuevo mundo sin historia.

Para don Enrique estos debates académicos son desconocidos, pero su experiencia lo tiene empapado hasta el punto que la historia narrada por él en la antología contradice la historia oficial de Costa Rica. Después de los saludos le entregué su copia del libro, sonrió y sacudió el machete de felicidad. Contempló el libro en silencio y después dijo que se iría a bañar, y me invitó a que pasara más tarde por su casa para hablar un poco sobre la sección que él había escrito.

Mientras don Enrique se marchaba para su casa, aproveché para llamar por teléfono al poeta Jarol Segura Rivera y avisarle que estaba en casa de doña Elides; Jarol llegaría aproximadamente en una hora. Al terminar de hablar con él, Yuba se acercó para despedirse y decirme que me esperaría en su casa esa noche para platicar. Mis días en Costa Rica se avecinaban ocupados, especialmente en la comunidad Térraba para hablar de temas literarios y movimientos sociales. La literatura pasaba a ser un tema novedoso para los bröran-térraba, y con un libro en mano como prueba de la existencia de una literatura local, con escritores locales, la potencialidad de alzar las voces y darlas a conocer se engrandecía. José Bengoa escribe que "Los indígenas de hoy, en forma imaginativa y a veces maravillosa, recrean un discurso acerca de lo que ha sido nuestro continente, y también acerca de lo que ellos han sido y son. Es el surgimiento de 'nuevas identidades'. Son discursos sobre el pasado llenos de ideas sobre el futuro" (21). Si bien Bengoa atina en describir los discursos de las nuevas identidades, se queda corto en decir que son discursos "sobre el pasado", más bien hay que decir que son discursos de un presente vivo que se posiciona para enfrentar el futuro, y, como vemos en Térraba, las narrativas que emergen no fantasean o añoran el pasado, no lo embellecen o maravillan, sino que hablan desde ese presente inmediato, sin atentar contra el pasado marginal. Es más, la reformación de la identidad no se limita a la territorialidad, no es egocéntrica, sino más bien es como el escritor Spokane/Coeur d'Alene Sherman Alexi define el contar historias: "I firmly believe in the power of stories to change the world, and I firmly believe in the power of one story to change one life at a time. I see it all the time with my work". Las historias, poemas, novelas, cuentos o testimonios al salir de la comunidad dejan de ser propios, pasan a ser un arma que genera conciencia social en diferentes culturas que tienen acceso a ellas. He aquí la importancia de promover las literaturas indígenas, comenzando en las comunidades mismas.

Mientras esperaba a Jarol conversaba con doña Elides sobre la situación actual de Térraba, siempre en constante lucha, si no era un problema el que enfrentaban era otro, si no era el PH Diquís era Genaro (Aliado del gobierno y espurio líder de la ADI), y no olvidemos las diferencias internas dentro de la comunidad. Cuando la conversación se ponía intensa y la lluvia aumentaba llegó Jarol obligándonos a detener la conversación. Al entrar a la cocina lo recibí con una copia de la antología en las manos, él la tomó e inmediatamente buscó su nombre y la sección que había escrito. Sus ojos comenzaron a llenarse de lágrimas, y estoy seguro que tenía un nudo en la garganta que le impedía hablar, pues no dijo nada por casi dos minutos. Cuando finalmente pudo articular algo, dijo: "Tapia, no sabe usted lo que este libro significa para mí, nunca imaginé ver mis poemas en un libro, y nunca imaginé que llegaría alguien a la comunidad que creyera en mí y me apoyara de esta forma, como poeta y como escritor". Para Jarol, el tener el libro en sus manos significaba recuperar la esperanza y la fe en la escritura, especialmente después de que en el colegio le habían negado un premio de poesía, y peor aún, acusado de plagio.

Las palabras de Jarol me recordaban una de las más grandes dificultades que encontré durante los talleres literarios: eliminar el tabú de que ellos no podían escribir por ser indígenas y por no pertenecer a una cultura occidental que clamaba la escritura como un signo de exclusión desde los orígenes coloniales. Armando Muyolema en su artículo "De la 'cuestión indígena' a lo 'indígena' como cuestionamiento. Hacia una crítica del latinoamericanismo, el indigenismo y el mestiz(o)aje" pone en evidencia la historia de este tipo de luchas por la representación intelectual propia y por tener una voz propia: "En esa violenta relación, el acto político del conquistador-narrador de poner nombre a las cosas no inauguró el mundo sino una disputa por la representación del mundo que se libra desde entonces en el ámbito simbólico del lenguaje y en la arena de las luchas políticas" (328). El trasfondo de la sensación de imposibilidad para llevar a cabo tareas intelectuales se encuentra hoy en día en el sistema educativo contemporáneo. Sigue manteniendo la tradición colonial de inferioridad de la productividad intelectual del Abya Yala, que se ha mantenido a flote por la insistencia de compartir el conocimiento entre sus ciudadanos.

Hoy en día se comparte ese conocimiento por medio de luchas y también por medio de obras literarias, es por eso que decidí obsequiarle a Jarol un ejemplar del libro compilado por Emilio del Valle Escalante *Uk'u'x Kaj, uk'u'x ulew: Antología de poesía maya guatemalteca contemporánea* (2010). Durante los talleres utilicé esta obra como una guía y ejemplo de la producción de otros habitantes del Abya Yala. Desgraciadamente en ese momento no pude entregarle un ejemplar a Jarol pues solo contaba con uno, que era el único que me quedaba para continuar impartiendo los talleres. Para Jarol, el recibir la *Antología maya*, además de la *Antología bröran-térraba* era adentrarse en el mundo de la escritura junto con otros autores indígenas, especialmente para seguir los ejemplos de escritores como Luís de Lión, María Elena Nij Nij, Rosa Chávez, entre otras y otros. Las lágrimas volvían a surgir de emoción, y prometió leerlo, pero más que nada, aprender de esas hermanas y hermanos para mejorar su escritura.

Doña Elides tenía que salir a buscar a su hermana Isabel para planear un viaje que tenían que hacer para Guatemala, por lo tanto, Jarol me invitó a visitar a su mamá y de paso entregarle el libro que le correspondía. Cogí mi cámara y otra copia de la antología y nos dirigimos a casa de doña Aydé. Al llegar nos encontramos no solo con ella sino con sus hijas y nietos, estaban todos sentados a la mesa del corredor tomando café, y como de costumbre me sirvieron una taza en compañía de unas arepas recién hechas. Felicité a doña Aydé al darle el libro, y me dijo: "Jorge, aunque tengo el libro en mis manos no lo puedo creer, ¿es este un sueño?" Le dije que si quería la podía pellizcar para que viera que era realidad, pero que era mejor que leyera lo que había escrito. Aydé sonrió y hojeó el libro, comenzó a leer y de pronto la rodeó toda su familia. Solamente leyó un poco ya que toda la familia quería hojearlo. Era interesante cómo se interrumpían la lectura entre ellos, todos sonreían y felicitaban a doña Aydé, quien con timidez solo atinaba a agradecer a todos por el apoyo. Mi visita se quedó corta, llegó doña Elides para pedirme que le ayudara a elaborar un afiche sobre la próxima feria cultural que harían en la comunidad. Entonces me dirigí a casa de Isa para trabajar en el documento, allí llegó Ana y su hijo Onandi quien creció como medio metro desde la última vez que nos vimos. Me hizo muchas preguntas sobre las opiniones que hay del libro y sobre sus poemas. Su mamá se emocionó mucho y estuvo a punto de llorar.

Por la noche estuve en casa de Yuba, Juan Carlos estaba allí, estaban planeando el juego del toro y la mula para diciembre. Hablamos del libro y del potencial que tiene para educar a los jóvenes de la comunidad, hablamos también de su trabajo en el Ministerio de Cultura y cómo él ayuda a otras comunidades. Mientras hablábamos de las historias de la toma del colegio, nos dimos cuenta que si cada participante de la toma del colegio escribiera, lograríamos hacer un libro muy grande y bello. Entonces surgió el plan y ellos comenzarían a promover escritos del tema. Yuba contó de su reciente viaje a México, su experiencia con diferentes líderes indígenas de toda Abya Yala. Era precisamente el compartir experiencias lo que lo motivaba a escribir y ser participante en un próximo libro.

4. Domingo, 15 de noviembre de 2015

Las luchas de recuperación del territorio ancestral

Ese día temprano por la mañana llevé a doña Elides y a su hermana Isa a Buenos Aires para que tomaran el bus a San José. Sandro, el hijo de doña Elides, nos acompañó. Iban a Guatemala a una conferencia de mujeres indígenas. Mientras estábamos allá recogimos a Sharon, la hija de Isa, y fuimos a comprar cosas para cocinar en los días que estaríamos solos. Sandro me pidió que cocinara todo ese tiempo, pues quería comer comida mexicana. Al regresar me dirigí a casa de don Paulino y le entregué el libro. Hablamos de la felicidad que sentía y me dijo que ya había comenzado a leer el ejemplar que le había dado a Marcos la noche anterior. Don Paulino había estado promocionando el libro desde el día que anunciamos la publicación, comentaba que mucha gente le había encargado ejemplares, y esperaba que pronto tuviéramos algunos disponibles para cumplir los encargos. Por el momento solo había unos cuantos, pues los libros que había llevado a Costa Rica fueron pagados de mi bolsillo, siendo la meta entregar los ejemplares a los autores y vender algunos en las presentaciones programadas. Don Paulino me pidió que le hablara sobre John Beverley y Juan Duchesne-Winter, quienes habían contribuido escribiendo una introducción y la nota final respectivamente. Después de contarle sobre ellos, dijo que le daba mucho gusto que hubieran escrito algo, pues de acuerdo a él, eso fortalecía los cimientos del libro para contrarrestar cualquier crítica que surgiera de las universidades de Costa Rica, especialmente de los académicos que se dedicaban a escribir sobre los indígenas. Ese mismo día por la noche, don Paulino hizo público un agradecimiento a ambos profesores en su página de *Facebook*.

Hablamos de incluir el libro como texto en el colegio, pues según decía, el libro refleja el conocimiento ancestral manifestado en poemas, historias, cuentos, y mejor aún, decía que el libro tiene la capacidad de influenciar a chicos y chicas de la comunidad para que escriban, pues la escritura en todos los sentidos es una práctica que mejora las ideas y al ser humano. Así como don Paulino veía la influencia que ellos podrían tener en otras personas con su escritura, podemos comprobar que ha existido una influencia de otros escritores indígenas de otros países. Miguel Rocha Vivas nos da el ejemplo de las narrativas indígenas colombianas en su libro *Palabras mayores, palabras vivas*: "La creciente atención a los poetas indígenas en Colombia no podría entenderse aparte de la irrupción de la poesía indígena en Chile y México-Guatemala" (72). Como bien apunta Rocha Vivas, el hecho de que existan literaturas indígenas influyentes agranda el espacio para la producción de estas literaturas emergentes, y teniendo un texto local agranda aún más esa posibilidad.

Después de charlar un rato con don Paulino me tuve que retirar para ir a preparar el almuerzo. Acordamos vernos a la una en el centro de Térraba para ir a ver a Paolo, quien escribió para la antología bajo el nombre de Bruín Bloran Kabekwak, y así entregarle su ejemplar de la antología. Al salir de la casa Marcos me invitó a ver un rancho que estaba construyendo y me contó de los planes que tiene para ese lugar; le interesa hacer un centro cultural que fortalezca la cultura local, así como una biblioteca y centro de arte. Este muchacho tiene muchos planes y como ya mencionamos, otro de ellos es la publicación de un libro que hable de los viajes que ha hecho para visitar a los näso-teribes de Panamá y lo que ha aprendido de ellos. Me decía que la antología le mostraba que era posible publicar, y eso le estaba animando a continuar escribiendo; su meta es terminar el libro para diciembre del 2016.

Regresé a casa a preparar el almuerzo, hice huevos a la mexicana, salsa picante (no fue picante) y quesadillas. Rosy (la esposa de Volmar) preparó arroz, y picamos una sandía. Al terminar de almorzar me fui a esperar a Don Paulino al centro de la comunidad. Mientras conducía don Paulino me habló de los problemas con la ADI y cómo es que se ha puesto en marcha una vez más el PH Diquís, corroborando lo que Marcos me había contado anteriormente. Llegamos con Paolo, quien estaba con su hermano Adán, sentado en una hamaca leyendo un libro de Tatiana Lobo. El campamento de los chicos era temporal, hecho de madera, plásticos y palmas para el techo. Tenía una casa de campaña vieja donde dormían, un fogón para calentar el agua para el café y cocinar. Le di el libro y se puso muy contento, e inmediatamente me pidió que le tomara una fotografía junto a su padre, ambos sosteniendo el libro. Después me dio un recorrido por su pequeño campamento y me habló de las razones por las cuales muchos jóvenes decidieron tomar esa finca. La razón principal era que la ADI quería apropiarse del terreno, y para evitarlo varios jóvenes de la comunidad y otros de fuera decidieron tomarlo. Tenían planes para desarrollar una comunidad sustentable con sitios para sembrar y en un futuro fundar una escuela de movimientos sociales gratuita. Comentaba que nada era fácil, puesto que constantemente recibían amenazas por parte de algunos finqueros que eran parte de la ADI.

Continuamos hablando sobre el libro, y me decía que es importante tener esa publicación circulando en el país, principalmente en la comunidad, puesto que abre la colección de libros indígenas de Costa Rica, y con ellos se generaría un movimiento literario puramente indígena, influenciando a otros compañeros a escribir lo que es importante, es decir, un pensamiento indígena propio. Dijo que había comenzado a leer la versión electrónica, pero que era difícil hacerlo, pues allí en esa finca no hay electricidad, así que le daba gusto recibir el libro, pues ya no tenía nada que leer después de terminar la segunda lectura del libro de Tatiana Lobo. Dijo que el estar allí cuatro meses plantado le ha dado la oportunidad de pensar y escribir mucho, pensar sobre la resistencia indígena y la relación que existe con el Estado, que no es buena. Además, piensa y analiza cómo en esta toma los jóvenes han sido los que han impulsado el movimiento, que hay una nueva concientización que no se veía antes, y principalmente el Consejo de Mayores también los ha apoyado. Añadió que esperaba pronto tener algo concreto para editar y buscar publicarlo. Al igual que a Marcos y muchos otros, el tener una publicación lo animaba a seguir escribiendo más. Me hizo ver que la antología ahora sería parte de ese movimiento de recuperación de la tierra, y me repitió los planes de los jóvenes para esta finca de casi 400 hectáreas: "se centra en organizar una comunidad que busque trabajar el desarrollo sustentable; tenemos los planos, incluye centros comunales, bibliotecas, una sección cerca del río Térraba que será para sembrar; organizaremos un sistema de intercambio de comida por labores y muchas otras cosas, alejándonos del sistema monetario para enfocarnos en formar comunidad".

Tuvimos que dejar la reunión pues se avecinaba una tormenta. Salimos de prisa con don Paulino y en cuanto llegamos a la carretera la lluvia comenzó a caer con una fuerza impresionante. Al lado del camino que corre al lado del río Térraba las quebradas rugían con la cantidad de agua que caía, no hacía mucho que había comenzado a llover y el río ya crecía demasiado. Antes de que don Paulino me dejara ante la casa de doña Elides, acordamos hacer la presentación del libro el domingo 22 de noviembre a las 4 de la tarde en el centro comunal. Ahora solo tocaba avisar a los demás escritores.

Antes de entrar a la casa encontré a don Enrique, quien me contó que le gustaba mucho el libro, y estaba muy emocionado leyéndolo. El deseo de él era que se publicara en Costa Rica. Le dije que en eso estaba trabajando y que tomaría algo de tiempo, entonces me comentó que su amigo Amílcar Castañeda quizás se interesaría en hacerlo. Me pidió que regresara al día siguiente para comunicarnos con él y sugerirle la idea. Me preguntó también cómo es que se estaba vendiendo el libro acá en los Estados Unidos, y que ya tenía muchos amigos que le habían pedido un ejemplar, por eso le urgía que se publicara allá. No había sido el único en recibir solicitudes, mucha gente estaba interesada en obtener un ejemplar y sinceramente los libros que yo había llevado no serían suficientes para satisfacer tanta demanda. Es por esto que entendí la gran importancia de encontrar una editorial que se interesara en continuar su publicación en el país, puesto que no sirve de nada si sólo se publica en Estados Unidos. Hasta este momento había sido uno de los inconvenientes que había enfrentado en el viaje, y sinceramente lo había pronosticado, y es algo que tendría que evaluar en el futuro.

5. Lunes, 16 de noviembre de 2015

Organizando la presentación del libro en Térraba

Al día siguiente llegué a la casa de don Enrique al medio día, y lo primero que hizo fue preguntarme si tenía crédito en mi celular para llamar a don Amílcar Castañeda. Al confirmarle me dio el número y le pasé el teléfono y establecimos la comunicación con el director de la Universidad Nacional a Distancia. Don Enrique habló primero con él y le contó sobre el libro, y las intenciones que teníamos de encontrar alguna casa editorial en Costa Rica para distribuirlo fácilmente en el país, entonces me pasó el teléfono y don Amílcar me saludó cordialmente, indicándome que ya había escuchado hablar de mí anteriormente, y que estaba muy contento de conocerme, aunque fuera por teléfono. Lo primero que me preguntó fue sobre los derechos de autor del libro, pues si eso no estaba claro no se podría proceder con una segunda edición. Para responderle esta pregunta le leí la parte del libro que indica que tiene permiso para ser publicado sin autorización de la editorial: "Es permitida la reproducción parcial o total del contenido de esta edición sin el consentimiento del editor". Le expliqué que había sido diseñado de esta manera para darle una mejor distribución, y era algo que había acordado con Francisco Laguna Correa, representante y editor de la Editorial Paroxismo, previendo que surgiera alguna casa editorial en Costa Rica interesada en retomar la publicación. A don Amílcar le pareció una idea muy radical, que le hizo ver que el libro no tenía ningún fin de lucro. Me dijo que haría lo posible para que la editorial de la universidad lo publicara, solo tendríamos que aclarar las cuestiones de derecho de autor con los encargados. Aprovechando mi presencia en Costa Rica me dijo que ellos tienen un programa de radio que se llama "Historias Paralelas" y que le encantaría poder tenerme como invitado para una entrevista. Fue así que intercambiamos información y como a los 30 minutos después de haberse despedido de mí me envió un mensaje de texto para confirmar que la entrevista se llevaría a cabo el 24 de noviembre en la ciudad de San José, en la sede de la Universidad Nacional Estatal a Distancia. También recibí un correo electrónico de Patricia Méndez Romero, periodista y productora audiovisual de la UNED, quien me haría la entrevista solicitando más información del libro y sobre mí.

Hablábamos con don Enrique de la UNED, y me comentaba que es una institución muy comprometida con las comunidades indígenas del país, y siempre organiza programas de educación gratuitos para estas. La idea de la entrevista me emocionó bastante, era una gran oportunidad para hacer llegar la noticia del libro a todo el país.

Aprovechando que tenía acceso a internet en casa de don Enrique me dediqué a organizar la presentación del libro. Organicé un evento en la página de *Facebook*, ya que es una de las maneras más efectivas de comunicarse entre las masas. Al poco tiempo de "postear" la información comenzaron a llegar pedidos de libros y más información sobre la actividad. El evento explotó en cuestión de dos horas, la información se propagaba por muchos lugares y era recibida con mucho entusiasmo. Además del evento, también subí fotos de los escritores posando con su libro, gracias a esto los autores pudieron comenzar a ser identificados en las redes sociales, muchos "me gusta" y comentarios aparecían como la tormenta de ayer que duró más de seis horas. Era impresionante el revuelo que se estaba generando por las presentaciones que se darían los días siguientes.

De las cosas que quedaron pendientes ese día, la más importante era organizar la preparación de comida y bebidas tradicionales para el evento, pero ya existían algunas donaciones, por ejemplo, Jarol contribuyó con dos costales de naranjas. Le dije que por lo menos las hiciera en fresco. Jerhy Rivera dijo que él daría chocolate tradicional calientito con cacao producido en la comunidad, además dijo que si le ayudaba a comprar las cosas haría tamales de arroz tradicionales. Yuba ofreció preparar chicha tradicional bröran y café. Don Enrique ofreció preparar más chicha. Al día siguiente me comuniqué con Marcos, don Paulino y Paolo, quienes ofrecieron traer arroz con pollo. Doña Aydé vería la forma de preparar unas arepas. Todo perfilaba bastante bien, ahora solo quedaba esperar a que llegara el día tan esperado por todos. El día 18 de noviembre salí de regreso a la ciudad de San Isidro, quería descansar un poco y además tener tiempo para preparar la presentación que daría en Trincheras Expresión Artística el día 20. Antes de salir de la comunidad, hablé con Jarol para ver si podría venir conmigo a San Isidro. Tuvimos que mandar un correo electrónico a su supervisor, quien se deslindó completamente de la responsabilidad de autorizar que Jarol cambiara un día de trabajo por otro. La burocracia salía a relucir, e inevitablemente no podría asistir para presentar el libro conmigo. Por suerte Marcos estaría en San Isidro ese día por la noche, y me aseguró que saldría antes de clase para llegar a tiempo y hacer acto de presencia.

6. Viernes, 20 de noviembre de 2015

Presentación del libro en Trincheras

La presentación fue planeada para las 7:00 pm, teníamos una lista de invitados de treinta personas. A las cinco de la tarde me dirigí a Trincheras para limpiar y acomodar las sillas del teatro, también preparamos bocadillos para ofrecer a los invitados. Como a las 6:30 llegó don Fernando Herrera, el dueño del local y comenzó a ponerme un poco al tanto de lo que diría en la presentación. Lo primero que me confesó fue que nunca antes un libro lo había retado tanto en su vida literaria, y que sentía miedo de no hacerle justicia durante la presentación. No entendía lo que estaba diciendo, y no supe hasta la presentación a qué se refería.

El teatro estaba lleno, y había mucha más gente de la que esperaba, incluyendo a la familia de mi esposa, quienes nunca dejaron de apoyar el proyecto y contribuyeron de muchas maneras: dándonos hospedaje, comida e incluso nos transportaron varias veces a las comunidades. Estaba muy contento por su presencia, y solo hacía falta mi esposa quien se tuvo que quedar en Estados Unidos; sentía tristeza de que no estuviera, pues sin ella este trabajo no se hubiera logrado. Al dar inicio a la presentación, don Fernando se dirigió al público contando cómo fue que recibió la invitación para presentar el libro. Dijo que al tenerlo en sus manos le dio miedo, pues regularmente muchos escritores le piden que lo haga, y él es una persona que no se tienta el corazón para criticar y decir honestamente lo que piensa. Dijo que después de terminar de leer la antología le dio más miedo, principalmente porque le hizo ver lo ignorante que era de las culturas originarias de Costa Rica. Confesó que el libro fue un reto que nunca imaginó enfrentar, ya que se vio obligado a hacer investigaciones profundas para corroborar la información histórica que allí había escrita, principalmente la relatada por don Enrique Rivera Rivera y don Paulino Nájera. Después de haber leído la antología y confirmado la información con varios documentos históricos, llegó a la conclusión de que la historia oficial de Costa Rica era falsa. Destacó la importancia que tiene el libro para combatir la guerra que existe en contra de las comunidades indígenas del país, manteniéndolas en la invisibilidad desde épocas de la Colonia.

Enfatizó que por lo tanto la distribución del libro tenía que ser masiva, y que, de ser posible, influenciara a más indígenas a escribir para educar a la población.

En cuanto a la poesía, confesó que nunca ha sido de su agrado, especialmente la escrita en Costa Rica, ya que la considera hermética, llena de un lenguaje escapista que no dice nada, y peor aún, que es escapista al adorar la cultura de otros países. Añadió que los poemas del libro representaron una salvación para él, pues recuperaba el interés por la poesía, que aquí era directa, apegada a la realidad de la vida, exteriorizando la resistencia de una forma estéticamente superior (según él) a lo que estaba acostumbrado a leer. Para finalizar analizó de una forma muy breve y precisa los aportes que cada escritor ofrecía en la antología, subrayando de nuevo la importancia de seguir creando más proyectos literarios en las comunidades indígenas, y de aumentar la distribución de sus literaturas en todas las formas variadas posibles. Fue entonces que me cedió la palabra.

Comencé con una pequeña introducción a lo que son las literaturas indígenas contemporáneas para que el público entendiera el contexto del libro que estábamos presentado. Puse énfasis en los estudios que muchos antropólogos y lingüistas habían hecho sobre las comunidades indígenas del país, dándoles a conocer que siempre se les ha tratado con un paternalismo que no permite conocer a fondo lo que en verdad es la cultura. Dicho paternalismo se observa en lo que estas personas escriben sobre ellos, y peor aún, se roban la información y terminan siendo reconocidos por algo que no les pertenece. Cité al antropólogo Adolfo Constenla Umaña, quien en su libro *Poesía tradicional indígena costarricense* (1996) no reconoce a los bröran-térraba como conocedores o portadores de una tradición oral, e inclusive solo les dedica una página de su libro: "Del período de observación incidental, prácticamente no parecen haber observaciones sobre los tiribíes que resulten pertinentes para este estudio" Más adelante cita a otros estudiosos para resumir: "Por lo que respecta al dialecto Térraba del tiribí, hablado en Costa Rica, Pittier y Gagini (1892: 79) afirmaron: 'el idioma de Brurán no tiene literatura:

los térrabas no cantan, y las leyendas del pasado tampoco se trasmiten'"
(12). El hecho de que Constenla Umaña aceptara la aseveración de otros
estudiosos sin siquiera cuestionarla, deja en claro que no tenía interés
alguno en estudiar el tema y no tenía información sobre la existencia de
la comunidad hermana näso-teribe en Panamá.

Antes de pasar a hablar directamente del libro, quería dejar en claro
su intención como parte de un proyecto, que era promover y generar
la emergencia de un movimiento literario indígena en Costa Rica, uno
que eliminara la tradición de analizar lo indígena desde el punto de
vista antropológico, sociológico y lingüístico, dando pie por medio de
las narrativas literarias a aceptar la intelectualidad que allí se desarrolla.
El libro, entonces, tiene la función de ser una herramienta investigativa
propia, desde la cultura indígena misma; se fundamenta teóricamente
de una manera accesible a otros conocimientos, y principalmente sirve
para movilizar otros movimientos literarios en la región.

Hablé del proceso de los talleres literarios y cómo cada persona,
basándose en su interés obtenido de la lectura de otras narrativas indígenas
de diferentes partes del Abya Yala, decidió escribir algo propio. Leí
fragmentos de cada escritor para contextualizar la información que estaba
dando. En ningún momento traté de parecer el representante de ellos, e
informé los motivos por los cuales los escritores no habían podido asistir,
a excepción de Marcos, quien iba llegando en ese momento. Le pedí a
Marcos que subiera al podio y le cedí la palabra, fue así que el habló
de su experiencia como indígena en el país, como director del liceo y el
proceso que llevó a cabo para escribir.

Al terminar la presentación cedimos la palabra al público para que
hiciera preguntas, y la primera participante pidió que leyera un poco más
del libro. Después de otra pequeña lectura pedí al público que hiciera
más preguntas, pero la única reacción que obtuve fue que este era un
tema nuevo para ellos, y sinceramente no sabían qué preguntar, que lo
único que podían hacer era aprender. Fue así que dimos por terminado
el evento, y pasamos a los refrigerios. Natasha, la hija de don Fernando,
se encargó de vender los libros que teníamos disponibles para el evento

y a los cinco minutos del final se me acercó para decirme que se habían vendido todos.

Sinceramente no tenía idea alguna de cómo fuera a resultar el evento, y debo decir que quedé satisfecho, puesto que se dio a conocer un nuevo tema. Esto me hizo ver que hay mucho trabajo por hacer en Costa Rica en cuanto a las literaturas indígenas, primero a nivel comunidad, y después seguir con su colocación en un espacio más abierto a la crítica, como los centros universitarios del país.

7. Domingo, 22 de noviembre de 2015

Presentación del libro en el centro comunal de Térraba

Llegué a Térraba el día anterior a medio día. Después de asentarme, descansar un poco y hablar con doña Elides de la presentación en Trincheras, salí a casa de don Enrique para ver qué necesitarían para hacer los tamales para el día siguiente. Al llegar me encontré a don Enrique acostado en una hamaca leyendo la antología y me dijo: "Tapia, venga para darle un abrazo, esta es la segunda lectura que le doy al libro y no pierdo la emoción; ¡qué bueno está!". Me hacía muy feliz que lo estuviera disfrutando, y más que nada aprendiendo sobre los otros escritores, pues aunque los conocía personalmente leía cosas que demostraban una visión profunda de muchos temas, incluyendo los mismos de los que él había escrito. Sobre estos últimos, comentó que leer versiones diferentes a la suya le ayudaba a recordar muchas cosas más que había olvidado, y agregó: "estas versiones diferentes no son para debatir quién tiene la razón o no, son para aprender más, Tapia". Me alegraba escuchar esas palabras, quizás por estar acostumbrado a los debates sobre la verdad y las únicas interpretaciones válidas de las cosas. Don Enrique me entregó una lista de cosas que necesitarían para hacer los tamales, así que tomé el bus para Buenos Aires para comprar las cosas. Esa era mi contribución para el evento.

Al día siguiente por la mañana me fui al Centro Comunal para limpiar, barrimos y lavamos el piso con jabón, y acomodamos las mesas. Para el medio día todo estaba listo, solo era cuestión de esperar que llegara la hora del evento.

Un poco antes de las cuatro de la tarde llegó don Paulino, venía cargando la comida y su ejemplar del libro. El resto de los escritores comenzaron a llegar un poco después de la hora acordada. Llegaron aproximadamente unas treinta personas, y a las 4:30 dimos inicio a la presentación. La mía fue pequeña, me limité a hablar de cómo había surgido el proyecto y la importancia de promover la creación de narrativas indígenas. Hablé de otros escritores y los logros que han tenido por medio de sus textos, como el caso de la escritora wayuu, Estercilia Simanca Pushaina, quien en esos días acababa de lograr que se implementara el cambio de nombres en las cédulas de identidad de esa nación. A continuación, pedí que cada escritor hablara de lo que significaba para ellos haber participado en la antología, que comentaran sobre el trabajo de las y los compañeros y finalmente que leyeran un fragmento de lo que habían escrito.

El primero en participar fue don Paulino, quien destacó la importancia del libro para inspirar a los jóvenes de la comunidad a continuar el legado que la antología inaguraba. Pidió que se considerara la antología como un libro de texto obligatorio para el colegio, ya que finalmente la comunidad tenía escritores locales con los que se podía identificar. Dijo que era un orgullo para él compartir esas páginas con tan buenos escritores, destacando lo que le había gustado de cada uno. Nos leyó el cuento que escribió sobre el río Térraba y cuando terminó, los aplausos y chiflidos estallaron de emoción. La siguiente persona en participar fue don Enrique Rivera, quien habló de hacer una reforma educativa aprovechando la autonomía que el sistema educativo les había asignado para hacer cambios, principalmente con la antología en mano, ellos demostraban tener la capacidad de pensar por ellos mismos, expresándose de diferentes maneras como la poesía, el cuento o la historia. Como no podía leer por falta de luz, pidió a su hijo Jehry que leyera la biografía al público. El sol se había ocultado y a falta de electricidad en el Centro Comunal, las siguientes lecturas se dieron bajo las lámparas de los celulares.

A continuación, habló doña Elides, destacando mi presencia y cómo este proyecto había resaltado por encima de muchos que otras personas habían hecho en la comunidad, puesto que se enfocaba en reconocer la intelectualidad y la capacidad de escritura que existe en los bröran-térraba. Animó a todos a seguir escribiendo y a invitar a más personas a hacerlo, pues entre más libros tuvieran mejor armados estarían en la lucha social. Entonces nos leyó un par de poemas y dio la voz a Marcos.

Marcos se limitó a decir que gracias a esta antología él se sentía inspirado a seguir escribiendo sobre las historias de Térraba y sus movimientos sociales, ya que era mejor que fueran contados desde el punto de vista de alguien de la comunidad y no por alguien de fuera, pues esa ha sido la costumbre heredada desde tiempos de la colonia. Leyó un fragmento del testimonio sobre la toma del colegio y aclaró que esa historia no era suya, sino de todos los que habían participado en ese gran movimiento y logro. La siguiente persona en participar fue el poeta Jarol Segura, que agradeció a todos los participantes de la antología, a Editorial Paroxismo y a mí, por haber creído en él, e impulsar a la nación Bröran a embarcarse en el camino literario con una antología que funcionaba como un fusil de ideas. Leyó sus poemas "Sentado en una silla" y "Sangre". Al final de su lectura la gente se puso de pie y le aplaudió con mucha intensidad. A Jarol se le salieron las lágrimas y les dijo: "nunca pensé que la gente fuera a reconocerme como poeta, algo que siempre quise ser, y luchar desde aquí". La gente siguió aplaudiendo y varias personas gritaron: "Jarol, no dejes de escribir".

A continuación, habló doña Aydé, la mamá de Jarol; dijo que para ella esta era una experiencia nueva, nunca antes había escrito y ahora que lo había hecho se daba cuenta de lo agradable y poderoso que era, y que había llegado a esa conclusión después de haber leído toda la antología. Valoraba mucho las contribuciones de todos, y agradeció que la gente haya escrito su voz para llevarla a muchos lugares del mundo. Ella decidió leer su historia, mientras lo hacía la gente escuchaba atentamente, y cuando terminó agregó: "Esta historia, aunque es personal no solo me representa a mí, sino a muchas mujeres indígenas que han tenido que pasar por lo mismo. Decidí escribirla para darme cuenta de que no estoy sola, y que las mujeres indígenas no estamos solas, nos acompañamos en la lucha y vamos siempre de la mano". La gente se emocionaba cada vez más con cada participante. La alegría se sentía en el lugar y pudimos ver las sonrisas en las caras cuando alguien corrió una extensión eléctrica con un bombillo que colocó al centro del círculo de gente. Fue el turno de Yanet: agradeciendo a todos dio inicio a la lectura del poema que dedicó a Sergio Rojas, líder bribri y preso político. Al terminar su lectura explicó el trasfondo de este, y habló de las dificultades que enfrenta al ser mujer, policía e indígena en un sistema machista, y terminó su participación resaltando a las mujeres que escribieron en la antología, recordándoles a todos los presentes que dentro de las comunidades el machismo está presente y por medio de la escritura se puede eliminar.

El último en participar fue Onandi, el menor de todos los escritores. Inició diciendo que para él escribir era relajante y que gracias a mí había encontrado una motivación para seguir escribiendo, que esperaba en un futuro publicar un libro que representara a los niños y niñas de la comunidad. Sus poemas eran cortos y leyó cinco de ellos, cada vez que terminaba uno la gente reía y aplaudía, y al finalizar, le pidieron que no dejara de hacer poemas, pues obviamente era muy buen escritor. Con la participación de Onandi dimos por concluida la presentación. Desgraciadamente Paolo no pudo estar presente debido a que no encontró a nadie que le cuidara su campamento esa noche. Di por terminada la presentación recordando que aquí cerrábamos un ciclo que tomó un poco más de un año en realizarse, logrando la meta de iniciar un movimiento literario indígena en Costa Rica, que se afianzaba en el título del libro: "Hasta que muera el sol", es decir, las narrativas indígenas de Costa Rica seguirán surgiendo gracias a ellos y ellas. Uno de los invitados, Ricardo Caminante, pidió a los escritores y a mí posar para una fotografía grupal; fue muy significativa, pues nos colocamos delante del mural. Todos sonreían y se abrazaban, y el resto de los invitados también tomaron muchas fotos que pasaron a ser virales en internet.

FUENTES DE INFORMACIÓN

La información fue recopilada a través de entrevistas a personas adultas que observaron y practicaron esta actividad durante muchos años, como Mamerto Ortiz, Rómulo Flores y muchos otros más.

Mamerto Ortiz

encantado quedarme más tiempo, era imposible. Para las ocho de la noche la gente comenzó a retirarse, yo estaba cansado y al día siguiente tenía que viajar a la ciudad de San José para la entrevista de radio. Saldría con Yuba a las siete de la mañana, y sería un viaje largo. Llegué a la casa a descansar y me puse a escribir un poco. Pensaba ¿cómo es que podría teorizar la alegría de la gente? ¿Acaso existía alguna regla o teoría para entender la satisfacción de los escritores con los resultados del libro? ¿O acaso valía la pena? Sinceramente no, era mejor esperar el paso del tiempo para ver los resultados producidos por la emergencia de nuevos escritores.

Al día siguiente tomamos el bus para Buenos Aires. Al llegar allá nos dirigimos a la ventanilla de la compañía de buses para comprar el boleto a San José. Inmediatamente después entramos a una soda (un restaurante) a tomar café y para desayunar algo. Buenos Aires es una ciudad donde uno encuentra conviviendo a los indígenas del sur: bribris, bröran-térrabas, brúnkajks y cabécares. En ese mercado salen los buses para todas estas comunidades. Lo interesante es notar que el racismo es muy alto y, como mencionaba anteriormente, es muy violento. A las nueve de la mañana salimos para San José. Mientras conversábamos, Yuba me mencionó un proyecto de libro que estaba haciendo con el Ministerio de Cultura y Juventud. Era una colección de historias contadas por miembros de la comunidad bribri en el Asentamiento Caña Blanca, las cuales habían recopilado en entrevistas y también habían pedido a niños de la escuela local que hicieran dibujos que representaran las historias. Precisamente iba a San José para hablar con una editorial que estaba interesada en publicarlo.

Fue entonces que me pidió que leyera el libro, pues tras haber leído la antología se daba cuenta que yo les podría ayudar con la edición. Sacó su laptop y me mostró el documento. Durante el viaje lo leí un par de veces marcando errores y haciendo observaciones. El libro era muy bello, tenía como intención reforzar las historias orales y transmitirlas a los jóvenes para que estas no murieran. Pregunté a Yuba si notaba alguna diferencia entre nuestra antología y este libro. Contestó que el libro de los bribri, que tenía por título *Experiencias cercanas con nuestros ancestros*, a pesar de que tenía una buena intención, seguía utilizando los mismos métodos de compilación antropológicos, es decir, la transcripción-recolección de historias contadas por los indígenas y organizadas en la escritura desde la perspectiva letrada. Añadió que para él habría sido mejor promover la escritura hecha por los indígenas directamente, y aunque lo había sugerido no recibió atención. En cambio, decía que la antología *Hasta que muera el sol* dio las herramientas para iniciar una cultura literaria, intelectual, a partir de la iniciativa de la persona indígena que escribe. Hablamos entonces de seguir con el proyecto literario en las comunidades indígenas, y cómo en un futuro, él trataría de ser el gestor.

Llegamos a San José a las dos de la tarde, caminamos de la estación de buses al centro para tomar otro con dirección a la Universidad de Costa Rica en San Pedro. Entramos a una soda bar para comer, y mientras estábamos allí me llamó Mario Leyva, un chico brúnkajk de Curré. Dijo que pasaría por allí más tarde para hablar sobre la edición y publicación de un par de libros en los que estaba trabajando. Al terminar de comer Yuba me envió el borrador de *Experiencias cercanas con nuestros ancestros*. Estaba en versión PDF y había que convertirlo a Word para poder hacer los cambios y en mi computadora tenía un programa para hacerlo. Fue entonces que nos dimos a la tarea de editar el texto. Tardamos aproximadamente dos horas; tenía muchos errores ortográficos y el diseño no permitía editar sin que se arruinara todo el texto. Fue un trabajo arduo y detallado, pero logramos terminarlo a tiempo antes de que llegara Mario Leyva. Una de las hipótesis que tenía con mi tesis de por qué las literaturas indígenas no emergen se comprobaba una vez más con este libro: no se promueve la escritura (en todas sus variaciones) en las comunidades indígenas, y las instituciones se siguen limitando a ver lo indígena como algo folklórico que puede ser observado desde la distancia y no como seres humanos con capacidades intelectuales que pueden escribir ellos mismos directamente y hacerlo bien.

A Mario Leyva lo conocí por medio de *Facebook* cuando "postéo" uno de sus escritos dedicado a Sergio Rojas. Esa vez le hice unos comentarios sobre lo bien que estaba escrito y le pregunté si ya había publicado un libro, cuento o algún poema en algún lado. La respuesta fue no, que no pensaba que era buen escritor y que nadie antes de mí se lo había dicho. Comencé a enviarle textos de varios escritores indígenas de Abya Yala. Es un chico que lee bastante, pero no conocía a ningún escritor y mucho menos había escuchado hablar de escritores indígenas. Con el tiempo me confesó que el material que le había mandado le había inspirado para dedicar más tiempo a escribir y a forjar su identidad indígena por medio de la narrativa. Al momento que llegó lo recibí con un ejemplar de *Hasta que muera el sol: antología de escritoras y escritores indígenas Bröran-Térraba* y otro de *Uk'u'x Kaj, uk'u'x ulew: antología de poesía maya guatemalteca contemporánea* de Emilio del Valle Escalante. Dijo que eran los mejores regalos que había recibido en mucho tiempo, que eran unas armas que utilizaría para forjar la meta de tener un libro a finales del 2016. Hablamos de lo que le gustaría escribir y cómo es que podríamos publicarlo. Le recordé que Editorial Paroxismo estaba comprometida a seguir publicando narrativas indígenas contemporáneas y había que aprovechar la oportunidad, pues es difícil encontrar quien se ofrezca de esa manera. La conversación quedó corta, pues llegó Laura para recogerme e ir a su casa, cenar y descansar esa noche para la entrevista del día siguiente.

8. MARTES, 24 DE NOVIEMBRE DE 2015

Entrevista en el programa "Historias Paralelas" en la UNED para Radio Nacional

Ese día por la mañana preparamos desayuno y después el esposo de Laura, Carlos, me llevó a las afueras de la UNED. Estaba cerca y no tardamos ni cinco minutos en llegar a pesar de que había tráfico. Al bajarme llamé por teléfono a Patricia Méndez Guerrero para que me indicara cómo llegar al edificio donde sería la entrevista. Al entrar al edificio tuve que registrarme con el guardia en la entrada. Me pidió mi cédula de identidad, la cual no tenía por no ser ciudadano costarricense, indicándole que sólo tenía una copia de mi pasaporte y que estaba allí para una entrevista con Patricia Méndez. El guardia era algo mayor, y contestó que tenía que consultar primero con sus superiores antes de aceptar mi pasaporte como identificación. La burocracia no se hacía extrañar, el guardia no me daba respuesta alguna después de diez minutos y solo me quedaban tres minutos para llegar a tiempo a la cita. Le comenté al guardia que llegaría tarde a la entrevista y que me urgía entrar. Después de explicarme los protocolos que tenía que seguir, finalmente dijo que haría una excepción. Caminé hacia el estudio de grabación y al asomarme por la ventana vi que Patricia Méndez estaba terminando una pequeña entrevista y por eso no había contestado a mis llamadas. Me dirigí a un área de descanso con unos sillones para esperar, y llegaron un par de maestras jóvenes hablando con una persona mayor sobre una beca para realizar videos educativos. El lenguaje que utilizaba la persona mayor era alambicado, lleno de palabras elevadas y con un aire de superioridad. Mientras la escuchaba hablar pensé que sería más fácil decirles a las chicas que no les daría la beca, que no cumplían los requisitos para obtenerla. Antes de adentrarme en mis reflexiones salió Patricia del estudio de grabación y me señaló con la mano que entrara.

Después de presentarnos mutuamente me dijo que el libro no era lo que esperaba; imaginaba que sería una recolección de escritos hechos por mí, y no escritos por los indígenas. Agregó que nunca antes había visto o escuchado de un proyecto como este en Costa Rica, y mucho menos que en las comunidades indígenas existieran escritores tan buenos. Precisamente esa era la intención de la antología, dar a conocer las comunidades indígenas desde sus propias perspectivas y voces, saliéndose de la monotonía académica del país de hablar por el indígena y usarlo como objeto de estudio. Me explicó cómo sería la entrevista y cuánto tiempo tendríamos, dijo que saldría al aire a mediados del mes de enero del año 2016.

Sobre esta entrevista quiero resaltar lo siguiente. La primera pregunta me sacó de onda, pues esperaba que toda la atención se centrara en el libro y no en mí: "¿Qué hace un mexicano en Costa Rica estudiando y promoviendo literaturas indígenas?" La respuesta era obvia, me había interesado en hacerlo al no encontrar escritores indígenas reconocidos en el país, y si contaba con las herramientas y el conocimiento para iniciar el movimiento tenía que aprovecharlas, no importaba de dónde era o vivía, y agregué que en los talleres vimos ejemplos de escritores indígenas de otros países. Enseguida cuestionó cómo en Costa Rica a nadie se le había ocurrido hacer algo por el estilo. Ella misma respondió que el país discrimina a los indígenas y sigue teniendo una visión europea, que ella misma lo había experimentado en su educación. Tiempo después, al escuchar la entrevista, noté que ésta última parte del comentario no fue incluida. El resto de las preguntas se centraron en el proceso de los talleres y la experiencia de cada escritor. Remarqué la meta del libro y la importancia de promover las literaturas indígenas, que muchas veces se encuentran relacionadas a la tradición oral (y es la tendencia de muchos estudiosos a verlas únicamente así), y también existe una expresión que se aleja de ella que se morfa con la realidad inmediata. En el caso de los bröran-térraba, es un arma de reivindicación cultural e identitaria, que sirve para contrarrestar los embates del sistema hegemónico que los desprecia. Por lo tanto, para ellos, el tener un libro significa estar a la altura intelectual y no necesitan que alguien llegue a estudiarlos o a escribir por ellos, pues con el libro demuestran de lo que son capaces, avanzando hacia sus autonomías territoriales y literarias.

Conclusión:

Haciendo caminos hacia la emergencia indígena literaria contemporánea

Retomo algo mencionado anteriormente por el autor zapoteca Javier Castellanos Martínez en su artículo titulado "El escritor indígena": "el joven indígena con aspiraciones literarias, de todas las ventajas que se han mencionado para el no indígena, solo tiene la última: inspirarse en la literatura en español que ha caído en sus manos". Hay que tomar en cuenta que en los estudios superiores y las universidades existe algún reconocimiento y estudio de estas literaturas milenarias, pero, ¿qué pasa a nivel básico y general? Como bien indica Castellanos Martínez, los ejemplos de estas literaturas no se promueven, haciendo casi imposible la formación de escritores indígenas contemporáneos. Como académicos debemos darnos a la tarea de promover las narrativas indígenas en la sociedad en general, no solamente limitarnos a un estudio desde la cúpula, reducido a unos pocos departamentos universitarios, a escasas revistas académicas de difícil acceso, sino promoverlas con talleres literarios dirigidos a los jóvenes indígenas, buscando la implementación de un *corpus* narrativo indígena a nivel comunitario y posteriormente educativo. Más allá de ver estas narrativas como objeto de estudio, es una obligación entenderlas como un arma capaz de influenciar a la juventud indígena en los senderos de la escritura y la resistencia que emerge de esta.

La experiencia de los bröran-térraba en su camino hacia la publicación de la antología *Hasta que muera el sol: antología de escritoras y escritores indígenas bröran-térraba* demuestra la importancia de dar a conocer otros escritores indígenas para lograr el surgimiento y una promoción más amplia de las narrativas indígenas de hoy en día, fortaleciendo la cultura de las naciones originarias en la literatura y todas sus variaciones. Muchos de ellos no conocían y no tenían idea de que existiera un movimiento indígena literario, y culpaban al sistema educativo del país por no dar a conocer esa información, pero ahora, con la antología publicada lucharán para que se incluya como libro de texto en la comunidad. Otra tarea que como estudiosos de estas narrativas tenemos es posicionarlas a un nivel que sea llamativo para la sociedad en general, con el propósito de generar conversaciones y colocarlas al nivel que merecen, no para competir con otros escritores o decir que las literaturas indígenas son mejores, sino para construir una estructura que las soporte, un tipo de cimiento donde puedan ser colocadas sólidamente para eliminar su invisibilidad. Recordemos el caso del *Boom* latinoamericano, sin la promoción de las casas editoriales no habría llegado a ser ese "*boom*". Hoy en día, se facilita más el hacer llegar estas narrativas a muchos lugares por medio del internet. Por lo tanto, el trabajo nuestro es parte de un activismo literario, desprendido del alejamiento de la cúpula académica, intercambiando saberes.

En Abya Yala tenemos que seguir el ejemplo de los hermanos y hermanas del norte, en la Isla Tortuga (Estados Unidos), de crear centros de estudios sobre indígenas para indígenas y por indígenas. Me refiero a la interesante experiencia de los departamentos creados en las universidades de Estudios Nativo Americanos (*Native American Studies*), donde se ha empoderado la filosofía indígena en pro de la resistencia intelectual literaria. Lysa Brooks en el libro *The Common Pot* (2008) nos habla de esos resultados en estos centros de estudios: "[...] scholars are increasingly calling attention to the need to recover and recognize (as Daniel Justice describes this process, 'to know again') the work of early native writers, which shows this process of adaptation in action" (xxvii). Si aplicamos la misma estrategia, usando los escritores ya establecidos para que las comunidades indígenas tengan ejemplos de dónde aprender, podemos comenzar a diseñar redes de trabajo comunitarias que permitan brindar apoyo, sirviendo como centros de operaciones accesibles a las comunidades. En dichos centros se podría establecer bibliotecas de textos indígenas escritos por indígenas, no limitándose solamente a estudios literarios, sino a toda la gama de campos de estudios en donde las comunidades originarias han entrado y desarrollado. La misma Lysa Brooks habla de su experiencia al leer a Linda Tuhiwai Smith: "When I was a graduate student, Linda Tuhiwai Smith's *Decolonizing*

Methodologies, which I first encountered in Robert Warrior's seminar at Cornell, crystalized my thinking" (xxvi). Por lo tanto, esas literaturas son de suma importancia para entenderse a uno mismo, ya que han marcado el camino a seguir, mejorándolo y expandiéndolo para las futuras generaciones. Este sería un punto central en el desarrollo y revolución del sistema pedagógico del país en el caso de Costa Rica, y sería el primer paso a tomar para conectar con todas las naciones indígenas del país. Teniendo un centro establecido entonces pasaríamos a promover una reforma del sistema educativo en las comunidades, pero surgiendo desde una iniciativa interna, aprovechando la reforma establecida en el año 2013, que facilita la autonomía educativa en los territorios indígenas del país.

El sistema educativo para las comunidades indígenas ha sido un fracaso general. En uno de los casos mexicanos reportados por Engracia Loyo en el libro *Historias, saberes indígenas y nuevas etnicidades en la escuela* (2006), editado por María Berteley Busquets, se nos recuerda el hallazgo de dos funcionarios de la Secretaría de Educación Pública (SEP) que analizaron el progreso del sistema pedagógico implementado por Vasconcelos: "Ambos constataron que, con frecuencia, la escuela era no solo ajena a las costumbres y necesidades de sus habitantes sino un estorbo en su vida cotidiana" (71). En el caso de Costa Rica no hay diferencia. En un artículo reciente de Rebecca Gibian y Diana Crandall, titulado "Why Aren't Costa Rica's Indigenous Students Graduating? A Community's Fight Against Technology" encontramos las estadísticas: "According to UNICEF, in 2012, the typical indigenous child in Costa Rica attended school for an average of 3.4 years total, after which many of them dropped out; the average time spent in school nationwide is 7.6 years. It is a complex issue with which community leaders and experts alike are grappling". La disparidad es grande, y nuevamente regresamos a lo que Castellanos Martínez escribe acerca de los modelos para seguir la escritura, en este caso, podemos decir que la escuela aún no está diseñada para atender las necesidades de los y las jóvenes indígenas.

Al encontrar su camino en manos de otros indígenas, la literatura de escritores indígenas ya establecidos abre puertas constantes que inspiran a escribir. El estilo de estas narrativas tiende a ser completamente abierto a los lectores, y puedo asegurar que el cien por ciento de las veces existe una familiaridad temática que los lleva a entender la importancia de la expresión escrita. Lo más difícil es hacer llegar esos libros a las comunidades, pues de otros autores ya existen y están presentes, recordemos el caso de Paolo Nájera aquí relatado, a quien encontramos en la recuperación de una finca, leyendo obras literarias de no indígenas que la gente le había regalado; entonces, si pudiéramos ampliar la distribución lograríamos un impacto más grande, no solo en las comunidades del Abya Yala, sino en toda la sociedad en general.

Antes de salir de Térraba tenía planeado hacer unas entrevistas a los escritores. Desgraciadamente por cuestiones laborales y de tiempo solo pude hacerlo con don Enrique Rivera Rivera. A continuación, transcribo la entrevista, puesto que ayuda para entender cuál es el impacto que la antología logró tener con su producción.

1. ¿Qué significa para usted este proyecto? "Me parece importante que mucha historia que contaron nuestros abuelos, que contaron los mayores, nosotros estamos detrás y tenemos que contarla, para que la niñez se dé cuenta de dónde venimos, y ver cómo es que asumen ese interés. El libro debe llevar un espíritu de la verdad, de la historia propia del pueblo".

2. ¿Qué es lo que piensa de la práctica de la escritura? "Siempre me ha gustado, lo único es que necesito tener en primer lugar tiempo, algún recurso, para poderme dedicar, pues tengo muchísimas cosas que escribir. Y no sólo mías, sino que tengo de otros [temas] que ellos me cuentan, ellos no pueden escribir, ellos me tienen confianza, piensan que la seriedad es muy importante para poderles demostrar a nuestras familias, a la juventud por qué es muy importante".

3. ¿Ha escrito algo desde la última vez que estuve aquí? "No, he escrito solamente borradores de ideas, pues siempre tengo muchas cosas que hacer, en el campo y todo tipo de cosas, quería ver que saliera primero este libro para ver cómo funciona también".

4. ¿Qué significa para usted tener un libro que incluya escritos suyos? "Es algo muy importante, me gusta bastante y por eso me he dedicado más a leer lo que escribí, y por eso las dos veces que he leído el libro solo mi parte, no que no me interesa lo demás, sino que quiero mejorar lo que yo escribí, pero en cuanto mejore lo mío leeré con mucha atención lo de los demás, para también aprender más".

5. Ahora que tiene algo publicado, ¿siente más ganas de escribir? "Sí claro, y quiero sinceramente recibir una ayuda para poderme dedicar más, pues es difícil hacerlo, serán libros no sólo para mi pueblo sino para mucha gente".

6. ¿Qué le gustaría escribir? ¿Para qué o para quién? "Como ya inicié un poco de escritura sobre el pueblo Bröran, quiero dar el seguimiento, porque es lo que viene y seguir escribiendo hasta que muera, quiero escribir un libro personal, sobre mi vida, le tendría que buscar un nombre, será un libro para mis nietos y bisnietos, pero tengo que encontrar un amigo para hacer esto. Pronto trabajaré poco en el campo, entonces podría descansar escribiendo, tengo que escribir poco a poco pues mi vista no está bien".

7. ¿Le gustaría promover la literatura indígena por todo el país? "Claro que sí, estoy conversando con amigos de otras comunidades sobre los talleres y el libro, hay mayores que están muy interesados y habría estudiantes que también pueden hacerlo. Nosotros podemos aconsejarlos, hoy día hay que acomodar lo que llaman el desarrollo con nuestra vida, entonces hay que sentarse a pensar eso".

8. ¿Le gustaría compartir con escritores indígenas de otros países? "Claro que me gustaría, porque sería algo muy lindo, muy importante, precioso, quizás podríamos hacer un festival aquí. Lo único es que me gustaría saber escribir mi lengua para compartirla con los demás, la hablo poco, pero no suficiente".

9. ¿Qué opina sobre usar este libro como libro de texto en el colegio? "Sería muy importante, es por eso que no he tenido tiempo para leerlo completo, pues debe tener seriedades, entonces los muchachos pueden

decir que no es cierto lo que digo, el libro debe ser serio, con pocos fallos, hay que revisarlo un poquito, y ver si lo acomodamos en el colegio, además todos los profesores tienen que estar de acuerdo, toda la escuela y toda la gente. Los niños tienen que ver que es interesante, que los abuelos que no tenían ni teléfono están haciendo estas cosas".

10. ¿Qué piensa usted que se logró con este proyecto? "En lo personal me siento bien, tranquilo, lo que escribí es por primera vez y a esta edad, sin sentido de vacilón, sino que quería hacer algo histórico, lo veo muy educativo, porque no estamos como hablando sin base, sino que partimos de una base y de esa base tenemos que seguir adelante, en lo general de todos, creo que cada uno tuvo como interés o algo que les salía de repente, como venía hace rato escribiendo solito, ellos sacaron poesía, algo espontáneo. Y el libro nos hace ver que podemos hacer algo desde dentro de la literatura, entonces ahora el libro da el ejemplo a los jóvenes para que se inspiren a escribir sobre lo que quieran, sobre una planta, como ésta que está aquí, la yerbabuena, antes había por todos lados, y ahora cuesta mucho encontrarla y entonces esa yerbabuena que servía medicinalmente para muchas cosas, curar dolores, ahora nadie le pone atención. También había una a la que le decíamos coquillo, servía para muchas cosas, ahora se perdió, entonces se puede hacer un librito sobre eso, y hasta yo puedo hacerlo y queda escrito para educar".

Una de las conclusiones más importantes que tengo de todo el recorrido que hicimos por algunas comunidades indígenas, es que el deseo de escribir siempre está presente en todas las personas mayores. Muchos de ellos y ellas quieren escribir un libro que guarde las historias propias y la de los antepasados, las de lucha comunal y con otras comunidades. Como bien responde don Enrique a la pregunta número siete, él ya ha hablado con otros mayores de otras comunidades, promoviendo el proyecto porque sabe que sus amigos tienen un interés muy grande en no dejar morir su legado, las historias orales que podrían morir con ellos. Otras personas, como Jarol Segura, doña Elides y Ana Yanet, ven en la poesía un arma que incluye una variedad de temas que sirven para educar a cualquiera que los lea. Desgraciadamente la literatura para muchos y muchas de ellas es algo distante, no por el hecho de que no existan los deseos de escribir, sino por falta de promoción de esta práctica. Podemos especular sobre las diferentes causas, pero no es necesario, pues está claro que existe un legado colonial e imperialista que ha usado la escritura como un arma en contra de las comunidades originarias. Existe una conciencia del poder de estas, y permitir que sea adoptada por aquellos que han sido oprimidos sería entrar en una guerra que pueden perder. Para entender esto tenemos que cambiar el título del ensayo de Audre Lorde "The Master's Tools Will Never Dismantle the Master's House", es decir no se busca desmantelar el sistema, sino aprovecharlo para lograr una liberación interna expresando las ideas propias, influenciadas por el pasado y la resistencia.

Como vemos en la antología resultado de los talleres, en los muchos casos donde destaca la oralidad, esta busca abrirse camino en la escritura, no como una traición a las costumbres, sino como una manera de transición que emerge en la lectura. También, como podemos ver, muchos de los escritores no se limitan a buscar rescatar ese pasado remoto, sino buscan construir un futuro a través de la poesía, el cuento y el testimonio. Las literaturas indígenas en su emergencia tienen vida y se hacen sentir constantemente, deben ser escuchadas y leídas, pues existirán "Hasta que muera el sol".

APÉNDICE

HASTA QUE MUERA EL SOL

ANTOLOGÍA DE ESCRITORAS Y ESCRITORES INDÍGENAS
BRÖRAN-TÉRRABA

VARIOS AUTORES

Compilación de Jorge Alberto Tapia-Ortiz

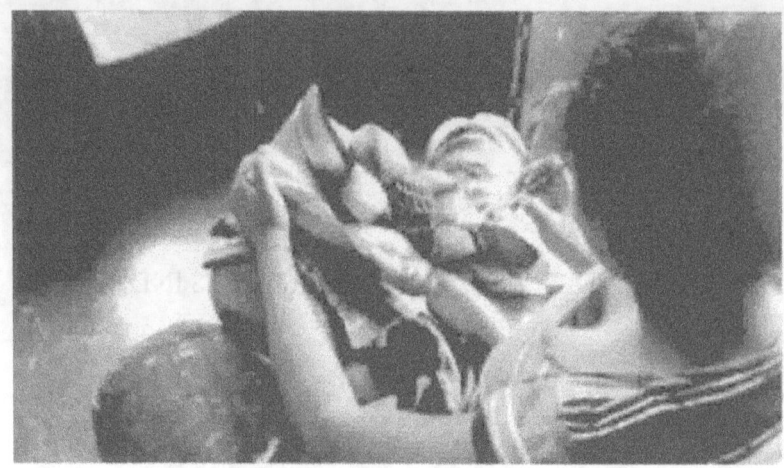

AIDÉ RIVERA NAVAS

Doña Aidé Rivera Navas vive con su familia, la cual es muy unida, en la comunidad de Térraba. Ella se siente muy orgullosa de todos ellos. Doña Aidé es madre, esposa, hermana y también trabaja en artesanía, especializándose en bisutería. A ella le gustaría que este trabajo sirva como un legado para sus hijos, para que ellos recuerden su forma de vida y que ella siempre luchó mucho por salir adelante. Este es su primer trabajo escrito.

Recuerdos de mi vida

Cuando yo estaba en mi casa con mis papás la vida era muy dura. El trabajo de las mujeres es mucho: lavar en la quebrada, cocinar, recoger las cosechas de todo lo que sembrábamos, como arroz, café, cacao… Yo le digo a mis hijas que yo no sé lo que fue tener una niñez o juventud. La única opción para "descansar" era hacerse de una pareja. En mi caso escogí a Milet y me junté con él. No teníamos la opción de escoger mucho, simplemente se escogía a una pareja y ya. Yo me fijé en la familia de él porque muchas de las tareas que en mi casa eran de mujeres en esa familia las hacían los hombres.

En un principio no estaba enamorada de él, pero al final me conquistó. Él no es indígena, y por eso la familia de él tenía problemas conmigo y lo aconsejaba que me maltratara y me golpeara, pero yo no me dejaba. Pasé de hacer el trabajo fuerte de la casa de mis padres a ser madre. Él me decía que me veía TAN linda embarazada que pasé muchos años teniendo hijos. Tuve siete entre mis 20 y mis 32 años. Yo pasé todos mis embarazos llorando. Veía como se deterioraba mi cuerpo y busqué entonces la manera de no volverme a embarazar. Tuve que hacer muchas vueltas para poder lograr operarme. Yo llegué a entender que cuando él me decía que me veía bonita embarazada en realidad no era que me veía así bonita, sino que era una forma de él de controlarme y de mantenerme ocupada porque entendí que él era muy celoso.

Yo comencé a entender que yo, con tantos niños, tenía muchas necesidades y que yo también necesitaba aportar a la economía del hogar, pero eso me sirvió para comprarme problemas con él porque cuando yo llegaba de trabajar, sin necesidad de decirme nada, yo veía el gesto en su cara. Él se ponía furioso a pesar de que yo no me dejaba. Yo nunca le peleé a él ante mis hijos, entonces ellos se criaron pensando que nosotros no peleábamos, pero sí lo hacíamos, solo que yo esperaba que todos se fueran a dormir para que discutiéramos. Yo comencé a salir y a participar de proyectos como de viveros (16,000 plantas) con un grupo de mujeres que luego vendimos al ICE, y después me reinventé como artesana y trabajando con bisutería y otras artes. Mis hermanas me han dicho que me separe, pero yo no considero que separarnos a estas alturas y después de tantos años sea lo correcto, por nuestros hijos. Ahí vamos saliendo. Al final yo pienso que no es que aparentamos, pero sí ha habido una unión y hemos superado un montón.

Con uno de mis hijos al que le gusta salir con los amigos he conversado mucho con él y él ha decidido apartarse de esas amistades que a veces lo llevan a hacer cosas indebidas como tomar de más. Yo siento que con nuestro ejemplo nosotros como pareja podemos ayudar a nuestros hijos a tomar mejores decisiones.

Por otra parte, el apoyo de mis hermanas ha sido muy importante para sobrellevar muchas situaciones y por el apoyo de ellas también he logrado involucrarme en varios proyectos. También por medio de la iglesia he encontrado apoyo que para mí es muy importante. A veces entro en depresión, pero sé que como seres humanos no podemos ser perfectos. Yo nunca reniego de mis padres a pesar de que nos pegaban y yo a mi mamá no le reprocho eso porque sé que ella se crió en unos tiempos de mucha rudeza donde a veces pasaba todo el día volando machete para llegar a la casa y seguir con el trabajo de la casa. Lo mismo con mi papá a quien recuerdo perfectamente. La primera vez que a mi mamá le pegó un infarto a mí me dijeron que se había caído, entonces me fui a verla con la idea de que se había golpeado, y cuando yo la vi yo no sé de donde saqué las fuerzas, pero la levanté y mi hermana Isa la tocó fuerte en el pecho y el doctor dice que eso fue lo que la ayudó a vivir. Después de ahí la seguimos cuidando. Aun así, yo no la vi morir. Ese día, yo me enfermé terriblemente y no pude salir. Al día siguiente me sentí bien, entonces fui a verla después de dejarle comida a un comensal que tenía y me di cuenta de que ella ya se nos iba, entonces mandé a llamar a mi otra hermana mientras Ana (la menor) se quedaba acompañándola. En lo que fui a la casa por mi biblia, ella falleció y no me tocó verla fallecer. En ese momento sentí una fuerza de acostarme a su lado, pero no lo hice porque no quería que la gente me acusara de hipócrita. Lo que sí hice fue arrodillarme a su lado y mis palabras a ella fueron estas: "gracias mamá por tantas veces que caminaste esas distancias a trabajar (a Veragua) para darme el alimento a mí y a todos mis hermanos". Después de eso yo fui la que salí a buscar el doctor y a hacer todas las vueltas necesarias. Me encontré de una vez al padre y alisté la misa. Mis hermanas ninguna tuvieron las fuerzas para acompañarme, así que cuando a las tres llegó mi hermano Cecilio, él me fue a acompañar porque yo andaba haciendo todas las vueltas sola.

Es interesante el tema de perder a nuestras personas queridas: yo a mi padre lo recuerdo siempre en dos épocas específicas, durante Semana Santa y en Navidad. Aun así, cuando mi hija Nancy se casó yo tuve la urgencia por dentro de que mi padre estuviera ahí conmigo. Después de conversar mucho con una amiga, ella me ayudó a superar ese sentimiento. Yo a mis padres, no sé por qué, nunca los sueño.

ANA YANET RIVERA NAVAS

Ana Yanet Rivera Navas nace el 29 de julio de 1968 en Buenos Aires, Puntarenas, Costa Rica. Es madre de tres hijos: una niña y dos varones. Es oficial de policía y le gusta escribir porque de esta manera como mujer o persona se puede expresar mejor y ser más libre; también expresar sentimientos, ideas o mejor aún, la escritura es una forma de protesta que puede lograr grandes cambios en la cultura. Durante su tiempo libre le gusta coser y escribir.

La noche

Cuando llega la noche
y con ella la paz de su seno,
me gusta mirar en su interno la sombra
de la montaña en el pasto,
en el patio de mi casa
y así contemplo a mis hijos dormidos y la noche,
regalos de mi madre naturaleza.
Y al amanecer
la brisa me hace reaccionar
con un suspiro lleno de esperanza
para mi pueblo que lucha incansable
por estas dos razones de nuestros corazones:
nuestra naturaleza y nuestros hijos,
que Sbö nos ha encomendado en este pedazo de
                              tierra donde nos postró,
y que con amor lo cuidamos.

Mi hermana

A mi hermana bella, linda, hermosa.
Mujer luchadora
que con tanta pasión amas lo que haces
y así a tu pueblo y tus semejantes.
Con las manos llenas de frutos que sembrarás en
                        el pueblo, en las personas
y un día darán su fruto.

Oh hermana mía,
gracias doy a Sbö por ser mi hermana,
que así como eres
no puedes verme con hambres de algo,
que sé que allí estarás tú
para aliviar mi pena, hermana, hermana mía.

Mi parcela

Me das de comer sin ser mi madre;
tienes los frutos que la naturaleza te ha dotado para
que me ayudes a vivir
a mí, con mis hijos.
Eres generosa por todo lo que se te planta
y lo que está plantado en ti da su fruto.

Tienes la sombra para descansar
y mecerme junto a mis hijos.
Eres mi casa sin techo,
tienes muchas entradas,
igual muchas salidas.
Por eso te amo,
porque me das paz en mi corazón,
en mi mente,
a mí, a mis hijos,
con todas las flores y los perfumes que de ellas
nos dejas sentir.

Eres maravillosa, te quiero,
y por eso duermo arrullada entre tu seno,
te abrazo con mi mente y mi corazón.
Así como me anidas, anidas a las aves
y a todos los animales.

De vez en cuando me sorprendes
cuando en tus ramas están las aves o algún animal
que has traído para dejarnos disfrutarlo
y que aniden
y tengan a sus hijos igual que yo
dentro de ti.

El engaño y la desilusión

Sentí emoción, satisfacción, ¡un al fin llegó el día!
Pensaba, este es el inicio.
Así estuve varias horas.
No decía nada, ese sentimiento mío era en silencio.
Veía a mis compañeros que los mandaban a dormir,
que descansaran.
Yo decía ¡sí!, seguro sí es esta vez, pensé yo.
Este momento es intenso,
pensé que no me iban a mandar por ser yo,
por ser del color de la tierra,
por amar la naturaleza, a la madre tierra,
pero me sentía plena con todos estos sentimientos
así por varias horas,
hasta que llegó alguien importante
y me dijo: "no es lo que tu piensas"
y yo escribí a las 6:30 de la mañana:
"la montaña está oscura,
la montaña está triste,
está llorando".
Porque iban a detener a un defensor de la naturaleza,
al defensor del medio ambiente,
al defensor de todos.
Yo pensé: quieren hacer daño al ave nocturna que
                                                    cuida,
que cuida a la madre naturaleza
el ambiente.
Yo sé que la montaña lo cuida,
lo protege a él y a los otros.
¿Qué fue lo que hizo mal?
Hacer el bien, el único valiente,
el único que se atrevió acompañado de unos pocos
y de mujeres hechas del barro,

que respiran la pureza de la montaña
y que toman ese trozo de madera para continuar
                                        adelante
acompañados de muchos derechos que se les
tienen
invisibilizados
pero que ellos saben que allí están
y nadie se los va a dar más que ellos mismos,
los tienen que ir a tomar.
Mi corazón está sufriendo
y mis ojos lo dejan ver
porque la montaña llora y yo también,
es un grito en la montaña.
¡¿Hasta cuándo?!
tomémonos de las manos hermanos.

Bruín Bloran Kabekwak

Es indígena, tiene 22 años, es estudiante de la tradición del Pueblo Blöran, especialmente de la memoria oral. Es creyente en la soberanía de los pueblos indígenas para decidir sus propios destinos y tiene la gran esperanza de ver a su pueblo vivir en libertad nuevamente algún día. Le gusta escribir y leer, hoy en día se dedica a trabajar la tierra.

Segundo indicio de libertad

Yo sólo lo escribiré como me lo contaron:

Dicen que no hace tanto, un par de los nuestros, de ojos negros rasgados, pasaron frente a uno de los monumentos del poder colonial que castigó a nuestra tierra, dicen que sin hablar –porque en esas épocas las palabras estaban prohibidas– se pusieron de acuerdo en silencio, siendo breve el diálogo con los ojos para evitar sospechas de la gente, especialmente del patrón blanco, pues si este quería nomás no pagaba el día de trabajo. Además, los capataces tenían buenos oídos y era mejor, por eso se hablaron con los ojos y estuvieron de acuerdo.

Yo solo digo lo que pasó, aunque ahora a muchos les cueste creer, pero ellos, los de los ojos negros rasgados encendieron una llamita en una gran estructura de madera que tenía vitrales italianos y que en su techo tenía una cruz, de paso incendiaron otras pequeñas casitas, como lo era la casa del patrón y de los peones del patrón –los peones eran un poco menos civilizados que el patrón, pero aspirantes a serlo–. Así los de ojos negros rasgados fueron llevados con escolta incluida a los emisarios del poder civilizador, a su territorio civilizado, muy lejos de esta tierra. Eso sí, ellos los de ojos negros rasgados no tocaron ni un pelo de las mujeres, y no mataron a ningún niño y no dieron un garrotazo más que los necesarios a los hombres, y no insultaron ni profanaron la sede de ese Dios de otro cielo, no por temor a este sino porque hacerlo era cosa de gente civilizada.

Apenas llegados a su antigua capital, los civilizados informaron a uno aún más civilizado que los salvajes habían rechazado ser parte de esta gran nación –porque nunca se les ocurrió pensar que los salvajes ya tenían una nación que compartían con sus hermanos de otros pueblos igual de salvajes–. Pues según los civilizados en sus pequeñas mentes los salvajes no entendían el poder divino ni que en la lógica del mundo civilizado el que manda es el que tiene dinero –cosa que a los otros les parecía absurda–; también decían que los salvajes habían rechazado inclusive ser protegidos por las tres divinas personas. El sujeto y otros igual de civilizados que él decidieron que este suelo, este cielo y todos los que lo habitan eran salvajes, y que sería utilizado como sitio de destierro a donde se enviaría a cualquier civilizado con alguna desviación de civilización (o mataba al que no debía, o violaba sin tener recursos para defenderse y mantener su buen nombre, o robaba a alguien que tenía más y no a el que tenía menos).

En ese suelo liberado de dioses ajenos, de obediencia absurda, de salvajes libres y felices nacieron los que hasta hace poco se fueron, y de cuya existencia nosotros somos prueba.

Es raro, pero si las viejas historias cuentan que en las estrellas viven los que se fueron y si alzamos la mirada vemos el cielo cubierto de luces, quizás no sea descabellado pensar que ir allá sea volver, ya que Sbö nos trajo un día de ese mismo lugar. En fin, esta historia de cómo un grupo de ojos negros rasgados liberaron esta tierra, es para ellos, para los que ya volvieron a la gran casa.

¿Saben qué pasa cuando 80 se enfrentan a 400? Yo sí, ¡nosotros ganamos!

Ese día 20 de enero del cual mañana se cumplen tres años y justo a esta hora nosotros los más jóvenes (pero no de una cosa de años) teníamos la certeza de que el trabajo de funcionarios públicos y otros había dado resultado, habían logrado acumular bastante odio y ánimo para atacarnos. Traían cinco nombres de indígenas que según ellos tenían que morir ese día, traían sogas para arrastrar los cuerpos como trofeos por las calles del pueblo. Tengo que decir que como compañero de lucha puedo decir más o menos cómo se siente, pero como hijo aun me cuesta asimilar que uno de esos nombres era el de mi padre y otros de primas de mi padre.

Quizás parezca esto una memoria sangrienta, pero créanme, ya no sangra, aunque la cicatriz siempre queda, y al final ¿cuál es la forma correcta de tratar a los racistas y a los vendidos?

Eso sí, fuimos los de menos edad del grupo los que preparamos la defensa, y al momento del combate todos y todas dimos la talla. Muchos de nosotros, hijos y sobrinos de los mismos indígenas que llevaran presos casi 35 años antes de esa fecha por defender los últimos bosques –la lucha y la resistencia a flor de piel–, cómo explicarlo aún.

Sé que llegaron, sé que quebraron el candado que habíamos puesto en el portón, sé que... ya no sé, el recuerdo es difuso. Recuerdo a una compañera llorando mientras lavaba la cabeza de su primo herido durante la pelea, recuerdo que en la lluvia de piedras que hubo del otro lado varias impactaron a personas nuestras, y sé que siendo menos pero más habilidosos (los que tiraron piedras de nuestro lado) hicieron a varios caer. Mientras en medio la pelea se daba sangrienta, había bastante sangre, pero lo que me parecía más impactante era cómo muchas imágenes se daban en cámara lenta.

Dicen algunos de los que estuvieron del otro lado que una cortina de humo o polvo muy espeso les impedía apuntar hacia adentro –¿será que Tjer, Ooka y Kusga nos protegieron a sus hij@s ese día?– Tampoco lo sé, pero es posible.

Recuerdo claro a alguien nuestro cuando gritó "¡péguenlos contra el alambre, ahí no pueden huir" –voz femenina–, también había varias personas en el suelo. Alguno o algunas de los que llevan esos cinco nombres, no recuerdo cuál, dijo "¡no!, ¡échenlos afuera!".

El saldo fue alto pero ese día ganamos, 6 compañeros nuestros heridos, no quedó muy claro, pero se sabe que de ellos los heridos superaban la veintena.

Ahora, ¿saben qué es lo peor?, que el ataque de los no indígenas se dio casi supervisado por la policía de Buenos Aires, que la consigna de matar indios movilizó a casi 400 personas del cantón y más allá, que los funcionarios que propiciaron esto nunca tuvieron castigo.

Es cierto, ganamos, pero pudimos haber ganado más. En fin, yo solo he querido hacer un repaso de cómo ese día fue la situación según mis recuerdos. A todo ello debo agradecer cosas como:

–Que mi hermano y hermana menores saldrán de un colegio que tiene una de las mejores infraestructuras de la región.

–Que hoy los funcionarios son indígenas en la mayoría de las escuelas del territorio.

–Que se mostró unidad y fortaleza.

–Que ha desembocado procesos como un órgano de decisión tradicional.

¡Tja Naso Bloran! ¡Hasta que muera el sol!

ELIDES RIVERA NAVAS

Doña Elides Rivera Navas tiene 48 años de edad, es activista, madre de tres hijos y escritora. Es una ardua defensora de los derechos indígenas del Pueblo Térraba ante la amenaza de la construcción de la Represa Hidroeléctrica del Diquís y la venta ilegal de tierras indígenas. Es gestora en el proyecto de Ley de Autonomía para los pueblos indígenas de Costa Rica e impulsora en derechos de las mujeres indígenas. Sacó sus estudios primarios en la escuela Térraba; sus estudios secundarios los terminó en el Colegio Técnico Profesional de Buenos Aires, Provincia de Puntarenas, y es Técnica en gestión local por parte de la UNED (Universidad Estatal a Distancia).

Mi historia

Les cuento que ha sido un día bastante largo que trae consigo cerca de 300 días y quizás más, porque son muchos años los que recuerdo.

Hoy me he sentado para escribir algo. Algo de historia del pueblo Térraba. Muchos le decimos Bröran, o Térraba Teribes, así es para unos una cosa, para otros otra, pero ahí vamos dejando huellas, huellitas o huellotas en este pedazo de tierra que nos tocó...

De niña corrí, jugué en quebradas, caminos que hoy recuerdo por dónde eran, pero solo queda el recuerdo. Mi infancia fue de Térraba centro hasta allá a Veragua, ahí están las quebradas: Grande de Veragua, la del Idón, en donde había muchos camarones, la otra, Soö krun o Tierra de la Danta. Aquí en esta, unas correntadas donde jugábamos mi hermana y yo, poníamos hojas para que se las llevara la corriente, en algunas hojas poníamos las Zompopas que pasaban por ahí y se las llevaba la correntada, así se nos pasaba el día unos ratos en esas quebradas. A veces cuando las tardes estaban soleadas nos subíamos a los potreros, buscábamos las canoas en donde se guardan los gunsos, esos que son de la palma real. Aquí era mucho mejor ¡nos metíamos bien sentaditas cada una en una! y a la competencia, cuál llegaba primero hasta abajo, jajajaja, muchas veces se nos volcaba y ahí quedábamos.

En Térraba íbamos a la escuela sólo medio día y en la mañana o en la tarde a mi hermana y a mí nos gustaba pasar bajo unos naranjales que quedaban por donde ahora vive Haydee. Era muy lindo, el zacate estaba bajito, no sé cómo, y los naranjos altos.

Mi hermana y yo éramos como las oficiales de repartir el correo; en ese tiempo las cartas llegaban al policía del pueblo, nuestro papá era ese policía y así después que salíamos de la escuela íbamos a repartir la correspondencia.

Caminábamos todo el pueblo y en estas caminatas a mi hermana se le aparecían los duendes, yo nunca los vi, pero ella sí.

Sabíamos que podíamos caminar, jugar y correr, pero Dios guarde tocar algo que no fuera de nosotras, así fuera una fruta nos castigaban...

En la quebrada Tuza había muchos cangrejos; pasábamos y los sacábamos, los envolvíamos en unas hojas grandes de árbol de pan; los llevábamos donde Mamita Martina y ella nos los cocinaba con arroz mientras volvíamos. ¡Mamita era tan bonita! Tenía el ranchito limpio; ella echaba ceniza por todos lados y la veíamos blanca como si fuera piso...

Ahí nos podíamos quedar un rato, pero teníamos que dejarle los calabazos llenos de agua; con esto sabíamos que si mi papá o mi mamá preguntaban ella nos defendía de los castigos.

Cuando llegaba Navidad yo andaba con mucho cuidado, le tenía mucho miedo al toro y como en ese tiempo lo jugaban día y noche en cualquier momento nos lo podíamos encontrar, si lo veía me devolvía o pasaba bien calladita. Sí, nos correteaba porque acostumbraban asustarlo. Me enfermaba y por muchos días, les cuento ¡que Navidades más difíciles! jijijijiji...

¡Pero lo más cruel que me pasó! Que me mordiera un perro. Sentí tanto enojo, porque mi hermana y yo corríamos sólo porque nos gustaba correr y que ese perro me mordiera era demasiado. La alegría que yo llevaba se me acabó por varios días.

Hoy nacerá

Con la inspiración de tu nacimiento he compuesto este poema, para compartir la felicidad de tus padres, ¡Emérita y José Luis! Que el creador los bendiga y los acompañe.

Hoy nacerá, nacerá una hermosa niña.
Su madre sueña con ella,
su padre la imagina.
El amor será hoy una criatura.
El pueblo la imagina,
una comunidad la espera.
Ellos, ya la han mirado, la arrullan.
El amor será hoy una criatura.
Es una niña que unirá por siempre a dos.
Ella… ¡Escucha!, ¡escucha que la están mimando!
Ella es una hermosa niña
que brillará con los colores del arco iris,
será una hija del agua.
El amor será hoy una criatura…

Un reino y su príncipe

Esto ocurrió en el año 2012. Existía un hermoso país en medio de las Américas, este país tenía muchas cosas lindas, grandes bosques, ríos de aguas cristalinas, hermosas aves, una biodiversidad riquísima, así como también tenía ocho culturas indígenas muy sabias, cuidadoras de los recursos naturales, creyentes de su cosmovisión; eran pasivas pero fuertes y luchadoras a su vez. Dentro de estos ocho pueblos había uno que pasaba en constante lucha por su autodeterminación y gobernabilidad.

A estas pequeñas naciones las sociedades occidentales les habían aprobado algunas leyes para que se protegieran de las usurpaciones a sus tierras, cuidaran sus culturas y sus recursos naturales, para que tuvieran sus propias instituciones educativas de salud y demás –pero como es costumbre en todas las costumbres occidentales, para ellos todo tenía un valor únicamente económico, por lo cual buscaban las maneras de no cumplir las leyes que ellos firmaban en favor de estas pequeñas naciones–. Así que en el año 2012, a mediados del mes de febrero, cuando era luna llena, un grupo de valientes jóvenes príncipes y princesas Térrabas-Teribes, junto con sus mayores agobiados y cansados de esperar que el sistema jurídico nacional e internacional caminara por sí solo, decidieron emprender una fuerte lucha para hacer valer sus derechos indígenas, laborales, sistemáticos y pedagógicos que recogieran las realidades de su pueblo originario en lo político, cultural y ambiental desde la educación institucional. Pero en esta lucha había un hermoso y joven príncipe hijo de Tjer, sobrino de Krun, hermano de Shunio y Moc, valiente, soñador, lleno de un gran fuego por defender su pueblo, de reconquistar su territorio, identidad y cosmovisión.

Este hermoso príncipe era muy bueno, no tenía maldad en su corazón y creía incansablemente en una democracia que decía este país tener, pero que solo era figurada, platónica, intangible. Porque en la lucha que ellos emprendieron para exigir que los occidentales reconocieran y aceptaran que habían firmado leyes que protegían a esta nación originaria en su desarrollo económico, social, cultural y educativo, las instituciones creadas por el estado occidental, MSP, MEP, DINADECO, PANI y DIQUIS, en conjunto con un grupo de usurpadores de las tierras delimitadas para los descendientes Naso Bröran, atacaron al pueblo originario de Térraba que defendía su tierra, autonomía, identidad, cultura y cosmovisión ancestral con palos, piedras, martillos y herramientas que ocupaban en la ganadería. Así el joven príncipe empezó a sentir tristeza porque se le había mentido desde chiquito, de saber que ese país no existía –todo era sólo un sueño del cual despertó ese día 20 de febrero–. Empezó a decaer, su mirada era cansada, estaba lleno de dudas, con mucha ansiedad y desafíos, con un gran reto de seguir esculpiendo la piedra preciosa del saber para tallar sus ideales en la defensa de su Kesban hú Krun. Así lo dispusieron los abuelos y abuelas ese día, cuando protegieron su nación cubriéndola contra la mano opresora, manifestándose con una hermosa nube oscura y fuertes gotas de lluvia de la manera más sencilla en que lo hace la gran abuela Tjer Di, cuando sopla sobre su pueblo.

Días después el príncipe saldría de su tierra a seguir preparándose en el saber académico, pero ya no volvería, salía para ir a reunirse con sus ancestros y mayores. Sboö lo llevaría en un lindo sueño, del que no despertaría hasta ver a sus antepasados; y cuentan que cuando lo despidieron en su pueblo para encontrarse en el más allá con sus abuelos y abuelas, sonaban los tambores, se escuchó el triste y melancólico sonido de los cambutes o caracoles, también la dulce melodía de las flautas de barro u ocarinas sacadas de antiguos guacales. El príncipe Milton –que así se llamaba–, se durmió para reunirse con sus ancestros y pedir los sabios consejos y desde el infinito alumbrar a los demás príncipes y princesas y así con la luz caminar los senderos llenos de espino –duros y rocosos– pero con mucha fuerza, coraje y sabiduría, para llegar hasta el final hasta cuando el sol muera. También cuentan que otro príncipe lo visita todos los días para hablar con él, allá donde duerme su sueño infinito y lo acompaña por largas horas como siempre lo ha hecho.

A Esperanza Jurado Mendoza, indígena ngöbe

Mujer, de piel color café como la tierra, fuerte como un árbol en el bosque... Esperanza de nombre, como fue su vida mirando hacia adelante. Firme, sencilla, de estatura pequeña inigualable con su corazón de lucha.

Hoy al anochecer nos dejó... una mujer valiosa,

sincera, guerrera invaluable en la defensa de su pueblo, de las mujeres soñadoras.

El creador hoy quiso llevársela,

no para dejarnos solas, sino más bien

para que cada día nos tomemos de la mano de su
    espíritu

continuando el camino de Lucha y ESPERANZA como
    ella lo hizo.

Hermana, hoy el creador te ha abrazado, nuestra madre tierra te espera para cuidarte y arrullarte como lo hizo el vientre de la mujer que permitió tu nacimiento para nosotros conocerte y compartir nuestra Lucha.

Caminarás en cada caminata, estarás presente en cada manifestación y cuando el foro de mujeres indígenas nos pronunciemos por nuestros derechos tú también estarás...

Siempre vivirás en nosotros, hasta luego..........

El camino imborrable

Caminaremos como las hormigas
marcaremos el camino imborrable
las cigarras cantarán el largo verano
los abejones anunciarán las lluvias
Caminaremos como hormigas
los sueños nos darán alientos positivos
brotarán nuevamente las hierbas y las plantas
caerán las lluvias cantarán las ranas
Caminaremos como hormigas
marcaremos el camino imborrable

Enrique Rivera Rivera

Nació en Térraba de Potrero Grande, Buenos Aires de Puntarenas, Territorio Indígena de Térraba conocido como Bröran. Sigue viviendo en la misma casa donde nació el 15 de Julio de 1945.

Es agricultor, sastre, intelectual, escritor, miembro del Consejo de Mayores de Térraba y fundador de la Asociación Cultural Indígena Teribe. Es un luchador por los derechos propios del pueblo indígena bröran.

Está trabajando en varios libros sobre la historia de Térraba y una biografía suya que piensa dejar para toda la juventud y principalmente para su descendencia.

Su meta personal como autoridad de familia es que sus descendientes deben ser prósperos y autosuficientes y para su comunidad quiere una autonomía y hombres y mujeres preparados muy profesionalmente, pero que labren la tierra que es nuestra madre y que la cuiden y defiendan sus derechos, y no solo la tierra, sino toda la naturaleza y su cultura, tradiciones y costumbres, que rescaten su idioma propio como herencia ancestral. Moriría feliz, muy feliz con todo esto.

Reseña histórica territorio indígena
Térraba Naso Bröran o Teribes de Costa Rica

El Territorio Indígena de Térraba se ubica en la zona del pacífico sur de Costa Rica, dentro de la Provincia de Puntarenas, Cantón de Buenos Aires y de los Distritos de Potrero Grande, Boruca y Pilas. Con una extensión de aproximadamente 9350 hectáreas, actualmente el 85% de esta tierra está en manos de personas no indígenas y sólo un 15% se encuentra en poder de los indígenas.

Se considera que la población propiamente Térrabas es de 1000 a 1200, pero que no habitan todos dentro del territorio indígena. Según datos del 2002, por estadísticas censadas, se encontraban dentro del territorio indígena un total de 631 personas, los demás están fuera del territorio y dispersos en todo el territorio nacional de Costa Rica.

RECUERDOS HISTÓRICOS DE LOS ORIGINARIOS BRÖRAN TÉRRABAS O TERIBES. (NASO BRÖRAN)

Contaban los padres y madres de nuestros padres y madres, que sus padres y madres, que sus abuelos les decían que nosotros éramos descendientes de los Nasos Teribes de Panamá, de un lugar que se llamaba Almirante o Changuinola. Que allí estaba nuestra raza, nuestras raíces y nuestras familias. Que un día, dentro de muchos años, los llegaríamos a conocer. Que a ellos el hombre blanco no los había podido agarrar (atrapar, capturarlos).

Nuestros abuelos, los padres y madres de nuestros padres y madres nos decían que ellos sabían hablar de otra forma, como hablan los Nasos, los indígenas, para que el hombre blanco no se diera cuenta qué estaban diciendo, pero que a nosotros se nos había prohibido hablar de esa forma porque decían era malo. En el caso de Francisca Rivera Guillén, según ella los abuelos y padres decían que ellos no sabían cómo estarían viviendo esas familias en ese lugar; era muy lejos para visitarlos. Estas palabras dichas oralmente hace unos 140 a 150 años, tal vez menos, tal vez más pero no baja de 130 años.

Algunos de nosotros que hoy día vivimos y que ya somos mayores de la tercera edad, conocimos a los padres y madres de nuestros padres y madres cuando éramos niños y hasta adolecentes. Y ellos por las tardes o a tempranas horas de la noche, antes de acostarse a dormir y rezar al formato de la iglesia católica, nos contaban lo mismo y otras cosas más.

Es lo que nos decía Francisca Rivera Guillén, fallecida abuela de Enrique Rivera Rivera y Candelario Cabrera Zúñiga, fallecido abuelo de Digna Rivera Navas.

Ella y él nos contaban que les habían dicho los abuelos de ellos y otros, que hacía muchos años atrás habían llegado a nuestros pueblos unos hombres que venían de muy lejos, porque la Tierra era grande grande.

Estos hombres eran diferentes a nosotros y cuando llegaron habían llegado como en un bote de madera que se parecía a los que en ese tiempo nuestros abuelos usaban para andar en los ríos; porque andaban sobre el mar; pero este bote era más grande y tenía cosas que con el viento lo hacía caminar. Probablemente nuestros ancestros lo que usaban para navegar en los ríos eran las balsas hechas de palos redondos flotadores sobre el agua y bejucos para unir los trozos de madera, amarrándolas muy fuertes a un pedazo de madera dura que aguante golpes y peso. O tal vez tendrían canoas de madera. Lo cierto es que ellos vieron algo diferente, además dicen que navegaban en el mar por muchos días y meses.

Estos hombres en ese bote, o barco como ellos se dieron cuenta después que se llamaba, llegaron a un lugar de la orilla del mar que nadie sabe cómo le llamarían los originarios, pero que ya después le llamaron Almirante. Las abuelas y abuelos nos decían que estos hombres se dieron cuenta que venían de muy lejos, de otro mundo y que ellos buscaban oro y plata (tesoros). Nuestros antepasados tenían mucho de eso, pero como los caciques se opusieron a entregar sus riquezas a esos hombres, entonces inician una guerra. En esa guerra contra los originarios pasó lo siguiente.

SEPARACIÓN DE LOS ORIGINARIOS BRÖRAN

Estos hombres tenían la misión de conquistar pueblos, pueblos originarios. Su misión era llevarse las riquezas de oro, plata y otras cosas de valor que tenían nuestros pueblos originarios y destruir toda la organización social de ellos para garantizar su conquista llamada civilización cristiana.

Decían nuestros padres y madres y las abuelas y abuelos, que sus abuelos de más atrás les contaron que esos hombres llamados conquistadores españoles andaban con unos sacerdotes curas, como ellos habían aprendido a decirles. En la guerra que tenían lograron llegar al pueblo Teribe pero en la parte donde vivía el clan Bröran, porque en esos tiempos los pueblos originarios se dividían por clanes.

Y la mayoría de los hombres andaba trabajando y cazando para la alimentación; estaban confiados. Los pocos hombres que estaban no resistieron el ataque que llevaban los españoles; cuando fueron llegando los otros los capturaron, pues en el pueblito Bröran en ese momento del ataque lo que había en su mayoría eran mujeres.

Después que capturaron a todos y todas, los trasladaron para otro lugar muy lejos que se llama Cabagra. De esta forma separaron al clan Bröran de su propio lugar donde ellos vivían y de su grupo originario, los Teribes (= Terbis) o Nasos Teribes, como se les conoce hoy día. A los conquistadores españoles que andaban dominando y cristianizando a los pueblos originarios, los acompañaban los padres sacerdotes Franciscanos, bajo la corona de España y la Reina Isabel la Católica en esa época.

Decían nuestros abuelos que estos padres estuvieron por mucho tiempo, pero que después se fueron y llegaron otros padres que se les decía padres paulinos. Esto era lo que de generación en generación se les decía a los más jóvenes para que se dieran cuenta de lo que había pasado con nuestros abuelos de más atrás.

RECOLETADOS EN SAN RAFAEL DE CABAGRA

Los originarios Bröran fueron albergados en un lugar en San Rafael de Cabagra, como se llama hoy día, junto con grupos Bribris y Kabékares. Ellos tenían que vivir juntos, al mando de los padres Franciscanos mientras se tomarían las medidas necesarias de acuerdo al mandato de la corona de España. ¿Qué se haría con estos indígenas?

REBELDÍA INDÍGENA

Los originarios Terbis o Teribes eran muy bravos, esta razón dio para que bajaran desde las cordilleras del río Teribe hasta las llanuras del valle del río Cabagra en busca de la liberación de sus compatriotas Bröran, logrando quemar la iglesia que tenían los padres Franciscanos.

En esta acción no lograron su objetivo, dado que los conquistadores montaban estrategias usando a los indígenas ya cristianizados para contrarrestar la ofensiva de los originarios rebeldes, que defendían a sus compatriotas presos y no podían matarlos, sino que querían liberarlos. Estos conquistadores castigaban y masacraban a los originarios opuestos. En el nombre de Dios los sacerdotes padres Franciscanos, que eran los encargados de bautizar y cristianizar a los indígenas que capturaban, lo hacían en el nombre de Dios y con la biblia en latín. Hacían ver ante los ojos de los indígenas ya bautizados y cristianizados, que los que no estaban cristianizados eran como animales malos, que había que eliminarlos a cualquier costa, desapareciendo su existencia.

Les decían que no tenían alma, que Dios no los quería, que por eso ellos habían llegado para bautizarlos, cristianizarlos, casarlos y espiritualizarlos, que así era como Dios lo quería y tenían que obedecer; además para trabajar para la iglesia, el templo, dar lo mejor de sus bienes a la iglesia: oro, plata y animales. Que solo los curas, los padres, decidirían qué se hacía con esos bienes. En coordinación con la corona de España, los indígenas obedientes tendrían el perdón de Dios.

RESENTIMIENTO DE LOS INDÍGENAS BRÖRAN

Llegó un día o un tiempo que los conquistadores y los padres Franciscanos optaron por reasentar a los originarios Bröran Térraba o Teribes a otro lugar. Este se llamaba Guadalupe y estaría más cerca del río que hoy se llama Grande de Térraba, el gran Dikes. Ahí construyeron una iglesia donde doctrinaban a los indígenas térrabas, o teribes respecto a la doctrina Cristiana Católica Apostólica Romana; lo anterior según relatos orales de los abuelos de nuestros abuelos y que nos contaron a nosotros los mayores de la tercera edad, Francisca Rivera Guillen, abuela de Enrique Rivera Rivera.

Los Bröran caminaban todo el valle del río hasta sus nacientes haciendo sus cacerías y pesca, esto hacia el poniente del sol e igual lo que hoy se llama San Isidro del General Pérez Zeledón.

Nos decían que también caminaban hacia la salida del sol, que había unas señales con piedras pero que sólo se llegaba hasta cierto lugar por recomendaciones de los padres Franciscanos. Solo podían ir cuando necesitaban algo especial como oro o plata. Que ese lugar quedaba entre las montañas. El miedo de los españoles y de los padres Franciscanos es que de ese lado habían capturado a los Nasos Bröran y el grupo mayoritario de los Teribes quedaron por esa región y que no se entregarían muy fácil.

Pero el oro y la plata sí les interesaba para la iglesia, y los abuelos decían que los abuelos les decían que no tenían que decir el nombre del lugar, que eso era un secreto. Pero lo cierto sí es que era una mina para los originarios, llevar oro y plata para sus casas y hacer figuras para tenerlas y los niños jugar. (Hoy por esta región queda la frontera de Panamá y Costa Rica, se le llama Río Sereno y San Vito de Jaba Coto Brus).

Según la historia de los abuelos, los Teribes caminaban desde las afluentes o cabeceras del río Teribe hasta el valle del Gran Dikes y sus cabeceras, bajaban y subían las montañas; en este caso ocupando parte del Pacífico sur de Costa Rica y también parte del Atlántico, ocupando el río Teribe desde sus cabeceras y el valle del Teribe colindando con los Bribris. Hoy día, en donde colinda es con la frontera de Costa Rica en el Atlántico, con los nombres de los siguientes lugares: Guavito, Río Zixaola, Changuinola y Bribri.

POSIBLES ESTRATEGIAS

Nuestros abuelos y abuelas les contaron a sus hijos y nietos para que nos contaran a nosotros, que los hombres blancos de esa época, los conquistadores, al capturar a originarios los ponían a vivir juntos en lo que ellos llamaban recoletos, que eran ranchos de albergues; para decir algo como un albergue. Había Teribes, Bribris y Kabékares. Prueba de esto es que la mayoría de los Bribris están en la zona atlántica de Costa Rica y ellos no se entregaron muy fácil: se tiene como relato histórico que sus caciques no se entregaron; los Kabékares tampoco se entregaron y en su mayoría están en la región atlántica media norte.

Los Teribes o Nasos Teribes, también la mayoría se encuentra en la parte atlántica de Costa Rica y Panamá, y ellos no se entregaron y mantienen actualmente su idioma, su habla propia en un ochenta por ciento. Los grupos Bribris, Kabékares y Teribes del lado de Costa Rica son más pequeños y estuvieron dominados por la iglesia católica. Hoy han perdido más sus tradiciones, su lenguaje y sus tierras, se encuentran ubicados en el Pacífico sur de Costa Rica.

Dicen los abuelos que los hombres blancos controlaron los caminos o pasos que los originarios tenían para sus movimientos sociales y políticos, podríamos decir que lo lograron al capturar a estos grupos. Pero que no era muy efectivo tenerlos juntos, que había que ponerlos en diferentes lugares como grupos originarios, para de esta manera atacar y contrarrestar los ataques de los indígenas en resistencia.

Además, querían controlar mejor a los grupos ya capturados, bautizados, cristianizados, casados y civilizados y no correr riesgos de una sublevación indígena de los ya cristianos.

PRUEBA INTERESANTE

Entre los Bribris, Kabékares y Teribes Bröran, al hacer una investigación histórica de nuestros antepasados por Bribris interesados y Teribes, se comprueba que en esos tiempos de la conquista los conquistadores juntaron en los recoletos, a estos tres grupos originarios y se mezclaron, y unos fueron esposos o esposas de Bribris, Kabékares o Teribes, y como esto se regía por clanes que partían del matriarcado, muchas personas que se consideraban Bribris no pertenecían a esa nacionalidad indígena, sino que quedaba claro que pertenecían al clan Bröran, pero sus abuelos antepasados tienen décadas de ser habitantes del pueblo Bribri que se creó en la conquista. Esto es igual en el pueblo Teribe Bröran que hoy crea un caso interesante y polémico con esta historia de civilización cristiana.

Los Bribris que son uno de los grupos que mantiene más su lenguaje, su idioma propio y su división familiar en clanes como gerencia ancestral, no aceptan a familias enteras que han vivido en el territorio Bribri de Salitre como su núcleo con derechos iguales que ellos –por la razón de que estas familias pertenecen al clan Bröran–. Las decisiones son tomadas por los propios Bribris.

¿QUÉ PASÓ CON EL CLAN BRÖRAN?

Fue reasentado como pueblo con el nombre de Guadalupe –no se sabe con cuántos habitantes exactamente–, datos dicen que en el año 1678 construyeron una iglesia bajo la dirección de los padres Franciscanos. Ellos eran trabajadores cultivando la tierra, haciendo trabajo agrícola, labrando el oro y la plata; también la montería y la pesca. Sus trabajos los hacían colectivamente de forma comunitaria, que hasta para la montería y pesca lo hacían comunitariamente en sus artesanías y construcciones de sus viviendas. De esta forma ellos conocían muy bien las veredas del Río Térraba o el Gran Dikes hasta casi el Cerro de la Muerte. Hacían grupos para la cacería y la pesca buscando alimentación de carne para la comunidad. Un día, en una temporada lo hacía un grupo, otra temporada lo hacia otro grupo, de acuerdo a los planes comunitarios del pueblo y sus dirigentes, sus jefes comunitarios.

¡GRAN SORPRESA!

Cuentan las abuelas y abuelos de nuestros padres, que les habían contado las abuelas y abuelos de estos abuelos lo que hemos escrito en los párrafos sobre qué pasó con el clan Bröran.

PERO HAY ALGO MÁS

Nos decían o nos contaban que un día uno de estos grupos que andaba en cacería y pesca por el valle del Gran Dikes, hoy Grande de Térraba. Cuando venían de regreso cargados de lo que habían cazado se sentaron a descansar a la orilla de una quebrada frente a una naciente. De repente uno de ellos del grupo vio que sobre una piedra estaba parada una figura; era la figura de un hombre, el tamaño era pequeño, de unos 30-40 centímetros y podríamos decir hoy que quizás era más pequeña; parecía que los estaba viendo. ¡Y ellos se sorprendieron! Con valentía uno de todos lo tomó y lo echó en el canasto que él andaba para llevarlo y enseñarlo al pueblo; es decir que la gente del pueblo lo viera, principalmente los padres o curas, como ellos les habían enseñado a decirles.

El pueblo de Guadalupe se encontraba como a unas tres o cuatro horas de donde estaban y tenían que pasar el río Gran Dikes para llegar al pueblo donde estaban asentados.

Cuando llegaron al pueblo compartieron lo que habían cazado durante su cacería. Y luego anunciaron el hallazgo; lo demostraron a los curas padres de la iglesia. Los padres les dijeron que la figura era un santo que tendría que estar en la iglesia para cuidarla bien y venerarla. La instalaron en el altar de la iglesia; a los tres días no estaba el santo, se había perdido.

A la siguiente semana otro grupo de cazadores y pescadores hacía su trabajo de cacería por la misma ruta de la región; otra sorpresa. Cuando regresaban, como era de costumbre deberían descansar en el mismo lugar, ahí estaba parada la figurita del hombre como de madera muy fina y parecía que los estaba viendo; uno del grupo lo echó en su canasto y se lo volvieron a llevar para Guadalupe: ¿ahora?

¡ERA OTRA NOTICIA!

Esta vez ni esperaron compartir lo que habían cazado, llamaron a los curas y les dijeron lo sucedido. Los curas o padres dieron el aviso al pueblo y se reunieron. Les informaron que el santo había aparecido en la misma parte donde estaba cuando lo encontró el primer grupo de cazadores, y a la vez compartieron la carne de los animales que los cazadores habían obtenido. Esto se repitió por tres veces. Decía la abuela Francisca Rivera Guillén y otros que hasta veían la huella del supuesto santo en la arena del río, que era exactamente igual, y que estaban marcadas de un lado del río y del otro lado cuando lo cruzaba en su regreso al lugar donde lo habían encontrado.

TOMA DE DECISIONES

Los sacerdotes o padres curas, reúnen al pueblo Bröran y les dicen que la figura o (muñeco) de madera fina era un santo y que su nombre era San Francisco. Que no quería estar en la iglesia de Guadalupe, y por eso se estaba regresando a su lugar. Que había que dividirse en dos grupos inmediatamente; unos quedarían en Guadalupe y otros se trasladarían para el lugar donde había aparecido el santo. Construirían una iglesia para ese santo y que tomarían materiales de la iglesia de Guadalupe para construir la otra iglesia y que le buscarían un nombre a ese nuevo lugar. Que todos tendrían que ayudar para esa nueva iglesia. Por el momento los que quedaban en Guadalupe cuidarían los bienes de la iglesia. Así se fundó San Francisco de Térraba. Comenzó el trabajo de traslado de las familias para el nuevo lugar.

Una vez trasladados los que tenían que trasladarse dio inicio la construcción de la nueva iglesia en el nuevo pueblo que llevaría el nombre de San Francisco de Térraba: Térra bá (así decían los Franciscanos), hoy Térraba, territorio indígena Térraba.

Este pueblo fue muy famoso. Según la historia de nuestros abuelos que les contaron los abuelos de ellos y que les contaron los abuelos de más atrás.

Era de una extensión de habitantes grande de unos 4000, según datos históricos de Bernabé Granda Reyes que le contó a Digna Rivera Navas. Este abuelo ya falleció y fue uno de los últimos más mayores que nos dio información.

No sabemos cuántos originarios se instalaron en Térraba, pero el grupo creció y los acompañaban los que vivían en Guadalupe, y a lo largo del trayecto entre Guadalupe y San Francisco de Térraba ellos siempre siguieron ocupando el valle del Dikes como ruta de montería, cacería y pesca para su alimentación hasta las afluentes del río Térraba, y al otro lado hasta la cabecera del río Teribe.

Los originarios Bröran o Térrabas trabajaban por mandato de los padres Franciscanos para la iglesia varios días de la semana. Lo hacían en forma colectiva por grupos, así los que no les tocaba trabajar para la iglesia estarían trabajando para el sustento de su familia.

Según datos históricos no revelados se considera que el pueblo de San Francisco de Térraba era la segunda ciudad más importante de Costa Rica. Se podría decir como una capital de provincia en aquella época.

¿POR QUÉ SE CONSIDERA ESO?

La historia de Costa Rica dice que la primera ciudad más importante fue Cartago, capital de Costa Rica donde los conquistadores tenían sus asentamientos más importantes y sus fuertes para contrarrestar a los pueblos originarios, y el pueblo de San Francisco de Térraba era el otro fuerte bajo la dirección de los padres Franciscanos y Paulinos.

Se recorre así todo el valle del Gran Dikes por el Pacífico sur de Costa Rica. Hoy día, y probablemente por el Atlántico otros hacían el recorrido.

EXPLOTACIÓN MADERERA

Los padres franciscanos instalaron un aserradero de madera movido por agua junto al pueblo de San Francisco de Térraba. Los indígenas son los que tenían que trabajar en la preparación de la madera. Con esta se construye la iglesia de madera muy fina que duraría muchos años. Es probable que ocuparon materiales de la iglesia de Guadalupe y otros que habrían traído de cualquier otro lugar, tal vez de España, como los vidrios que eran de diferentes colores, según lo que nos contaban nuestros abuelos y abuelas.

¿POR QUÉ EXPLOTACIÓN MADERERA?

Los curas, una vez construida la iglesia siguieron aserrando la madera. Esta madera era sacada del pueblo al hombro de los indígenas o con caballos que ya tenían y bueyes hasta el río el Gran Dikes, puesta en una canoa de madera que se le llamaba bote y llevada hacia más al sur donde llegaba una lancha. Los indígenas no sabían más para dónde se la llevarían; llevarían la madera probablemente para algún lugar de Europa, tal vez a España.

BIENES DE LA IGLESIA

Cuentan los abuelos que como era obligación trabajar para la iglesia por mandato de Dios y de acuerdo a la doctrinación de los padres, la iglesia tenía mucho ganado, como cabras, cerdos, gallinas, patos y chompipes.

A esto se le llamaba los animales de San Francisco de Térraba el santo y tenía gran cantidad, ya esto venía desde la iglesia de Guadalupe. Había personas encargadas de encargar esos bienes del santo. Obligatoriamente cada año se cambiaban los cuidadores. En el trabajo agrícola de cultivación para la alimentación diaria era lo mismo, se hacían trabajos de cultivo y siembras que eran directamente de la iglesia. La iglesia tenía o el santo tenía mucha producción, con esto se alimentaban los sacerdotes.

Las mujeres viudas, las madres solteras y los hijos e hijas trabajaban en la iglesia dando asistencia a los sacerdotes, y dando el mantenimiento de toda la infraestructura y jardines del templo; trabajando por turnos semanales, también cuidaban las granjas de las aves domésticas. La iglesia de Guadalupe se había administrado de la misma forma que se administraba la iglesia de San Francisco de Térraba y tenía sus bienes; tesoros que pasaron a la iglesia de Térraba; solo quedaron viviendo las familias. Hace varios años, como unos 45, llegaron muchas personas que buscaban dos campanas de oro que los indígenas habían enterrado para defenderlas, y hoy en día las siguen buscando.

Tenían en abundancia el ganado y tenían que buscar diferentes encargados del cuido de los hatos de ganado, como los llamaban en esa época y también de las campanas de oro, que no se sabía qué se hicieron.

LO QUE SÍ NOS CONTARON

Es que la iglesia de San Francisco de Térraba tenía mucho tesoro de oro y plata, que le llamaban las alhajas del santo. Esto era por la razón de que nuestros abuelos ancestros tenían un lugar a donde ir a buscarlo y darles la forma que ellos desearan para tenerlo en la casa o que los niños jugaran; pero ahora en ese tiempo se lo regalaban a la iglesia porque los sacerdotes les decían que eso era mejor; había que estar bien con el santo y estar bien con Dios.

Algunos de los que hoy somos mayores de edad, hijos de los que fueron hijos de los hijos de los abuelos, que fueron hijos de los otros abuelos más anteriores (ancestros), conocimos el sitio donde se había construido la iglesia de Guadalupe y a muchas familias Térrabas que aun vivían en ese lugar llamado Guadalupe.

CASO HISTÓRICO

Enrique Rivera Rivera (y otros), cuando era un niño, jovencito y adolescente corrió en las sabanas naturales de Guadalupe, y caminó por los caminos, nadó y se bañó con otros adolescentes de su edad en los ríos del lugar donde se había fundado y asentado el primer asentamiento de los Teribes Bröran, hoy Térrabas. De acuerdo a lo que había contado su abuela y otros abuelos; controlados, sometidos por los conquistadores y sacerdotes a obedecer sus mandatos de acuerdo a la fe cristiana apostólica y romana de hoy día, en este momento bajo la directriz de la corona de España.

DÓNDE SE UBICABA GUADALUPE

Se ubicaba a las orillas del río Cabagra que desemboca con el río Coto y que luego cae al Gran Diquís o Grande de Térraba. Donde los originarios Bröran cultivaban en las tierras fértiles de las orillas de estos ríos para la cosecha de sus granos básicos y alimentar sus familias.

Nos contaban nuestros abuelos que les contaban los abuelos de ellos, que cuando hicieron la iglesia de San Francisco de Térraba habían traído las campanas que estaban en Guadalupe; que tenían un sonido muy fuerte y fino con mucha claridad y que no se encontraban en la región otras que tuvieran ese sonido, ni en todo Costa Rica.

También nos contaron que los padres Franciscanos dijeron que el santo San Francisco de Térraba era el patrono de Térraba, por eso el pueblo se llamaría San Francisco de Térraba que sería un día especial el cuatro de octubre de cada año.

¿CÓMO CELEBRABAN ESTA FIESTA?

Había que preparar mucha alimentación para las gentes porque había que invitar a todas las poblaciones cercanas. Había que rezar, no trabajar, porque el día 4 de octubre era un día santo. Desde dos días antes se entraría en fiesta, en la alegría se harían misas, rosarios y procesiones de caminar el santo por todo el pueblo cantando y rezando; y se le daría alimentación a todas las gentes que llegaran al pueblo.

Además, se podía bailar, danzar y tomar bebidas en señal de alegría al santo. Ese día cuatro de octubre era el día que podían casarse y bautizarse, entonces, también se celebrarían matrimonios y bautizos. Mas contaron los abuelos que les contaban los abuelos anteriores, que esta celebración era muy grande de varios días.

También se les había dicho que ese día se le pagaban promesas al santo San Francisco; que cada persona o familia podía pedirle lo que quisiera al santo San Francisco y darle algo como promesa: una vaca gorda, alguna ave doméstica o figuras de oro y plata. Y que era peligroso no pagar la promesa porque la razón de Dios los castigaría. Este pueblo vivió muchos años esta forma de vida que fue inculcada a otros pueblos originarios conquistados; que poco a poco fueron llegando a la gran fiesta y hasta para pagar promesas.

¿QUÉ HACÍAN LOS BRÖRAN?

Cuentan los abuelos que los Bröran preparaban mucha alimentación: bebidas culturales, el cacao y la chicha. Y cuando los otros pueblos los comenzaron a visitar compartían esos alimentos y bebidas con ellos, pues los sacerdotes ahí les decían que así tenía que ser la fiesta al santo.

Estos originarios Térrabas también hacían un trabajo colectivo comunitario como pueblo indígena que tenía una cultura propia. Era hacer trabajos en colectividad, tomar su bebida cultural, comer sus comidas culturales y bailar sus danzas al final de la actividad colectiva.

Por esta razón el día después del 4 de octubre hacían limpieza del pueblo y el cementerio donde enterraban los restos de sus familiares que morían. Y por la noche bailaban hasta amanecer con mucha alimentación y bebidas culturales. ¡Quién sabe cuántos años vivieron así!

¡OTRA NOTICIA!

Contaban los abuelos que les contaron que un día los padres Franciscanos se fueron; pero que en lugar de ellos quedaron otros, como más nuevos, como diferentes de cara; pero en lo demás todo era igual. Se trabajaba para la iglesia, se cuidaban los animales del santo y las fiestas eran iguales.

Se llevaban algunas personas, casi niños, jóvenes, para un lugar que decían que se llamaba Cartago (Ujarrás) y Orosí. Los abuelos decían que a ellos les contaban los otros abuelos de más atrás que a estos jóvenes los llevaban para enseñarles a leer, escribir, y la ley de Dios para ser cristianos; después los regresaban para que les enseñaran a otras familias del pueblo.

COMO QUE SE ESTABA EN OTRA ÉPOCA

Contaban los abuelos que les contaban los abuelos de ellos, que hacían trabajos colectivos para ellos y para la iglesia, que era muy bonita con mucha riqueza y mucha gente; que los cultivos los hicieron donde no llegaran los animales como el ganado, los caballos y cerdos para que no se comieran los productos del cultivo que tenían, y a muchos de esos que tenían ganado, cerdos, gallinas, chompipes y patos también cuentan que les contaron de la fiesta del nacimiento del niño dios, día 25 de diciembre y año nuevo el primero de enero, grandes celebraciones con mucha comida y bebidas culturales. Y juegos que se hacían para esas celebraciones.

También cuentan que les contaron sus abuelos de la celebración de la semana santa: el sacrificio y muerte de Jesucristo. Pero también cuentan que sus abuelos les contaron del día de las llagas de San Francisco que es el día 16 de septiembre. Es probable que esos sean los cambios que pusieron en práctica los padres Paulinos si es cierto que repusieron a los Franciscanos.

PASAN LOS AÑOS

Debe haber sido muy interesante estar entre la iglesia dominante con la biblia leída en latín y los españoles con el español. ¡Conquistadores!

Los originarios Bröran estuvieron con su idioma, sus tradiciones culturales, su alimentación, sus bebidas, sus medicinas, sus creencias y su espiritualidad indígena que poco a poco el conquistador y la iglesia católica les iba parando, alejándolos de su cultura y doctrinándolos a otra cultura; pero al mismo tiempo quitándoles sus riquezas.

Y es tan fuerte la espiritualidad originaria que esa doctrinación resaltaba su forma de mentir, principalmente en las mujeres que buscaban constantemente cómo mantener la identidad originaria; en los hombres se daba en un poco menos; pero el idioma lo sostiene muy fuertemente la mujer al igual que la medicina.

HISTORIA DEL SANTO EN TERIBE

Contaba la abuela ya fallecida Francisca Rivera Guillén –fallecida hace cincuenta años– a su nieto Enrique Rivera Rivera: que en un intento de los Nasos Teribes de llevarse a los Nasos Bröran, vinieron a San Francisco de Térraba discretamente y se robaron al santo y se lo llevaron.

Dice que cuando lo tenían allá, al segundo día que llegaron los jóvenes lo echaron al agua para verlo cómo flotaba río abajo; la corriente se lo llevó rápido, ellos fueron atrás y lo encontraron parado en una piedra. Corrieron a decirle a una mujer que había venido a Térraba y regresaron.

Ellos lo habían hecho por dos veces y había resultado lo mismo. Ellos le contaron lo que había sucedido. Ella les dijo no toquen eso más, lo tomó con sus manos, lo envolvió con una tela de las que ellas usaban en esos tiempos y les dijo –los Bröran adoran mucho esto, dicen que es un santo; ellos hacen mucha fiesta con comida y chicha celebrando, dicen que es el día del santo. ¡No vuelvan a hacer esto! Yo voy a dejárselos mañana mismo me voy–. Esta es una anécdota que contaba esta abuela a su nieto Enrique en la casa donde vivían.

LOS RECUERDOS MEMORIZAN

Al recordar y encontrar los mayores la historia del pasado que les contaban los que los anteceden, y que venía de época en época, de generación en generación, todo oralmente, parecía un cuento de hadas o imaginaciones. A veces aparecen datos históricos de nuestra historia que algunos investigadores han escrito y se contradicen con la historia que nos contaron nuestros abuelos y que les contaban sus abuelos.

Una coincidencia es que los abuelos decían que los abuelos les habían contado que al pueblo Naso habían llegado hombres diferentes, que eran semillas de maíz malas. Que los más mayores de otros años les habían visto llegar sobre el mar en una canoa con varillas altas que hacían que la canoa corriera en el mar llevada por el viento. Que estos hombres los obligaban a darles sus cosas y trabajar, y a los que no hacían lo que ellos decían los mataban. También los amarraban, los castigaban y que los hacían creer a la fuerza en un dios que ellos decían que tenían; que había que bautizarlos para que fueran fieles y el dios los aceptara, porque ellos no tenían alma, y con el bautizo tuvieran alma buena. Los abuelos decían que las cosas que les quitaban no sabían qué las hacían.

OTRA COINCIDENCIA

La espiritualidad de los Nasos Teribes junto con la creación del mundo aparece en algunos datos escritos que coinciden con la historia oral que contaban los ancestros a nuestros abuelos, y que era un poco secreta por la coyuntura de la situación que ellos vivían en el pueblo San Francisco de Térraba, que era controlado y administrado por la iglesia católica, y supervisada por la corona de España, la Reina Isabel la Católica y probablemente por el Vaticano en Roma.

La abuela Francisca Rivera Guillén, fallecida hace aproximadamente cincuenta años, les contaba a sus nietos que los abuelos de más atrás les habían dicho que el creador del mundo (la creación) había hecho al hombre y a la mujer como semillas de maíz, de todos colores, y que esas semillas las tiró a la tierra porque él ya había hecho tierra para que nacieran y produjeran más semillas. Que unas semillas producirían muy buenas cosechas y otras semillas muy malas cosechas. Y que había como dos almas para las criaturas, estas se referían a las personas mujeres y hombres que también eran como espíritus para el hombre o mujer, uno bueno y otro malo.

Las criaturas tenían que saber esto, porque el alma o espíritu que hacía lo bueno se iría para arriba para el cielo, y que el que hacía lo malo se iba para abajo o se quedaba en la tierra viviendo una vida difícil. Esto era cuando el creador de la creación decidiera llevarse el alma o espíritu para donde él, es decir arriba donde él se encuentra. ¡Por eso había que tener mucho cuidado con qué alma o espíritu andaba uno como criatura!

LAS SEMILLAS DE MAÍZ DE COLORES

Esto era porque el creador de la creación dios Sbö hizo a los hombres y mujeres de muchas razas y de diferentes colores y formas de hablar (lo que hoy le llaman idioma). Por esa razón cada raza y color tenía su forma de hablar para que el otro no entendiera. (A esto se le llama hoy día cultura y tradición con identidad). También cada pueblo o raza de la semilla de maíz tenía sus formas de hacer sus comidas, sus bailes, sus oraciones, sus bebidas, actividades religiosas en honor a la tierra, al sol, a la luna, al agua, al mar y más, al creador del universo.

OTROS MENSAJES

También contaron ellos, que sus abuelos les habían contado que el creador había dejado los dueños de los animales del monte y un cuidador de la montaña de los ríos, del agua; que eran como espíritus para que cuidaran esos bienes y que muchas veces pondrían las reglas de cuántos animales se podrían cazar, así como los peces, la madera, y otras cosas más.

También que había cuidadores de los tesoros como el oro y la plata, que se encontraban en la tierra, en los ríos, en las nacientes de las aguas. Todo tenía sus cuidadores, sus dueños; que no teníamos derecho a agotarlo todo y nos olvidáramos de las familias de más adelante.

LA SABIDURÍA

Nuestros abuelos decían que los abuelos anteriores les habían dicho que el creador del mundo había dejado a hombres y mujeres con sabiduría para curar las enfermedades que les causaran daños a las criaturas. Que ellos tendrían espíritus que podrían ver lo bueno y lo malo que nos podría estar pasando y curarnos –o avisarnos que no hiciéramos de eso porque nos podría pasar algo malo, sólo podríamos hacer lo bueno y no lo malo–; así el creador del mundo quería que fueran estos sabios y sabias que eran como doctores y doctoras, que también curaban con plantas y hierbas que estaban en las montañas, en los bosques naturales.

OTRA ESPIRITUALIDAD

Contaron los abuelos que sus abuelos antepasados les habían contado a sus hijos y nietos, que nosotros teníamos un espíritu como Dios que nos cuidaba, que el creador del mundo nos lo había dejado para que ayudara a hacer el bien; por eso los Bröran eran trabajadores y todos los Teribes Nasos también. Y que ese espíritu era la Diosa del agua Tjer Dí. Por esta razón es que había que cuidar el agua de los ríos y las quebradas, el mar y la naturaleza porque nuestra Diosa dueña del agua tiene un lugar para nosotros los Nasos que es como una tierra prometida. Esta Diosa con espíritu de mujer siempre estará enviando agua para nuestros cultivos para que haya abundancia. Y el que le haga daño a los ríos, quebradas y nacientes de agua está haciendo daño a su propia vida y la de las futuras generaciones.

LA RESISTENCIA Y EL SECRETO

Un pueblo sometido a una domesticación religiosa debe callar su originalidad y su hábitat, inclusive sus tierras y creer que está en otras tierras, aunque sean las mismas donde caminaba. Este fue el pueblo Bröran, que son Teribes por origen o nacionalidad como grupo originario.

El tenerlos agrupados en un lugar estratégico para los intereses de los conquistadores bajo el espiritualismo de la santa madre Iglesia ocuparía una directriz para la domesticación llamada civilización.

Este pueblo en el seno de lo muy íntimo de su corazón llevaba su resistencia como pueblo originario, a pesar de que los extraños obligatoriamente los hacían hablar y pensar diferente que como grupo originario, aunque por naturaleza tenían su forma social comunitaria para hacer sus trabajos. Es probable que con algún rito espiritual el conquistador aprovecha para afianzar su forma explotadora humana, logrando tener como obligación cristiana de fe a la iglesia el templo de Dios, donde el mayor aporte del trabajo humano tiene que ser entregado a la iglesia para recibir perdón por los pecados cometidos.

COSAS QUE NOS DIJERON NUESTROS ABUELOS

Nos decían los abuelos que los tatarabuelos les decían y les contaban que el pueblo Bröran recorría o andaba todas las llanuras del río Dikis o Térraba hasta las cabeceras del río Teribe o Terbi y sus bajuras. Que los hombres blancos cuando los agarran a ellos se los trajeron para las bajuras del Dikis. Y los otros se quedaron allá porque no los podían agarrar. Ellos solo venían a escondidas para matar a los conquistadores; es por eso que dicen que nos trajeron de allá. Pero no es cierto, nuestros antepasados caminaban todas estas tierras y tenían señales de piedras para no perderse entre las montañas.

Decían nuestros antepasados que trabajaban para la iglesia y la mayoría de su trabajo lo entregaban a esta. Esto lo decían nuestros abuelos que les contaban sus abuelos. Las mujeres solas y viudas, trabajan para el templo para obtener sus alimentos y probablemente otras necesidades o el perdón de Dios.

LA AFINIDAD ESPIRITUAL ORIGINARIA NASO

Sin embargo la fineza espiritual del amor a la madre tierra como creaturas de la tierra, por el agua y por la naturaleza y de todos los otros que se relacionan con la creación como la luna, que tiene una relación muy cercana con la producción que da la tierra; el sol, que da parte del quehacer diario de nuestra vida natural y otras cosas más, hicieron y nos dieron fuerzas resistentes a ese desafío de esa época, pusieron fuerzas en nuestros ancestros que aún persisten luchando por su espacio, su dignidad, su espiritualidad y su identidad histórica como pueblo en el siglo XX y XXI.

¿QUÉ PASÓ CON LAS RIQUEZAS DE LA IGLESIA DEL PUEBLO BRÖRAN DE SAN FRANCISCO DE TÉRRABA?

Nos contaron nuestros abuelos que les contaron los abuelos y padres de ellos, que la iglesia de San Francisco de Térraba tenía muchos tesoros y bienes. Había ganado en abundancia, aves domésticas, oro y plata. Todo era donado por sus feligreses que salía del trabajo cotidiano que hacían los indígenas Térrabas al orden de los padres Franciscanos y después, de los padres Paulinos.

Dicen que llegó un tiempo que los curas o padres les dijeron que vendría una peste, y que todos iban a morir de esa enfermedad.

El pueblo Térraba era grande en habitantes originarios, y dicen que les decían los padres que es mejor que los que no quieren morir busquen otro lugar para vivir.

Estos padres comenzaron a llevarse poco a poco los bienes de la iglesia; hasta llevarse todo. Dentro de eso que se llevaron iban 100 libras de oro en figuras, y 25 libras en plata; que a todo esto les llamaban las alhajas de la iglesia. Toda la infraestructura que tenía material fino fue llevado o trasladado a otro lugar, quedando lo de menos valor y dentro de eso el santo San Francisco.

Este templo o iglesia que fue destruida estaba montada sobre bases de piedra labradas para montar la madera. Todo nos indica que nuestros abuelos conocieron esos bienes y tesoros porque a sus padres le había tocado custodiarlo con mucho amor porque era de la iglesia.

Por fin llegó lo que anunciaban los padres: la peste. Nos contaban nuestros padres y madres y nuestros abuelos lo confirmaban que sus padres les habían contado, que se enfermaban familias enteras y amanecían muertos, entonces las otras familias las enterraban; así fueron muriendo cantidad de personas del pueblo San Francisco de Térraba y otros pueblecitos que le rodeaban, quedando muy pocas familias vivas que sirvieron como semilla de un pueblo originario devastado.

INCÓGNITAS (SECRETOS)

Nos indica la historia de nuestros abuelos, que los curas padres sabían de la peste, que ellos hicieron los esfuerzos por llevarse los bienes y tesoros de la Iglesia. Tiempos después, contaron nuestros abuelos, que se dieron cuenta que muy lejos habían construido una iglesia con los materiales que se habían llevado los curas padres de San Francisco de Térraba. Además, que parte de las riquezas y del tesoro lo habían dejado en esta Iglesia o templo de Dios. ¿Quién les habría contado? Cómo se habrían dado cuenta, no sabemos.

Lo que sí nos contaron fue que los sacerdotes franciscanos seleccionaban a jovencitos y los llevaban a Cartago, para enseñarlos a leer, escribir, servir a la iglesia y para que enseñaran a los habitantes del pueblo la doctrina cristiana. Uno de estos abuelos, su nombre era Candelario Cabrera Zúñiga, creemos que fue uno de los últimos que llevaron, y hace unos 55 años que falleció; murió como de 100 años y era un gran cantor en la iglesia, el mejor rezador; coordinaba todas las actividades de la iglesia y sabía tocar las campanas mejor que todos. Lo hacía con muchísima alegría. Era el que hacía el toque de campana cuando alguna persona moría y cuando lo sepultaban ellos, le decían que doblara las campanas. Él les enseñaba a las otras personas interesadas en aprender.

Ordenaba y preparaba a los niños y niñas para las fiestas que tenían que ver con la iglesia, principalmente para el 25 de diciembre, año nuevo 1 de enero, el nacimiento del niño Jesús, la semana santa, el sacrificio y muerte, y la resurrección de Jesucristo de acuerdo a la doctrina cristiana católica apostólica romana.

Este gran hombre es uno de los abuelos que contó lo que otros abuelos anteriores les habían contado. Contó lo de los bienes, tesoros y riquezas de la iglesia, y de los materiales que fueron llevados del pueblo San Francisco de Térraba, Bröran. Esto lo hacía en compañía de otros y otras personas de su edad, para que los más jóvenes y los niños escucharan.

Ellos también decían con mucha tristeza esto, pues el pueblo ya no tenía esa riqueza. ¿Quién sabe a dónde estaría? Dicen que a una iglesia que se llama la Agonía; decían ellos esto. ¿Quién les contó? No sabemos.

También decían que no somos solo nosotros los Bröran, que tenemos otros hermanos de nuestra raza Teribes que viven al otro lado de la fila o cordillera de la montaña; que algún día los conoceremos y nos encontraremos. ¡Cuando eso sea es cuando el mundo se estará terminando! ¡EL FINAL DEL MUNDO! Decían que los jóvenes que lo verán estarán viejos como nosotros; tal vez ni ellos. Ya estarán muertos como nosotros. Los nietos de ellos, los hijos de los hijos de ellos serán los que lo vean y lo vivan y se darán cuenta que somos los mismos pero que la gente nos apartó.

También decían: hoy se llevaron los trabajos de nuestros abuelos, nuestras riquezas que Dios nos regaló. Los conquistadores que tenían una sede en Cartago, donde hacían domesticaciones religiosas a los indígenas de cualquier nacionalidad originaria, y a la vez le daban muerte al que no obedeciera en el nombre de Dios. Ellos mantenían una vigilancia al pueblo de Térraba, siempre lo estarían visitando, llevando la doctrina a los sobrevivientes y probablemente llevando algún indígena que ellos consideran a Cartago, para doctrinarlo y que él promoviera ese trabajo en el pueblo y así montar el poder de la Iglesia en el pueblo a las nuevas generaciones.

LOS SOBREVIVIENTES Y SUS GENERACIONES

Los sobrevivientes de la maligna parte, que no sabemos cuántos serían ni sus nombres, reconstruyeron otro nuevo templo, por su amor a la espiritualidad del perdón de Dios y dirigido por los curas católicos de esa época. Este nuevo templo o iglesia ya no tenía las riquezas que había tenido el primer templo, pero se practicaba la limosna a San Francisco de Térraba y la donación de animales, entre ellos el ganado que caminaba libre por las veredas y sabanas del pueblo de Térraba. Ya no se encerraban, pues los sacerdotes ya no vivían en San Francisco de Térraba; se cree que vivían en Cartago, Ujarrás de Cartago. En ese lugar se encuentran las ruinas de Ujarrás, el templo, o bien en la iglesia de la Agonía en Alajuela. Los dos son provincias de Costa Rica, solo que Cartago fue la primera capital de Costa Rica y el fuerte de los conquistadores.

SOBREVIVIENTES Y SUS FORMAS CULTURALES

Estos sobrevivientes con su nueva generación de hijos de ellos, fueron dándole vida a un pueblo prácticamente desaparecido. Lo importante es que de acuerdo a una cultura y una historia y costumbre tratan de accionar una vivencia cultural propia, y al mismo practicar los mandatos religiosos de la iglesia católica romana, dirigidos por sacerdotes o curas padres que los visitan temporalmente, y principalmente el 4 de octubre, día de San Francisco; día en que se celebrarían con mucha devoción matrimonios, confesiones y bautizos. Había gran convivencia comunitaria para mantener el pueblo coordinado y en comunicación alerta con las actividades religiosas diarias y la visita temporal de los padres curas.

Había personas que los padres seleccionaban, que los tenían muy bien asesorados para dirigir al pueblo y mantenerlo activo. Entre ellos, entre las personas seleccionadas había uno que le llamaban el mayordomo. Estos mayordomos le darían todos los informes al sacerdote cuando visitaba al pueblo, incluyendo los bienes de la Iglesia. Este mayordomo tenía que haber pasado por todo un convencimiento de lealtad a la iglesia y a los padres, al igual a sus acompañantes. Esta lealtad se basaba en la práctica religiosa espiritual como cristiano católico romano apostólico para la iglesia católica romana y la honestidad intachable; solo podía decir la verdad. Así podía recibir el perdón y la bendición de Dios, haciendo una confesión al padre cura en el confesionario donde confesaban que habían dicho la verdad; o que habían dicho mentira y se habían equivocado; más los otros pecados que habrían hecho durante el tiempo que el padre regresaba al pueblo.

Esta reglamentación es transmitida a todo el pueblo de San Francisco de Térraba, a adultos y niños desde la iglesia. Lo único es que para estos tiempos el templo ya no tiene tesoros de oro y plata. Lo único que existe es un amor al trabajo, de ayuda mutua entre los pobladores sobrevivientes y un respeto hacia la iglesia católica, a los padres sacerdotes de la iglesia católica romana apostólica.

LOS HIJOS DE LOS SOBREVIVIENTES

Los hijos de los sobrevivientes de la primera parte fueron doctrinados por sus padres y madres por tornar a la obediencia religiosa para alcanzar ese perdón de Dios dicho por los padres curas, y practicaban esas prácticas religiosas traídas por los conquistadores. Pero seguían llevando por dentro de sus entrañas el saber de que pertenecían a una nacionalidad propia, con sus tradiciones y costumbres y su propio lenguaje diferente a otros pueblos originarios, culturalmente hechos por Dios y que su pueblo es Bröran. Por eso es que ellos tienen sus propias bebidas, comidas, danzas, vestimentas, y hasta su propia organización que se les ha desaparecido llevándolos a organizarse de otra forma.

LOS HIJOS DE LOS HIJOS DE LOS SOBREVIVIENTES

Estos como segunda generación de los sobrevivientes de la parte, también reciben una directriz doctrinaria igual que sus padres y madres paternos, así al respeto y disciplina desde la santa madre iglesia católica apostólica romana.

Se celebraban los 25 de diciembre, nacimiento del niño dios. También el 1 de enero, año nuevo. También el día del niño, el 6 de enero con los tres reyes magos que visitaron al niño (estrella del oriente). El 4 de octubre, día de San Francisco de Térraba. Se celebraba la semana santa con muchísima idolatría desde el lunes hasta el domingo de resurrección, no se trabajaba, no se maltrataba a los animales. Tampoco se castigaba a los humanos (los niños) hasta que pasara la semana santa. No se doblaban campanas, no se comía carne de ningún animal silvestre ni doméstico, no se tomaba licor, no se lavaba en los ríos, no se comía por la mañana y no se discutía entre vecinos, parejas y familias. No se ocupaban los animales para trabajar ni maltratarlos, no se vendía productos y no se recibía dinero.

¿QUÉ SE PODÍA HACER?

Los adultos preparaban todos los alimentos que se ocuparían durante la semana santa. Los jóvenes adolescentes preparaban toda la leña que ocuparían durante la semana santa y más. Las madres e hijos adultos y jóvenes preparaban las plantas medicinales y la vestimenta que ocupaban durante la semana santa; hasta la bebida cultural, licor que tomarían después de la semana. Esta preparación se hacía la semana anterior a la semana santa. Para hacer esto se ayudaban las familias de la población.

Se comía toda clase de granos básicos que dan las plantas para nuestra alimentación. Solo se podía comer carne de pescado, las hojas tiernas de las palmeras de las montañas que se les llama palmitos de palma. Para bañarse se hacía con un jícaro con todo cuidado. Se servían alimentos hasta las 12 del día, se rezaba por la mañana y por la tarde en la iglesia. Todos tenían que llegar a la iglesia.

¿QUÉ EXISTÍA?

Un sepulcro con una estatua llamada Jesucristo en el sepulcro, manchado de sangre y herido en el pecho con una corona de espinas. A esta se le ponían las semillas que sembrarían para que no sufrieran ninguna plaga.

Una estatua llamada Jesús pegado en una cruz y donde otra estatua le apuntaba con una lanza al pecho. A esta había que pedirle perdón por nuestros pecados.

Una estatua llamada Jesús con corona de espinas, con una cruz al hombro; esta la sacaban a la calle por los caminos del pueblo llevándolo en procesión y los habitantes rezando atrás de los que lo llevaban.

Existía una matraca de madera que se ocupaba para tocarla y llamar a los vecinos a rezar; a los jóvenes les tocaba hacer esto por la mañana y por la tarde. Tres toques de la matraca y ya tenían que llegar las personas. Lo hacían los jóvenes adolescentes y hombres corriendo; esto debería ser rápido por los caminos del pueblo.

¿CÓMO USABAN LA ALIMENTACIÓN?

Por la mañana, durante la semana, los responsables de la alimentación se levantaban a preparar los alimentos en todas las casas, sin olvidar que primero rezaban en su casa, para comer alimentos a las 12 del día una vez preparados los alimentos. Los niños de 8 a 15 años iniciaban un intercambio de alimentos de casa en casa, así se tendría alimentación de todas las familias; una alimentación colectiva, de alegría y de familia, con amor familiar de un pueblo con una identidad cultural domesticada que se rompía por momentos, pero que sobrevivía con todo esfuerzo y desafío de sobrevivientes en un pueblo en exterminio, que lucha por su identidad propia desde esos años.

Entre rezos, adoración a Dios, a la imagen de Jesucristo en la cruz y el sepulcro, procesiones por los caminos del pueblo y la alimentación compartida, pasaban una semana que habían aprendido a llamarle semana santa. Terminando con la muerte y sacrificio de Jesucristo el día viernes santo y el domingo de resurrección, donde el señor Jesús vuelve a resucitar.

Ya de este día en adelante los originarios Térrabas podían tomar su bebida cultural, la chicha de maíz que diariamente tomaban. Esta actividad era muy específica para lograr que el grupo originario mantuviera su espiritualidad y la practicara con toda devoción hacia la doctrinación cristiana de la iglesia católica romana, olvidando su espiritualidad propia originaria con la creación de la tierra: Shobö.

Marcos Antonio Rivera Fernández

Marcos Antonio Rivera Fernández nació en Pejibaye, de Pérez Zeledón. Realizó la primaria en la escuela de China Kichá, la secundaria en el Colegio Técnico Profesional de Buenos Aires. Obtuvo un bachillerato en Administración de Empresas Turísticas en la Universidad Metropolitana Castro Carazo, una licenciatura en docencia y también licenciatura y maestría en Administración Educativa. En la actualidad estudia Administración de Empresas con énfasis en Recursos Humanos. En el 2005 empezó a trabajar como misceláneo en el Liceo Térraba. En este puesto trabajó dos años. A partir del 2007 inició sus labores como docente en el Liceo Térraba y en el 2012 asumió el puesto de director de esta institución, lo cual ha sido un proceso de lucha y sacrificio. Es amante de los valores culturales y autóctonos de la cultura indígena Térraba; ha promovido los valores culturales por mucho tiempo y es descendiente de las culturas indígenas Térraba y Cabecar.

La historia del nuevo Liceo Térraba

El 13 de febrero del año 2012 a las 3:00 am se procede a cerrar el colegio de Térraba por un grupo de jóvenes, docentes y personas adultas de la comunidad indígena de Térraba. Uno de los motivos por los que se tomó esta decisión era el disgusto que se tenía en contra de los administradores del colegio: con la Directora Wendy Marín García, la asistente de dirección Adriana Caballero Vargas, la orientadora Mauren Jiménez Fernández y la miscelánea Yendry Guadamuz Calderón. Este personal era muy racista, e irónicamente estaban trabajando en una comunidad indígena. El racismo se hacía ver puesto que no querían a las personas indígenas que luchaban por los derechos de su pueblo y defendían los valores culturales autóctonos. Otra de las inquietudes que existía eran las condiciones de la infraestructura donde recibían las clases los jóvenes: los pisos eran de tierra, un aula estaba tapada con una lona, todo era muy caliente, se recibían clases debajo de unos toldos y cuando llovía los jóvenes se mojaban, había solo tres aulas de cemento. Otro de los motivos por los que se tomó el liceo era el incumplimiento de las leyes indígenas. No se respetaba que ya había personas indígenas preparadas académicamente y el MEP (Ministerio de Educación Pública) ignoraba que los indígenas tenían prioridades más importantes en la parte administrativa. El MEP decía que esa parte no la abarcaba el Convenio 169 de la OIT (Organización Internacional del Trabajo), cuando en realidad también abarcaba la parte administrativa de la educación; por lo tanto, queríamos que se nos respetara ese derecho.

A las 5:00 am se incorporaron más personas a la toma del Liceo. A las 6:50 am llegó la directora y el personal docente que la apoyaba. Ellos se devolvieron y estuvieron en la plaza del pueblo durante todo el día. Ese día solo llego Janet Murillo, representante de la Regional Grande del Térraba, quien estuvo afuera de las instalaciones del Liceo. Además, se hizo presente la fuerza pública y en todo ese día los manifestantes en el Liceo estuvieron planeando las estrategias a seguir para los días que iba a durar la toma del colegio. En ese mismo día a través de internet se publicó el objetivo de la toma del liceo y fue así como transcurrió el día lunes.

Por la noche se reunió la comunidad para hacer oraciones y hacer vigilia en el Liceo. El día martes por la mañana fue un día normal hasta que por la tarde empezó a llegar la policía. Se escuchaban rumores de que la policía iba a sacar del colegio a las personas que habían tomado el liceo y muchas personas que eran del lado opuesto tenían esa expectativa. Como a las 4:30 pm entró la policía a la comunidad y comenzó a rodear el liceo con cinta amarilla que decía "precaución" y además cerraron la calle principal que lleva hacia el colegio. Después sacaron una pata de chancho (palanca metálica) y se la dieron al supervisor Juan Carlos Muñoz Gamboa. Este junto con la asistente y unos policías decían que iban a abrir el colegio cortando la cadena que cerraba el liceo. En ese momento hubo una discusión entre el señor Juan Carlos Muñoz y algunos líderes indígenas de la comunidad por lo que iban a hacer, pero el señor dijo que iba a abrir el portón a como diera lugar. Todos los manifestantes estaban adentro del liceo y se le dijo a Muñoz que enseñara la orden que tenía para abrir el colegio, con la que no contaba. En ese momento entró una llamada del señor diputado Claudio Monge, donde decía que estas personas no tenían ninguna autoridad para abrir el liceo. El señor Muñoz, muy enojado, se fue diciendo que al día siguiente iba a venir a detener a todas las personas que estaban en la toma del colegio, y que todos los docentes que estaban en la manifestación iban a quedar despedidos.

El día miércoles corrió el día con tranquilidad. No llegó nadie del MEP ni ningún campesino de la comunidad, solo algunos miembros de la fuerza pública y el medio de comunicación Nativa TV de Costa Rica.

El día jueves transcurría todo con tranquilidad hasta que por la tarde llegaron los señores del MEP para planear una reunión. Finalmente se reunieron y tocaron varios temas; el MEP decía que ellos no podían hacer nada, que no había ninguna violación de nada y se terminó programando una reunión con el Director Regional Óscar Valverde para el día viernes.

El viernes transcurrió la mañana toda tranquila y por la tarde se planeó la reunión con el Director Regional. Ese día había mucha gente campesina y personas indígenas que no estaban de acuerdo con las leyes indígenas y su cultura, además estaban todos los profesores del bando contrario. Ese día durante la reunión, el Director Regional decía que no se podía hacer nada porque no había ninguna violación de ninguna ley. Esto provocó molestia en las personas no indígenas que estaban afuera y empezaron a romper la malla metálica de la escuela y a tirar piedras sobre el techo; después que terminó la reunión Don Oscar Valverde se reunió con el grupo opositor.

El sábado transcurrió todo normal por la mañana; se incorporaron más personas de la comunidad para apoyar a los que estaban dentro del liceo. El día fue muy tranquilo, aunque siempre estábamos con la presión que nos hacía el grupo opositor. También creíamos que nos iba a llevar la policía o que nos iba a atacar la gente no indígena o campesina.

El domingo todo transcurrió con normalidad, tuvimos la visita de unos hermanos indígenas del territorio indígena de Salitre y de Rey Curré. Se escuchaban rumores de que la directora Wendy Marín García y el señor Genaro Gutiérrez Reyes estaban convocando a las personas no indígenas para atacar a los indígenas que estaban en la toma del liceo. Se escuchaban rumores de todo tipo, como que iban a atacar a varias personas y que los iban a asesinar. Esa noche fue muy tensa, se fue la luz dos veces, los perros se peleaban y había un ambiente muy hostil, todo parecía que sí iban a atacar a las personas indígenas.

El día lunes cuando empezaron a caer los primeros rayos de la luz del sol todo el ambiente seguía hostil, el cansancio de toda una semana en vigilia ya se empezaba a reflejar en el rostro de los indígenas, todos estaban agotados y cansados. Desde temprano se escuchaba que muchas personas no indígenas se estaban trasladando hacia la comunidad de Térraba y que la directora estaba jalando a algunos padres y campesinos en su carro para venir a atacar a los indígenas. Muchos alumnos indígenas y personas de la comunidad empezaron a dar el aviso que venían todos los campesinos a atacar a los indígenas y fue verdad. A las 9:00 am. Venía un grupo de cuatrocientas personas con machetes y garrotes; cada garrote traía clavos para agredir a los indígenas. Una de las metas más importantes de la huelga que teníamos era ser pacíficos y no violentar. Los siquas (personas no indígenas) entraron a la comunidad, trataron abrir el portón varias veces y romper la cadena con un martillo, pero no pudieron. En ese momento empezaron los no indígenas a agredir a algunas personas indígenas y empezó toda la lucha donde se peleaban un grupo de indígenas con los no indígenas. Nos vimos forzados a defendernos de los ataques. Fueron cinco minutos muy intensos y feos, había sangre por todas partes y muchos de los indígenas pelearon valientemente hasta más no poder. Al frente de los atacantes había muchas personas no indígenas, finqueros, personas altas de sombrero ancho, personas conocidas por ser matones, con garrotes y machetes. Pero los indígenas nunca se rindieron. Se armaron varios pleitos por muchos lugares del liceo. Cuando los pleitos se trasladaban de un lugar para otro quedaba la sangre de las personas sobre la tierra en el corredor del liceo. Pasaron varias personas y la sangre quedaba regada por el piso, como cuando pasa una manguera con agua y deja una gotera de agua. A muchas de las mujeres indígenas muchos campesinos intentaron agredirlas, pero en ese entonces ya muchos de los garrotes que ellos traían al inicio estaban en nuestras manos. Muchas de estas mujeres también lucharon valientemente. Vimos cuando a una de ellas un viejo ganadero la estaba agrediendo, que ella agarró un palo y le dio por la cabeza y se lo apeó. Se veía a muchos ganaderos caídos a la hora del combate y mientras seguía el pleito toda la gente les pasaba por encima. Muchos de los indígenas fueron agredidos y terminaron heridos, pero hubo más agredidos de los no indígenas. Todo esto duró de 20 a 25 minutos.

Según contó un periodista, la fuerza pública se encontraba a la entrada de Térraba y había mandado primero a los campesinos a abrir el portón y provocarnos. Más o menos 30 minutos después llegó la fuerza pública cuando ya no había nada que hacer, entonces empezaron a llegar las ambulancias y más policías. También llegaron más personas campesinas o no indígenas por la tarde. Esa tarde fue muy tensa, llegaron los representantes del MEP y la Regional a negociar. Mientras tanto, también se escuchaban rumores que los no indígenas querían entrar nuevamente en el colegio para atacarnos. En los alrededores del colegio y la comunidad había muchos no indígenas; ese día fue unos de los días más duros del movimiento indígena. Por la noche se hicieron oraciones y vigilias, decían que se iban a incorporar al movimiento estudiantes de la Universidad de Costa Rica y la Universidad Nacional, los cuales llegaron en la media noche con una delegación de unos 25 estudiantes de las dos universidades estatales.

El martes fue un día donde los indígenas estaban bien organizados. Con la ayuda de los estudiantes de las universidades se hicieron varios cantos alusivos al movimiento indígena. Por la tarde llegaron los representantes del gobierno, uno de ellos el diputado Martín Monestel. La reunión con los representantes empezó a la 1:00 pm y terminó a las 7:00 pm y en todo ese tiempo se estuvieron negociando los puntos y objetivos de la huelga. En esos minutos de la reunión habló el representante indígena Paulino Nájera, el cual expuso los acuerdos mencionados al inicio de la crónica. Después de cada punto que don Paulino expresaba las personas aplaudían. Uno de los acuerdos más importantes era que se iba a reubicar a la Miscelánea y a la Orientadora, y se daría un lapso de ocho días para ver dónde reubicaban a la directora y buscar a un candidato indígena que cumpliera los requisitos para ser director del liceo. Se iba a hacer un estudio para ver si reubicaban a la Asistente de Dirección y lo más importante, se firmó un acuerdo que establecía que dentro de seis meses se empezaría la construcción del nuevo Liceo Térraba, para el cual se contaba con una suma de seiscientos once millones de Colones. En esta reunión hablaron varias personas y se levantó el bloqueo después de llegar a varios acuerdos. A eso de las 8:00 pm se recogió todo lo que había en el colegio, las ollas y las cobijas. Los representantes del MEP se fueron a reunir con el grupo opositor de no indígenas para informarles de las decisiones tomadas. El grupo de indígenas fue y se reunió en el patio de la casa de Asdrúbal Rivera, donde se comentaron varios temas.

El día miércoles 23 de febrero se reabrieron las instalaciones del Liceo Térraba con la presencia de Janet Murillo como Directora Interina durante ocho días. Muchas personas del grupo opositor llegaron a pedir el traslado de sus hijos, pues no querían que estudiaran allí y decían que los iban a llevar a otro colegio en Buenos Aires, a unos 15 km de Térraba. En ese entonces la señora Wendy Marín García y el señor Genaro Gutiérrez Reyes iniciaron todo un movimiento para llevar a todos los estudiantes del Liceo Térraba a Buenos Aires y de esta forma cerrar el colegio por falta de estudiantes. Una de las personas que más ayudó para llevarse a los estudiantes fue el transportista Gerardo Arroyo Espinoza. Así fueron transcurriendo los días con ese movimiento de desaparecer el liceo. Algunos estudiantes se fueron, pero los que quedaron trabajaron arduamente para salir adelante.

Ese fin de semana, el sábado 3 de marzo, se recibió la noticia más triste de todo este movimiento: un gran luchador de este movimiento, el joven profesor de Ciencias, Milton Solano Rivera, había muerto. Esa fue una noticia muy dura para el movimiento indígena que había luchado por los derechos de la comunidad. No hubo nadie del movimiento indígena que no derramara lágrimas por esta gran pérdida de nuestra comunidad. El cuerpo lo trajeron el domingo 4 de marzo. A las 3:00 pm hubo mucha solidaridad con la familia del querido Milton y el movimiento. Vinieron personas de otros territorios indígenas a apoyar y todo esto nos ayudó a unirnos más como movimiento indígena. El lunes 5 enterraron a Milton Solano a la 3:00 pm. Y fue uno de los días más tristes para el movimiento, pero nos ayudó a ser más fuertes. Ese mismo día se había convocado a las personas postulantes para las posiciones de Miscelánea y Director para nombrarlos. Todo fue una burla, puesto que solo nombraron a la Miscelánea y al director no lo nombraron sino hasta días después. El director indígena fue nombrado el día jueves 8 de marzo, y con este nombramiento se había concluido uno de los ciclos y una lucha que había hecho la comunidad por mucho tiempo.

Todas estas decisiones y principalmente el nombramiento de un director indígena provocaron bloqueos en muchas partes en contra del Liceo Térraba. Ante esto renunciaron tres miembros de la junta administrativa y había que llevar las ternas en la municipalidad y el consejo municipal no quería hacer los trámites. Duraron como 22 días para poder ser completados. Al nuevo director indígena no le creían que era director, y para hacer los trámites le pidieron el nombramiento oficial como tal. El transportista decía que no iba a jalar estudiantes porque no le pagaban y no había dinero para comprarle al proveedor de comidas. Fue una época muy dura. En el edificio del ministerio, si usted se presentaba como director lo atendían con mala cara, con desprecio y con mala ganas, principalmente por ser indígena.

Transcurrió el tiempo y el jueves 12 de abril llegó a la comunidad el ingeniero Alejandro Aguilar, el cual andaba viendo el lote para el nuevo colegio. Estuvo también mostrando el diseño del colegio. Él se reunió con la comunidad y presentó el diseño del liceo.

En agosto se reunió el joven Sebastián Martínez, de PROMESE (instancia del MEP que ejecuta la parte de infraestructura) con la comunidad para darle una explicación y firmar el contrato de la construcción del liceo. En esa reunión no se firma el contrato porque había algunas deficiencias en el documento presentado, por lo tanto, se plantea otra reunión donde participaron muchas personas de la comunidad para ver el firmado del contrato para la construcción del colegio. En la siguiente reunión participó toda la comunidad que había estado en la lucha, los comités de negociación, el comité de Mayores y la Junta Administrativa. Se hicieron presentaciones culturales con los estudiantes y fue un evento de mucha importancia donde finalmente se firmó el contrato. La licitación de la construcción del colegio fue publicada el lunes 3 de septiembre del mismo año en el periódico *La Nación*.

Según PROMESE, el liceo se empezaría a construir en octubre, pero gracias a muchos trámites burocráticos cada día se decía que se iba alargar el tiempo. Siempre hubo un acercamiento con los señores de PROMESE y en enero llegaron algunos miembros y junto con ellos el arquitecto Walter Solano y el ingeniero Luis Erra a visitar el lote donde se construiría el Liceo. En ese mismo mes se reunieron algunos líderes de la comunidad con los señores de PROMESE en Buenos Aires, en las instalaciones de ARADIKES (Asociación Regional Aborigen del DIKES) y se firmó el contrato de PROMESE con la constructora PEÑARANDA, de la cual Marcos Peñaranda era el dueño, para que se llevara a cabo el proyecto.

El día 5 de febrero llegaron los constructores del Liceo Térraba. Era un grupo de unas siete personas. El maestro de obra era el señor Minor.

Todos los constructores eran de Turrialba. El día 14 de febrero se realizó una reunión con toda la comunidad, personal docente, administrativo y los estudiantes en el nuevo lugar donde se iba a construir el Liceo. Ahí se tocaron varios temas; uno de ellos era que la comunidad pedía que le dieran oportunidad de trabajo a las personas que estuvieron en la lucha, por lo cual se contrató mano de obra local. Muchas personas de la comunidad estaban molestas porque algunas personas que estuvieron agrediendo a los indígenas estaban trabajando en la construcción del colegio.

Con el tiempo se fue avanzando con la construcción del colegio. Se hacía todos los meses una reunión con los señores de PROMESE y la comunidad. En la construcción se escuchaban muchos rumores, que los empleados se estaban robando el material de la constructora, como perlin, cemento y un carretillo. En ese tiempo se escucha que había algunas parejas amorosas entre los constructores y algunas muchachas de la comunidad.

Así transcurrió el tiempo. El liceo iba avanzando y en julio se cambió al maestro de obra porque el que había estaba muy lerdo y había ocasionado muchas anomalías. Por lo antes mencionado, a él y a toda la cuadrilla que venía de Turrialba los echaron, entonces entró un nuevo maestro de obras de nombre don Omar Mora, proveniente de Grecia y junto con él vinieron algunos nuevos empleados provenientes de Grecia y de Buenos Aires. Con el cambio del maestro de obra el liceo empezó un avance más rápido y ya para finales de julio la construcción estaba a un 95%. El día domingo 28 de julio hicieron los primeros recortes de trabajadores debido a que ya se había reducido el trabajo.

El día miércoles 7 de agosto fue la pre entrega del nuevo liceo. A esa reunión llegaron Óscar Álvarez, inspector de PROMESE, Adrián Coto, jefe de infraestructura de PROMESE, Walter Solano Orozco, arquitecto de PROMESE, el ingeniero José Erra, quien dirigió el proyecto de la construcción, Marcos Peñaranda, dueño de la empresa PEÑARANDA que construyó la obra, Luis Chávez, regente ambiental, Marcos Rivera, Director del Liceo Térraba, Elides Rivera Navas, presidenta de la Junta

Administrativa del Liceo Térraba, y además participaron los estudiantes de la escuela Térraba. Los estudiantes del Liceo Térraba fueron un 98% de las personas que estuvieron en la toma del colegio en febrero del 2012. La junta administrativa para esta reunión había hecho unos tamales para las personas que participaron en esta actividad. A las 10:00 am inició la inspección del nuevo Liceo Térraba para ver qué defectos tenía. En todo el recorrido se inspeccionaron los tres pabellones; se encontraron varias fallas, a un baño se le salía el agua, otra era que las luces no funcionaban, faltaban tornillos en los techos y algunas pizarras estaban mal colocadas. También se revisó la casa tradicional construida en la parte de atrás. Se revisó el sistema de drenajes y todas las instalaciones eléctricas. Toda la inspección terminó a la 1:20 pm. Después se procedió a leer el acta donde se había escrito todos los defectos que se habían encontrado. Esta fue escrita y leída por Óscar Álvares, inspector de PROMESE. A la 1:45 pm se terminó de leer el acta. Esto ocasionó que hubiera muchos sentimientos encontrados pero buenos, pues era algo que estábamos esperando por mucho tiempo. Muchas personas de la comunidad no soportaron la alegría y lloraron al final de la reunión. Hablaron Óscar Álvarez, doña Elides Rivera, Marcos Rivera y don Enrique Rivera. Fue una hora de muchos sentimientos encontrados. Todos nos dimos un abrazo. Muchos se deshicieron llorando. No era para menos, era un sueño hecho realidad. Solo los que estuvieron en ese movimiento se dan cuenta lo duro que fue lograr la construcción del liceo. Muchas personas comentaban que lloraban de la emoción de los frutos que se estaban recogiendo, y de lo que se había sufrido para llegar a donde se estaba con la obra nueva de las instalaciones del Liceo Térraba.

En los días de los arreglos de los detalles del liceo quedaron solo cinco trabajadores. Ellos contaban que estaban rindiendo el trabajo y en esa fecha tumbaron el bache donde se quedaban los empleados y terminaron de poner la malla enfrente del Liceo. Pero había un problema muy grande, que no había electricidad debido a que en días atrás hubo un problema que tuvo el ICE (Instituto Costarricense de Electricidad). Este le había comprado los servicios al Proyecto Dikís para que vinieran a instalar un tendido eléctrico hasta el frente del colegio, y unas personas, un grupo muy pequeño se opuso. Debido a esto el ICE se retiró y pasaron los días y la desesperación por la electricidad se iba haciendo más grande.

El miércoles 21 de julio se firmó un permiso que ocupaba el ICE para ingresar a trabajar e instalar los postes de la electricidad. El viernes 23 de agosto los estudiantes pasaron las primeras sillas a las instalaciones del nuevo Liceo Térraba y el viernes 30 de agosto se hizo un acto cívico por parte del Director del liceo donde se le habló a los estudiantes de la importancia de cuidar la institución y la bendición que teníamos de estrenar un nuevo liceo. A las 7:30 pm se empezó a jalar los pupitres hacia el nuevo liceo. El señor que ayudó con el camión a jalar los pupitres se llamaba Asdrúbal Porras. Ese mismo día se reunieron los señores de PROMESE y el MEP. Se hizo una nueva inspección hasta las tres de la tarde y finalmente se entregaron las llaves del Liceo Térraba.

El lunes 2 de septiembre del 2013 se inició a dar clases en las instalaciones del nuevo liceo, se reunió a todos los alumnos y se les habló de la importancia de estrenar un nuevo liceo y se hizo una oración religiosa por parte de la profesora de inglés Xinia Acuña. Aquí empezó un nuevo ciclo en la historia del liceo. Todos los alumnos estaban muy contentos con las nuevas instalaciones y a la misma vez se escuchaban rumores que el grupo opositor y no indígenas estaban muy enojados por las nuevas infraestructuras del liceo. Se escuchaba que iban a quemar el rancho tradicional y muchas versiones que al final y al cabo nunca sucedió nada.

En ese mes todo transcurrió normal, del lunes 9 al domingo 15 de septiembre se celebró la primera semana cívica en las nuevas instalaciones del liceo. El 14 de septiembre se encendió la antorcha en las nuevas infraestructuras y a las 6:00 pm se cantó el himno nacional de Costa Rica y se hizo un acto cívico. El 15 de septiembre se organizó el primer acto cívico oficial a las 7:00 am, el cual fue primer acto cívico que se celebró esa fecha en las nuevas instalaciones. Ese mismo día se le hizo un desayuno a los estudiantes y profesores y además en esta semana empezaron los preparativos para la inauguración oficial del liceo. Se hizo una reunión con la Junta Administrativa en donde se informó que algunas personas iban a donar algunos cerdos para la inauguración y que se iban a hacer equipos de trabajo también. Hubo un comité de publicidad, otro de invitación, uno de la cocina, otro de actos protocolarios y se empezaron a gestionar todos los procesos para hacer el acto inaugural, el cual consistía durante el día en actos protocolarios y en la noche una actividad cultural, dejando todo listo para la actividad una semana antes.

El 25 de septiembre por la tarde se empezó a matar dos chanchos para hacer los tamales. Esto reunió a muchas personas de la comunidad para ayudar. El jueves 25 de septiembre se procedió a matar una vaca para la fiesta inaugural, donde participaron muchos miembros de la comunidad. Todo estaba listo para el acto inaugural.

El 27 de septiembre a las cinco de la mañana los cocineros empezaron a cocinar y a las 8:00 am empezaron a llegar las primeras personas. A las 9:00 am empezó la inauguración con una ceremonia indígena y después se procedió a los actos inaugurales. En la mesa principal se sentaron Javier Rodríguez, de Derechos Humanos, Luis Fallas, Defensor Adjunto de la Defensoría de los Habitantes, Alfio Piba, Vicepresidente de la República, Elides Rivera Navas, presidenta de la Junta Administrativa del Liceo Térraba, Marcos Rivera Fernández, Director del Liceo Térraba, Minor Mora, Viceministro de Educación, Manuel Villanueva del Concejo de Mayores y Serafín Ortiz, mayor de la comunidad indígena, de 98 años. Entre los personajes más reconocidos que estuvieron en la inauguración fueron Carol Montero, encargada del Ministerio de Cultura de la Región Brunca, Walter Solano, arquitecto de PROMESE, Yolanda Meléndez de la UMCA (Universidad Metropolitana Castro Carazo), Ligia Rojas, Directora Regional Grande del Térraba, Amílcar Castañeda, representante de la UNED (Universidad Estatal a Distancia), Paolo Nájera, representante de la Confederación de Estudiantes Indígenas. También hubo estudiantes de la UCR (Universidad de Costa Rica), UNA (Universidad Nacional) y del TEC (Tecnológico de Costa Rica). En el evento hubo representaciones de estudiantes del Liceo Térraba, bailes populares, bailes típicos de Costa Rica y bailes autóctonos de la cultura indígena Térraba. También hubo una representación de muchachos Ngöbes de alto San Antonio con una danza autóctona. La actividad fue moderada por Evelyn Rivera Navas, profesora de español y

Carlos Regueira, también profesor de español. Se presentó una placa en homenaje al profesor Milton Solano, quien murió en la lucha en el año 2012. La placa fue develada por el señor Paulino Nájera, líder comunal, quien también leyó un mensaje, y la recibieron Isabel Rivera, madre de Milton y Cristian Solano, hermano de Milton. En el acto protocolario hablaron todos los de la mesa principal y se procedió a cortar la cinta con el señor Serafín Ortiz. A las 12:00 pm se pasó un video hecho por la UNED que llevaba por nombre "Lo que el viento se llevó". En ese momento se procedió a repartir el almuerzo y a la 1:00 pm se empezó a tomar chicha. Tomaban todas las personas indígenas y no indígenas, hombres y mujeres. Para ese día había dos estañones de chicha. Como a las 3:00 pm en el rancho tradicional se hizo un baile tradicional con concertina. Había dos personas que tocaban la música: eran Alejandro Nájera y Marcelo Nájera. Bailaban las muchachas Ngöbes y los muchachos Térrabas y personas que nos visitaban de diferentes lugares. El baile duró toda la tarde y el que dirigía todo el grupo estaba muy molesto porque algunas muchachas y muchachos empezaron a andar en parejas. Entonces el director del grupo procedió a llevarse a las muchachas y ninguna quería irse porque la fiesta estaba emocionada y bonita. A las 5:00 pm no había chicha, toda la chicha se la habían bebido. Fue una tarde muy bonita porque no llovió y todas las personas que había en ese momento estaban muy tomadas y alegres. A las 5:00 pm empezaron a llegar los músicos para la tarde cultural que empezó a las 6:30 pm. En este evento participaron Alexis Rodríguez, de la comunidad Ngöbe de la Casona, Michael Morales, de la comunidad de Salitre del territorio Bribri, Fabio Flores, de la comunidad indígena Térraba, un cantante de música de conciencia social de la comunidad de Golfito, Los Rayos Norteños de Pérez Zeledón y también hubo presentaciones por parte de los alumnos del Liceo Térraba. Esta actividad fue moderada por el docente Gerardo Nájera. La noche estuvo muy bonita. Fue una noche de luna y llegó mucha gente de la comunidad y pueblos vecinos. Hubo muchas personas de diferentes zonas del país que nos acompañaron y personas de diferentes universidades. Las personas bailaron la música tradicional. Bailaban por diferentes lugares del liceo personas adultas, jóvenes, indígenas y no indígenas. Se había conseguido más chicha y mucha gente estaba enfiestada.

A las 10:30 pm terminó la noche cultural y el público quedó complacido con la actividad. Todas las personas se empezaron a retirar de la institución y algunas personas se quedaron terminando el poco de chicha que quedaba. A las 12:00 am se cerró el liceo. Algunas personas terminaron la fiesta en el rancho El Cuitaso hasta las 3:00 am.

Aquí se termina la historia de la lucha por obtener nuestro querido y amado Liceo Térraba, la cual quedará en la memoria de muchos por mucho tiempo.

Jarol Segura Rivera

Nacido en Pérez Zeledón, Jarol es indígena Bröran. Actualmente se desempeña como guarda nocturno de la Escuela de Térraba. Es padre de dos hijos y está felizmente casado con Soraida Arias Nájera. A Jarol no le gusta ser igual que los demás ni sentirse encajonado por las reglas propuestas por la sociedad, por eso para él la escritura es un método de escape y a la vez una forma de canalizar lo que sucede a su alrededor. A los 20 años quiso concursar en un certamen de poesía, pero fue acusado de que su trabajo no era de él (le dijeron que lo había plagiado) y por eso no pudo participar. Jarol practica la poesía desde los 15 años.

¡Oh noche!

Noche de aullidos de coyotes
se conjugan con el canto de los búhos
el dulce sonar de los grillos
entonan un hermoso himno

Allá a lo lejos
donde se funden en un abrazo la noche
con el canto de los animales
se escucha como se forman notas
del triste llanto del Gran Diquís

Allá donde Tjer Dí abraza su pueblo Bröram
lo sienta en su regazo
donde le da su beso
allá donde le dice
escucha como la fuerza de Sbö se manifiesta en la
                                    naturaleza

Oh noche de dulces cantos
Oh noche hermosa
que perfecta conjuntas las notas del aullido del
                                    coyote
y las mezclas con el canto del búho
y el violín de los grillos
y el llanto del Gran Diquís
para formar el hermoso canto de este pueblo
                            llamado Broranso

Sentado en una silla

Sentado en una silla
veo el paso del tiempo
y con él
la extinción de las flamas de mi pueblo Bröram

¡Allí, sí allí!
bajo la sombra de aquel árbol
Se juntan las memorias de este tiempo
negándose a la desaparición

Sentado en una silla
escucho un hermoso himno
que brota de las aguas del majestuoso Diquís
que se niega a ser dominado

Sentado en una silla
veo al tiempo pasar
veo allá a lo lejos una sombra pasar
y con ella
todos los recuerdos de mi pueblo
que se han ido con algunos de los mayores

Sentado en una silla
escucho las voces de algunos que han partido
con la esperanza de un mundo mejor
de un mundo que se niega a morir
abrazándonos sin odio

Dulce madre

Dulce madre escucha este himno
que se forma donde se funde en un abrazo
                                    la noche con el día,
notas de alegría que se estrechan con el más dulce de
        tus besos

Dulce madre naturaleza,
observa como algunos de tus hijos se esfuerzan
para mitigar el daño que le hemos hecho a tus venas
observa cómo te pedimos
que nos des un poco más de tiempo

Dulce madre
este es el más hermoso himno
que brota de lo más profundo del ser humano
y que sus hermanos
le han ayudado a construir para ti

Al hermano Sergio Guerrero

Guerrero que ves con agonía la muerte
guerrero que apuñalas día a día
ideales que sofocan tu libertad

Guerrero que se abraza de los más nobles ideales
de esperanza
Guerrero no te permitas ser vencido
fija tus sentidos
no te acobardes
aplómate que tu victoria está cerca

Veo

Veo
el tiempo como un sueño
que ha marcado una huella

Veo
como las hojas caen
los árboles cómo pierden su esplendor
las aves empiezan a callar su canto,
los ríos ya cantan con dolor

Veo
al tiempo pasar sin misericordia
veo el amanecer
veo el anochecer
veo al tiempo con esperanza

Sangre

Sangre indígena
Sangre indomable
Sangre fluye cual río al mar
Sangre maltratada hierve, fluye, grita
¡Que no te callen!
Sangre indomable
Sangre de bravo guerrero
Sangre que no te detenga la muerte
sea tu victoria la muerte
hará temblar a quien no te escuchó
quien se opuso a tu autonomía
sangre indígena aquí en mis venas

Luz

Luz de mi corazón
Luz de mi pueblo
Luz indomable
Luz de fuerza
Luz de furia
Luz amarga
Luz de mis ancestros
Luz de los que estamos
Luz de los que vienen
Luz de quienes resistimos
Luz de quienes gritamos y lloramos
Luz de quienes se han ido
Luz…
Luz…
Luz…
Luz…

Escribo sin sentido

Escribo sin sentido
porque me han robado
me han despojado de mis tierras
escribo sin sentido porque me quieren esclavizar
a un mundo que te devora
a un mundo que el hombre ha creado
donde los que pertenecemos a una etnia diferente
no calzamos
simplemente porque protegemos lo único que
                                    tenemos
esta tierra que nos abriga
escribo sin sentido
porque así me han obligado

Indio

Indio que naciste de esta tierra
dime por qué te desprecian
indio que naciste indio
¿por qué? por qué
por qué...
por qué...
por qué...

Lloro en silencio

Lloro en silencio para dar valor
a quienes están al pie de mí
lloro en silencio para no demostrar debilidad
lloro en silencio para resistir
al desprecio de aquellos que me ven con odio
por ser simplemente indio

Uniwak

Uniwak
Camina pausado y glorioso entre sus enemigos
                                    ganaderos
te ven como su amenaza
más aun en ti está el gran Rey Lapa
no te arrugas ante la injusticia de un sistema de saco
        y corbata
¡Tú! gran Uniwak
reúne tu ejército
como lo hiciste en el pasado contra el español
porque hoy como en el pasado eres grande Uniwak

Quiero viajar al pasado

Quiero viajar al pasado
a ese pasado donde todo parecía tener sentido
viajar sin que nadie esté
ese pasado donde todo parecía tener vida

Quisiera viajar al pasado
a un pasado donde niño jugaba con las vacas que mi
        padre aún tenía
viajar a ese pasado
donde niño decía a acompañar a mi padre
viajar a la casa de mi abuela
ver esas enormes tortillas palmeadas
luego convertidas en una sopa de leche
viajar y ver a mi abuela con su cigarrillo
o simplemente para volver a ser niño

Quiero escribir

Quiero escribir algo y no sale nada, pero aquí estoy, y esperando que alguien lea los recuerdos de alguien que alguna vez existió en algún lugar que llevo en lo más profundo de mi corazón, y donde hice grandes amigos y que desde que salí nunca los volví a ver, pero los recuerdos que tengo de ellos son especiales, y que gracias a la maravilla de esto que llaman tecnología y que alguien creó volví a saber de ellos. Hoy uno de estos amigos está cruzando a Norteamérica. ¡Espero que le vaya de lo mejor amigo y que regreses pronto! Porque cerca de ese lugar alguien te espera con los brazos abiertos y espera tu pronto regreso.

Cuando voy a dormir

Qué hermoso se escuchan los coyotes en el bosque
que se funde con el ruido de los grillos
las chicharras
el canto de los gallos,
el ladrido de los perros,
y el fluir de la quebrada laja
Es como que la abuela Tjer Dí estuviera hablando,
buenas noches hermanos Bröram, Bribris, Bruncas y
        Cabecars,
que nuestros protectores nos guíen

Son las 9

Son las 9
escribiendo con dolor los rechazos de una sociedad
que nos ve con desprecio

Son las 9 y
son las 9 y veo a mis hermanos sangrando
veo a madres llorar
veo a niños gritando desesperados
veo a mis mayores de pie firmes sin temor

Son las 9 que más da
si para la sociedad no eres nadie

Dos flores

Dos flores
una de color rojo y la otra negra
dos mundos distintos
hijas de una misma rama
igualmente bellas
una mi corazón
la otra mi pecado

Quisiera

Quisiera bailar en tu cuerpo
como baila la luna con las estrellas
acariciarte como el mar acaricia la playa

Quisiera estrecharte contra mí
y no dejar que te vayas
mira mi pobre corazón
con la misma intensidad que la lluvia se abraza con
                                    la tierra
Deslizarme en tu cuerpo como el agua te acaricia
más no puedo porque solo existes para mi mente

Onandi Ramírez Rivera

Onandi Ramírez Rivera es un joven escritor Bröran. A sus once años, Onandi cursará el 5to grado de primaria en la escuela de Térraba. A él le gusta jugar, leer y escribir particularmente cuento y poesía. Sus temas favoritos son los cuentos animados. Le gusta mucho inventar sus propios personajes. Cuando sea grande, Onandi quiere ser administrador de empresas y sueña con tener su propio restaurante donde servirá comidas típicas como el tamal, tamal asado y arroz con pollo. Onandi vive con su hermana Saori, su hermano Grégory, su madre Ana, su padrastro, su perrito Papucho y su gatito Mingo (que es el gato más precioso del mundo).

Las tardes

Yo siempre veo las tardes
y son tan bonitas
y digo son tan bonitas las tardes
y florecen las Buenastardes
y los ruiseñores cantan
¡Eso sí es una tarde bonita!

La lluvia

La lluvia cuando cae
suena shu shu, shu shu
es casi como el agua fluyendo shu shu, shu shu
y los pájaros se bañan
sacudiéndose
y en las quebradas
fluyen...

Voy a contar de mi vida de hace 10 años

Hubo un tiempo en que yo estaba cumpliendo un año
y tengo una foto donde estaba cumpliendo un año.
El de 2 años no sé cómo fue
porque no tengo ninguna foto.
El de 3 murió mi abuela y mi abuelo.
De 4 yo hacía muchas travesuras
y luego de 5 me puncé con un clavo.
De 6 empecé a ir a la escuela,
de 7 pasé a primero y tenía la letra tan fea.
De 8 ahí me celebraron el cumpleaños.
"Bueno, todos los cumpleaños me los celebraron".
Y mi hermana se quería meter al queque
y mi prima estaba con sueño.
Mi hermano viendo el queque al igual que mi primo.
El de 9 también tengo la foto.
El de 10 me lo celebraron con un queque
y aquí comienza mi historia
y de aquí saqué el cuento que se llama "Mi casa".
Fin de año 2013.
El juego del toro y la mula es un juego tradicional,
inicia el 24 de diciembre
y termina el 2 de enero
y después seguimos en vacaciones
y podemos ir donde queramos.
Y cuando entramos a clases yo estaré en quinto.

Mi historia

Cuando se terminó la casa
estaba el rancho hecho
y cuando hicimos el encierro para los pollos
hicimos la cosa para que las gallinas pusieran
y cuando se terminó nos pusieron dos huevos.
Y un día yo estaba en el cuarto con mi mamá y mi
                                        hermano y hermana
y yo me asomé a la ventana y se salieron las gallinas.
Fui a entrarlas y de nuevo se salieron
y de nuevo entré.
Al día siguiente encontré dónde se salían y le cerré
                                        donde se salían.
Ahora se sale solo una.
Y cuando trajeron a un chancho
no teníamos donde poner el chancho,
así que lo amarramos
y así cava que cava y al fin le hicimos el chiquero
y ya está grande y al fin de año lo mataremos
y unas partes las haremos en tamales
y las patas con frijoles
y el día primero cumple mi tía Isa.
Y te esperamos Jorge para el cumple.

Mi casa

Cuando teníamos la otra casa era muy lindo porque no teníamos que hacer esto y esto.

Un día yo estaba donde mi tía Mari y yo le dije a mi tía: Tía voy a la casa.

Y subí y vi la casa destrozada y yo lloré porque vi la casa destrozada. Y yo le dije a mi padrastro: la casa no está durante tres meses.

Las nubes

Las nubes
en veces quiero ser una
y es como estar volando
quiero volar
así tranquilo
solo volar

El dinero

En veces quieres que el dinero lo compre todo
pero el dinero no lo compra todo
el dinero no te compra un amor

El carpintero

Había una vez un carpintero muy triste porque estaba solo y era un gruñón. Cuando le pedían hacer algo lo hacía muy lento y para hacer una casa duraba un mes. Un día le pidieron que hiciera un rancho y él nunca había hecho un rancho y dijo: "no puedo porque nunca he hecho uno". Y dijo el muchacho: "yo te puedo ayudar" y el carpintero le contestó: "pero yo siempre he trabajado solo". El muchacho respondió: "vamos, no es tan difícil". Pero al día siguiente comenzaron a trabajar y como a la semana se empezó a terminar y luego se terminó y dijo el muchacho: "ves, no fue muy difícil".

Y el carpintero dejó de ser gruñón y empezó a trabajar con equipo y así se fue trabajando y le pidieron mucho trabajo y como él no había terminado sus estudios, así con su plata se fue a la universidad y así se terminó su carrera.

El juego del toro y la mula

Este juego se realiza el 24 de diciembre y termina el 2 de enero y el juego es gracioso. Te agarran y te tiran al toro, pero el toro es de mentira y la mula te persigue y si te agarra te chilillea y al final lo matan.

Vive feliz

Vive feliz hoy porque no sabes qué será mañana.

Las madres

Las madres siempre se preocupan por ti. Siempre están ahí si te sientes mal. Están ahí para consolarte: si estás enfermo te curan, si hay un pleito lo impiden, si tienen que pelear por ti lo hacen y cuando mereces una lección te la dan. Ellas siempre están ahí.

Los hermanos

Los hermanos son hermanos, son un regalo.
Son buenos y hay momentos que no son agradables.
Pelean con otros, juegan,
pero los hermanos son regalos.
Los otros son llorones.
Mi hermano pelea conmigo y me siento mal.
Mi hermana juzga.

El río

En el río
nadan los peces
los pájaros comen
la gente se baña
los cocodrilos nadan

El camino

El camino me lleva
el camino me trae
el camino me lleva de aquí para allá
de allá para acá
pero el camino siempre me lleva a un lugar…

El mundo

El mundo es nuestro hogar
y lo estamos destruyendo
los animales, las plantas y nosotros luchamos por
sobrevivir
pero nosotros lo estamos destruyendo
por favor hagamos algo porque nos quedamos sin
hogar

Paulino Nájera Rivera

Nace en el territorio indígena de Térraba el día 22 de junio de 1963. Hijo de Cristino Nájera S. y Amalia Rivera G. Ambos indígenas de Térraba. Cursó la primaria en la escuela Mixta de Térraba hasta la edad de 12 años.

A la edad de 13 y 14 años forma parte de uno de los grupos de jóvenes que se llamó Grupo Juvenil de Térraba, el cual orgullosamente conformó la Asociación Deportiva Térraba (ADT), equipo de fútbol de jóvenes soñadores que marcaron un camino en la reconquista y el fortalecimiento de la cultura y la identidad que se escapaba a esos años. En esa misma época integra un grupo musical que se llamó Sensación Musical Térraba, con un acordeón, dos guitarras, un güiro y un megáfono. Esta agrupación logra darle vida y alegría a un grupo de jóvenes y adultos de la comunidad y pueblos aledaños.

Como todo joven indígena de la época, fue agricultor y jornalero, y después viajó a diversas partes de Costa Rica para trabajar y aprender nuevos oficios como: albañil, carpintero, ebanista y mecánico industrial. En la década de los ochentas inicia junto con sus cinco hermanos un proyecto familiar. Logran la siembra de 36,000 árboles nativos de la región de Térraba, con la esperanza de tener una vida diferente y más apegada a su pasado.

A la edad de treinta años inicia una familia con Fidelia Rivera (Cabecar-Térraba). Juntos tienen cinco hijos, cuatro hombres y una mujer. En el año 2003 retoma nuevamente el proyecto familiar y se le da el nombre de Rincón Ecológico Cultural Térraba. En el año 2005 logra la afiliación del Rincón a la red de turismo *Accueil Paysan*, ubicada en cuatro continentes: África, Asia, Europa y América. El Rincón Ecológico es el primero de Centroamérica que ingresa a esta red turística.

Hoy en día para él y su familia el Rincón Ecológico Cultural Térraba sigue siendo más que un proyecto, es una esperanza de vida, pues siguen regresando especies de animales que no se veían en mucho tiempo a ese pulmón que es el Rincón Ecológico, en donde encuentran seguridad para quedarse, lo cual corresponde con el lema de la comunidad:

"Hasta que muera el sol".

Carta de un amigo

Hola, ¿cómo estás? Una vez me puse a realizar mi camino de siempre, cuando empecé estuve viendo a muchos amigos que salían a mi paso. De todo tipo había y de todas las especies, todos solían aprovecharse de mí, no había ninguno que no se sirviera de mí.

Recuerdo que siempre he servido para todos. A veces tuve la dicha de viajar con mis amigos a grandes velocidades. Unos solían jugar conmigo, otros lo hacían por necesidad, a veces algunos nunca llegaron a su destino, otros muy contentos, solían hasta desafiarme, pero yo estaba allí en las buenas y en las malas. ¡Qué recuerdos!

Seguí realizando mi camino. Así encontré lugares sin árboles. Eran casi desérticos estos lugares. Alguien cortó a mis amigos. Así seguí mi camino. Pude notar que venían unas personas. Ellos me lanzaron algunos ganchos con algo y aunque me cayeron encima no me lastimaron, pues en ese momento mis amigos inseparables que estaban conmigo por curiosidad mordieron el gancho. En ese momento el hombre jaló el gancho y uno de mis amigos se fue con él.

Los hombres salieron alegres y se marcharon, perdí a mi amigo, pero sé que vienen otros atrás. Seguí mi viaje y al pasar por un pueblo unas señoras muy contentas me acariciaban. Una de ellas había traído una niña. Ella alzó su manita y me pegó. Esto fue una caricia para mí. ¡Qué ternura! Pues sentí que ellas siempre me esperan. Seguí caminando, en algunos lugares encontré amigos muy grandes y muy fuertes. Ellos son inseparables conmigo, ellos están felices de tener un amigo que siempre les ayuda. Así seguí mi camino y al llegar a un gran cañón encontré a varias personas, muchos hombres. ¡Pero muchos hombres! Me acerqué despacio y escuche a ellos decir: "¡qué lindo, qué grande, me alegro!" Después estos hombres sacaron cosas, muchas cosas, ellos no traían ganchos, ellos no venían por mis amigos. Fue cuando varios de ellos dijeron: "saben que él nos dará otra cosa, pero hay que pararlo". Los hombres empezaron a bajar maquinarias, equipos. Uno de ellos al que no le he visto nunca, ni le conozco, ni nunca le he hecho daño alguno, dijo: "hay que construir un muro". ¿De quién hablan? Me pregunté. ¿Para qué ese muro? Fue cuando escuché decir a los hombres: "construiremos un muro, para parar a este".

Me pregunté: "¿y mis amigos aquellos que han sido inseparables conmigo, ¿cómo van a vivir?" Aquel hombre que lanzó el gancho y se llevó a mi amigo, cuando regrese ya no va a volver a llevarse otro amigo mío.

Ya la niña ni la señora, ya no me esperaran después de que pusieron el muro. ¿Y quién calmará su necesidad? Y aunque soy grande y fuerte, no puedo hacer nada.

He estado aquí desde la creación, no sé cuántos años tengo, pero no soy viejo, y aunque a muchos de mis fieles amigos los han eliminado, yo sigo todos los días viajando.

Amigos, ¡no quiero ser prisionero! Tengo a muchos amigos que dependen de mí, soy el que les doy alimento y no me canso ni se los niego.

Sabes, lo que escuché me asusta y me da pánico pensarlo y es que estos hombres me quieren hacer prisionero, sin importarles las vidas de mis amigos y las de sus generaciones. Ellos piensan sólo en ellos.

No sé si lo lograrán, no sé si usted ayudará a que me convierta en prisionero. Sólo sé que al hacerme prisionero todos perderán. Mis amigos desaparecerán para siempre y mis amigos los humanos en muy corto tiempo tendrán grandes impactos, pues en la vida natural de mi creación nací para ser libre por el resto de mi vida.

Atte. Su amigo el Río Térraba…

DANZA DEL TORO Y LA MULA

Es una danza de mucha importancia para la cultura indígena Térraba. Se trata de la danza del toro y la mula como una actividad cultural que se presenta cada fin de año y revive el folclor y la herencia cultural que nos dejaron nuestros antepasados.

Esta actividad es primordial porque nos ayuda a rescatar los valores autóctonos de nuestro pueblo y a la misma vez heredarlos a las futuras generaciones para que la conserven y fortalezcan cada día más y la puedan transmitir de una generación a otra, ya que nuestra cultura y nuestro folclor fue muy aculturado con la llegada de los españoles e incluso en nuestro sistema educativo nunca se abarcó nada de nuestro continente hasta nuestros días. Esto a pesar que es una de las formas para promover y conservar todo este potencial cultural que nos heredaron los antepasados y que ha permanecido escondido por mucho tiempo. Tenemos que cambiarlo y lo podemos hacer fortaleciendo todos los valores culturales que tenemos.

Nuestra danza consiste en que miembros de la comunidad pasan a ser personajes que se visten con máscaras alusivas a los animales de las Américas e incluyendo a la misma vez la figura del toro y la mula, que son animales alusivos a Europa. Esta actividad consiste en un convivio de animales, incluyendo al toro y una mula. Al llegar estos últimos los otros animales del bosque se asustan y los comienzan a vacilar y a atacarlos. El toro los embiste y los otros animales se burlan y lo atacan hasta que lo matan y se toman la sangre de él. Esta actividad se realiza cada fin de año, y abarca del 24 de diciembre hasta el 2 enero donde participan jóvenes y ancianos en un gran convivio.

SU IMPORTANCIA PARA NUESTRO FUTURO

Trabajar con los jóvenes es una estrategia de mucha importancia para poder rescatar todos los valores culturales que nos heredaron nuestros antepasados, ya que es una etapa donde ellos pueden explotar todo el potencial artístico que ellos tienen y a la misma vez formar una identidad que los identifique como ciudadanos pertenecientes a una cultura, que sean personas con historia, que se sientan orgullosos de su pasado, que miren el presente y a fortalecer más su futuro, que sean profesionales, que tengan motivos para vivir con metas y fortalecer más los valores culturales y los puedan transmitir de generación a generación, ya que un pueblo sin historia y sin folclor es un pueblo muerto. Por este motivo es que nos esforzamos día con día como pueblo indígena que somos.

CONTEXTO HISTÓRICO SOCIOCULTURAL

Esta danza es originaria del pueblo indígena de Térraba. Según cuentan los antepasados, cuando ellos eran niños ya sus abuelos practicaban esta actividad, donde participaban jóvenes, adultos y ancianos, además venían personas de las otras comunidades indígenas vecinas como Bribris, Cabécares y Bruncas. Uno de los mensajes era como un convivio de hermandad y reconciliación entre personas, pero a la misma vez se basaba en algunas leyendas e historias que según cuentan algunos mayores y algunos libros de historia, consistía en unas visiones y profecías que tuvieron los antepasados de un animal extraño que venía por el agua y que iba a llegar a nuestras tierras a dominar y robar todas las riquezas que tenían, que iba a haber una época de mucha tristeza y miseria para nuestro pueblo y los únicos que podían acabar con este mal eran los animales con la astucia y valentía que ellos tenían, por lo cual la única forma era atacarlo, vacilarlo y hasta matarlo, y con este fin nuestro pueblo iba a quedar libre para después empezar un nuevo inicio de la vida de paz y armonía con nuestros hermanos y la madre naturaleza.

De esta actividad no se tiene un dato exacto de cuánto tiempo tiene de practicarse en la comunidad, pero según los últimos datos es una danza milenaria que tiene muchos años de practicarse en este pueblo.

Esta actividad se realizaba todos los fines de año en la comunidad indígena de Térraba donde participaba toda la comunidad y en cada casa que visitan les daban chicha y tamales, además se iban de casa en casa visitando a todo mundo por toda la noche y parte del día.

DESCRIPCIÓN DEL VESTUARIO

Se usan máscaras alusivas a animales de América y trajes de saco de gangoche o yute, además los adornos son de plumas y montes de la montaña. Se usaba un objeto alusivo a un toro y una mula hecha de bejucos forrada con un saco y con montes.

Los trajes de las mujeres representan el vestido tradicional de la cultura indígena de los antepasados, los cuales se usaban para diferentes ocasiones y eventos de gran importancia.

Las máscaras las usan cada uno de los participantes en la danza y se construyen en madera de cedro o balso y representa algún animal de América que es sagrado para los antepasados. Los sacos representan la figura de los animales. El toro y la mula son animales invitados a la fiesta porque son muy raros y representan la cultura de Europa.

DESCRIPCIÓN DE LA COREOGRAFÍA

Los pasos de la coreografía representan los movimientos de los animales que son alegres y creativos. Hacen un circulo, saludan y hacen ruidos como los de los animales que cada danzante representa. Los realizaban cada vez que ganaban una batalla o celebraban una actividad de mucha importancia en su pueblo.

Los jugadores vacilan al toro que es parte de la fiesta. Él los embiste de forma juguetona, representando la alegría y el amor por defender a su pueblo.

INFORMACIÓN GENERAL DE LA OBRA MUSICAL

La música consiste en instrumentos musicales de gran importancia que usaban los indígenas en la época antigua para realizar actividades recreativas y espirituales, como los funerales, formación de un chamán y cantos para conversar con la madre naturaleza. La música era una música suave, de tranquilidad, de paz y respeto, donde se usan instrumentos musicales como son los siguientes.

Tambor: está hecho de madera de balsa o cedro con un hueco al centro, por un costado cerrado con cuero de vaca o zahíno. Se usa para realizar danzas en actividades de mucha importancia y para llevar el ritmo de los pasos.

La ocarina: construida de arcilla, tiene cuatro orificios al lado y uno al centro. Se usaba para realizar danzas y cantos y para llevar el ritmo de los pasos con los otros instrumentos musicales.

El caracol: se extrae de las orillas del mar. Se usaba para ponerle ritmo a la danza y también para guiar al toro en su participación. Es un instrumento que también sirve para que las personas se den cuenta en qué lugar está presente esta actividad.

La maraca: hecha de dos calabazos pequeños con un poco de semillas adentro. Se usa para darle mayor ritmo a la música y guiarse en sus pasos.

FUENTES DE INFORMACIÓN

La información fue recopilada a través de entrevistas a personas adultas que observaron y practicaron esta actividad durante muchos años, como Mamerto Ortiz, Rómulo Flores y muchos otros más.

Mamerto Ortiz

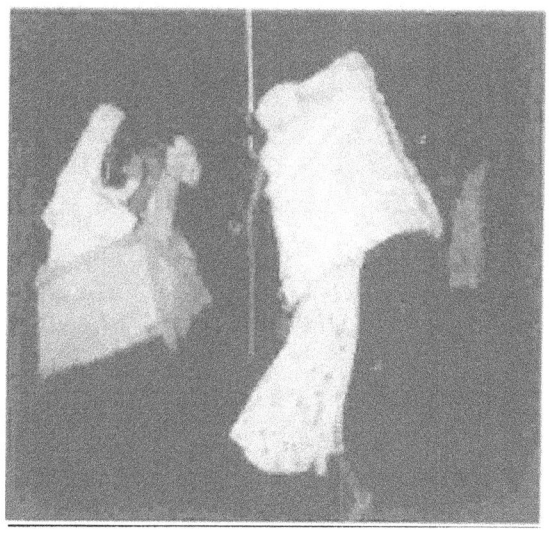

Danza del toro y la mula

Glosario

APEAR: Bajar a alguien o algo de un golpe con la mano o con un objeto.

BLORAN, BRÖRAN, BRÖRAM: Estas variaciones se refieren a la misma palabra que quiere decir "hombre grande" y que define a los Térraba.

BUENASTARDES: Flor de color rosado que se abre durante el día y se cierra por las tardes.

CERRO DE LA MUERTE: Uno de los cerros más altos de Costa Rica que divide al Valle Central y la zona sur pacífica del país.

CHICHA: Bebida tradicional fermentada de maíz y dulce de caña.

CHILILLEAR: Pegar con un chilillo (varita delgada y flexible de cualquier árbol).

CHOMPIPES: Pavos.

DIKÍS O DIKÉS: Quiere decir "río grande". Se refiere específicamente al río Grande de Térraba.

ESTAÑONES: Contenedores plásticos de 50 galones.

GANGOCHE: Tela hecha de yute con la que se fabrican sacos para guardar granos.

GUNSOS: Frutos de la palma africana.

KESBAN HÚ KRUN: Casa grande de tierra.

KRUN: Tierra, lugar.

Kusgas: Ayudantes de la Diosa Tjër.

Montería, montear: Salir de casería al monte.

Montes: Se les dice así a las plantas que hay en los alrededores de la comunidad; para los trajes de la danza del toro y la mula las más típicas son las hojas de banano y palma.

Moc: Luna.

Ooka: Espíritu de una serpiente que enseñó a bailar a los Naso.

Peonadas: Evento social donde se reunían los miembros de la comunidad para trabajar la tierra. Las tierras que se trabajaban pertenecían a miembros de la comunidad. Las peonadas se rotaban y cada persona que la organizaba proveía tamales de arroz (típicos de Térraba) y chicha.

Shunio: Lluvia.

Soö Krun: Tierra de la danta. Cuentan que a esta quebrada llegaban las dantas a bañarse.

Sbö: Ser Supremo y creador de los Naso y Bröran.

Tjër: Diosa del agua.

Tjër dí: Río de la abuela Tjër. Es el río que cruza por todo el territorio de los Näso.

Bibliografía

Alexi, Sherman. "How Storytelling Can Create Social Change." *The Take Away*. 23 sept. 2015. <www.wnyc.org/story/sherman-alexie-fathers-sons-race-and-american-machine>. 16 dic. 2015.

Arias, Arturo E., Luis E. Carcamo-Huechante y Emilio del Valle Escalante. "Literaturas de Abya Yala". *LASAFORUM* XLIII/1 (2012).

Bengoa, José. *La emergencia indígena en América Latina*. México: Fondo de Cultura Económica, 2000.

Berteley Busquets, María. *Historias, saberes indígenas: nuevas etnicidades en la escuela*. México: Publicaciones de la Casa Chata, 2006.

Brooks, Lisa. *The Common Pot. The Recovery of Native Space in the Northeast*. Minneapolis: U of Minnesota P, 2008.

Brotherston, Gordon. *La América indígena en su literatura: los libros del cuarto mundo*. México: Fondo de Cultura Económica, 1997.

Burguete Cal y Araceli Mayor. "Movimiento indígena en México. El péndulo de la resistencia: ciclos de protesta y sedimentación". *Movimientos indígenas en América Latina: resistencia y nuevos modelos de integración*. Ana Cecilia Betancur J, editora. Dinamarca: Grupo Internacional de Trabajo sobre Asuntos Indígenas, 2011. 12-41.

Calderón, Javier y Diana López Cardona. "Orlando Fals Borda y la Investigación Acción Participativa: aportes en el proceso de formación para la transformación". *Centro Cultural de la Cooperación Floreal Gorini*. I Encuentro hacia una pedagogía emancipatoria en nuestra América. <www.javeriana.edu.co/blogs/boviedo/files/pedagogc3adas-eman-lc3b3pez-cardona-y-calderc3b3n.pdf>. 15 enero 2016.

El camino de la semilla. Zuiri Méndez y Marco Rodríguez, dirs. Universidad de Costa Rica, 2012. DVD.

Castellanos Martínez, Javier. "El escritor indígena". *Ojarasca* suplemento mensual, *La Jornada* 195, julio 2013.

Civrieux, Jean-Marc de y David M. Guss. *Watunna: An Orinoco Creation Cycle*. Austin: U of Texas P, 1997.

Colop Alvarado, Blanca Estela. "Mujer". *Uk'u'x Kaj, uk'u'x ulew: antología de poesía maya guatemalteca contemporánea*. Emilio del Valle Escalante, ed. Pittsburgh: Instituto Internacional de Literatura Iberoamericana, 2010. 176.

Constenla Umaña, Adolfo. *Poesía tradicional indígena costarricense*. San José: Editorial de la Universidad de Costa Rica, 1996.

Coto Marten, Fernando. "La cultura indígena frente al proyecto hidroeléctrico de Boruca: testimonio". *Revista de Ciencias Sociales (CR)* II/108 (2005): 91-106.

Deleuze, Gilles y Félix Guattari. *A Thousand Plateaus: Capitalism and Schizophrenia*. Minneapolis: U of Minnesota P, 1988.

Derrida, Jacques. *De la gramatología*. México: Siglo XXI Editores, 1986.

Dogiramá, Floresmiro. *Zróará Neburã, Historia de los antiguos: literatura oral Emberá*. Mauricio Pardo, comp. Bogotá: Centro Jorge Eliécer Gaitán, 1984.

Dussel, Enrique D. *El encubrimiento del otro: hacia el origen del mito de la modernidad*. Quito: Ediciones ABYA-YALA, 1994.

Fals Borda, Orlando. *Una sociología sentipensante para América Latina*. Bogotá: Siglo del Hombre Editores, 2009.

Freire, Paulo. *Pedagogía del oprimido*. Nueva York: Herder & Herder, 1970.

Gibian, Rebecca y Diana Crandall. "Why Aren't Costa Rica's Indigenous Students Graduating? A Community's Fight Againts Technology." *The Atlantic,* 23 dic. 2015. <www.theatlantic.com/education/archive/2015/12/costa-ricas-indigenous-students/421335>. 15 feb. 2016.

Gilet, Eliana. "Ser indio en tiempos neoliberales. Entrevistas a Mardonio Carballo y Francisco López Bárcenas". *Desinformémonos,* 14 enero 2015. <http://desinformemonos.org.mx/ser-indio-en-tiempos-neoliberales-entrevistas-a-mardonio-carballo-y-francisco-lopez-barcenas/>. 15 enero 2016.

Hernández, Natalio. "La formación del escritor indígena". *Situación actual y perspectivas de la literatura en lenguas indígenas.* Carlos Montemayor. México: Consejo Nacional para la Cultura y las Artes. 1993. 103-17.

Landa, Manuel de. *A New Philosophy of Society: Assemblage Theory and Social Complexity.* Londres: Continuum, 2009.

Latour, Bruno. *Reensamblar lo social: una introducción a la teoría del actor-red.* Buenos Aires: Manantial, 2008.

Lorde, Audre. "The Master's Tools Will Never Dismantle the Master's House." *Sister Outsider: Essays and Speeches.* Berkeley: Crossing Press, 2007. 110-14.

Maroto, Espíritu Santo y Miguel Ángel Pacheco Quesada. *Lengua o dialecto Boruca Brúnkajk.* San José, Costa Rica: Universidad de Costa Rica, 1999.

Montemayor, Carlos. *Arte y trama en el cuento indígena.* México: Fondo de Cultura Económica, 1998.

_____ *El cuento indígena de tradición oral. Notas sobre sus fuentes y clasificaciones.* México: Centro de Investigaciones y Estudios Superiores en Antropología Social (CIESAS) Oaxaca, Instituto Oaxaqueño de las Culturas (IOC), 1996.

_____ *Encuentros en Oaxaca*. México: Editorial Aldus, 1995.

Muyolema, Armando. "De la 'cuestión indígena' a lo 'indígena' como cuestionamiento. Hacia una crítica del latinoamericanismo, el indigenismo y el mestiz(o)aje". *Convergencia de tiempos: estudios subalternos / contextos latinoamericanos, estado, cultura, subalternidad*. Ileana Rodríguez, ed. Atlanta: Rodopi, 2001. 327-63.

Ong, Walter. *Oralidad y escritura: tecnologías de la palabra*. México: Fondo de Cultura Económica, 1987.

Páramo, Guillermo. "La lógica paraconsistente y el mito chamánico". *Chamanismo: el otro hombre, la otra selva, el otro mundo. Entrevistas a especialistas sobre la magia y la filosofía amerindia*. Ariel José James y David Andrés Jiménez. Bogotá: Instituto Colombiano de Antropología e Historia, 2004.

_____ "Tradición oral, fantasía y verosimilitud". *Las voces del tiempo. Oralidad y cultura popular. Una aproximación teórica*. Fabio Silva Vallejo, compilador y editor. Colombia: Editores y Autores Asociados, 1997.

Pereiro, Xerardo. "Los efectos del turismo en las culturas indígenas de América Latina". *Revista Española de Antropología Americana* XLIII/1 (2013): 155-77.

Polletta, Francesca, y James M. Jasper. "Collective Identity and Social Movements." *Annual Review of Sociology* XXVII/1 (2001): 238-305.

Rocha Vivas, Miguel. *Antes el amanecer: antología de las literaturas indígenas de los Andes y la Sierra Nevada de Santa Marta*. Bogotá: Ministerio de Cultura, 2010.

_____ *Palabras mayores, palabras vivas: tradiciones mítico-literarias y escritores indígenas en Colombia*. Colombia: Fundación Gilberto Alzate Avendaño, 2012.

_____ *Pütchi Biyá Uai. Puntos aparte. Antología multilingüe de la literatura indígena contemporánea de Colombia*. Volumen 1. Colombia: Fundación Gilberto Alzate Avendaño, 2010.

_____ *Pütchi Biyá Uai. Puntos aparte. Antología multilingüe de la literatura indígena contemporánea de Colombia*. Volumen 2. Colombia: Fundación Gilberto Alzate Avendaño, 2010.

Rojas Chaves, Carmen. "La enseñanza de las lenguas indígenas en Costa Rica". *Revista Electrónica Educare* 3 (2002): 177-86.

Silva Vallejo, Fabio. *Las voces del tiempo. Oralidad y cultura popular. Una aproximación teórica*. Colombia: Editores y Autores Asociados, 1997.

Smith, Claire y Graeme K. Ward. *Indigenous Cultures in an Interconnected World*. Vancouver: UBC, 2000.

Smith, Linda Tuhiwai. *Decolonizing Methodologies: Research and Indigenous Peoples*. Londres: Zed, 1999.

Subcomandante Marcos. *Nuestra arma es nuestra palabra: escritos selectos*. Juana Ponce de León, ed. Nueva York: Seven Stories, 2001.

Tapia-Ortiz, Jorge Alberto. *Hasta que muera el sol: antología de escritoras y escritores indígenas Bröran-Térraba*. Pittsburgh: Editorial Paroxismo, 2015.

Valle Escalante, Emilio del. "Teorizando las literaturas indígenas contemporáneas: introducción". *A Contracorriente* X/3 (2013): 1-20.

_____ *Uk'u'x Kaj, uk'u'x ulew: antología de poesía maya guatemalteca contemporánea*. Pittsburgh: Instituto Internacional de Literatura Iberoamericana, 2010.

Vasconcelos, José. *The Cosmic Race. A Bilingual Edition*. Los Ángeles: California State UP, 1997.

Vásquez Carvajal, Ana Cecilia. "Caracterización de la situación idiomática de los pueblos indígenas de Costa Rica y su influencia en su educación". *Revista Educare* XII (2008): 61-66.

Villoro, Luis. *Los grandes momentos del indigenismo en México*. México: Fondo de Cultura Económica, 1950.

Viveiros de Castro, Eduardo. *Metafísicas caníbales líneas de antropología postestructural*. Madrid: Katz, 2010.

_____ "O Nativo relativo". *Mana* VIII/1 (2002). <www.scielo.br/scielo.php?script=sci_arttext&pid=S0104-93132002000100005>. 28 dic. 2015.

Warrior, Robert Allen. *Tribal Secrets. Recovering American Indian Intellectual Traditions*. Minneapolis: U of Minnesota P, 1995.

Weaver, Jace. *That the People Might Live. Native American Literatures and Native American Community*. Nueva York: Oxford UP, 1997.

Womack, Craig S. *Red on Red. Native American Literary Separatism*. Minneapolis: U of Minnesota P, 1999.